思想政治教育前沿书系

XINSHIDAI DAXUESHENG SHEHUI GONGDE PEIYU YANJIU

新时代大学生社会公德培育研究

丁欢欢 著

经济日报出版社

图书在版编目（CIP）数据

新时代大学生社会公德培育研究 / 丁欢欢著．— 北京：经济日报出版社，2022.8

ISBN 978 - 7 - 5196 - 1135 - 4

Ⅰ．①新… Ⅱ．①丁… Ⅲ．①大学生 - 社会公德教育 - 研究 - 中国 Ⅳ．①G641.6

中国版本图书馆 CIP 数据核字（2022）第 129326 号

新时代大学生社会公德培育研究

作　　者	丁欢欢
责任编辑	陈　悦
责任校对	徐建华
出版发行	经济日报出版社
地　　址	北京市西城区白纸坊东街 2 号 A 座综合楼 710 室（邮政编码：100054）
电　　话	010 - 63567684（总编室）
	010 - 63584556（财经编辑部）
	010 - 63567687（企业与企业家史编辑部）
	010 - 63567683（经济与管理学术编辑部）
	010 - 63538621　63567692（发行部）
网　　址	www.edpbook.com.cn
E - mail	edpbook@126.com
经　　销	全国新华书店
印　　刷	北京九州迅驰传媒文化有限公司
开　　本	710 mm × 1000 mm　1/16
印　　张	18.25
字　　数	241 千字
版　　次	2022 年 8 月第 1 版
印　　次	2022 年 8 月第 1 次印刷
书　　号	ISBN 978 - 7 - 5196 - 1135 - 4
定　　价	58.00 元

摘 要

社会公德是人们在社会公共交往与公共生活中应遵守的行为准则，是社会主义道德建设的重要着力点，也是践行社会主义核心价值观的重要形式。习近平指出："中国特色社会主义进入新时代，这是我国社会发展新的历史方位。"① 新时代境遇下社会公共生活和社会交往方式发生巨大改变，呈现出不同以往的鲜明特征和态势，为新时代社会公德建设提出了更高的要求。新时代大学生最富朝气与活力，具有较高的知识文化水平和道德素养，是社会主义道德建设的生力军，其社会公德认知水平和践履能力不仅决定着他们能否成为德才兼备的社会主义建设者和接班人，也关系着中华民族伟大复兴的顺利实现。同时，面对世情、社情、舆情的变化，各种不良社会思潮与社会主义核心价值观不断交锋、较量、交融，深刻地影响着新时代大学生的价值取向和道德选择，部分大学生道德行为失范、公德意识缺失等现象屡禁不绝。因此，不断深化新时代大学生社会公德理论认知，明确新时代大学生社会公德培育的实践遵循，探究新时代大学生社会公德培育的实践路径势在必行。

本书立足"新时代大学生社会公德培育"这一主题，以马克思主义理论为指导，以"是什么——为什么——怎么办"的研究思路为逻辑遵循去发现问题、分析问题、解决问题。通过综合运用逻辑归纳与演绎法、比较研究法、文献研究法等方法，立足新时代，着眼大学生群体，以社会主义核心价值观为理论基础和价值引领，以《新时代公民道德建设实施纲要》为总体要求，总结凝练新时代大学生社会公德的基本内涵和内容，明确其内容的主体性和层次性特点，在此基础上，深入开展新时代大学生社会公

① 习近平．习近平谈治国理政（第3卷）[M]．北京：外文出版社，2020：8.

德培育历史与现状考察，从高校、家庭、自身、社会维度剖析新时代大学生社会公德培育的影响因素，提出新时代大学生社会公德培育的路径建议。

根据研究思路和研究需要，本书包括三个板块，共六个专题。

第一板块包括绪论和第一章。绪论部分主要涵盖了论文的选题背景和意义。通过对国内外相关理论的研究综述，提出本书的研究思路和研究方法，明确了本书的重点和创新点。第一章是新时代大学生社会公德的理论基础，主要阐述新时代大学生社会公德的核心内涵与学理经纬，为新时代大学生社会公德培育研究奠定理论基础。

第二板块包括第二章、第三章。第二章聚焦我国大学生社会公德培育的历史与现状考察。主要包括两个部分：第一部分是对新中国成立后至十八大前我国大学生社会公德培育进行理论与实践考察，通过考察概括总结出其发展历程、基本经验与现实启示；第二部分通过对新时代大学生社会公德培育的现状进行审视，开展相关实证研究，总结新时代大学生社会公德培育取得的成绩，探究培育存在的问题，并结合实际，从高校、家庭、自身、社会剖析问题产生的原因。第三章包括新时代大学生社会公德培育的客观形势和域外借鉴。本章对新时代大学生社会公德培育面临的机遇与挑战进行概括分析，并通过对域外一些国家大学生社会公德培育的经验进行总结，为新时代大学生社会公德培育提供实践借鉴。

第三板块包括第四章、第五章及结束语。该板块是本书的重点和核心部分。第四章包括新时代大学生社会公德培育的实践遵循。依据新时代大学生社会公德的具体内容，明确新时代大学生社会公德培育的要求、原则、内容与方法。第五章基于之前理论与实践分析，提出从高校教育、家庭教育、个人教育及社会教育构筑新时代大学生社会公德培育的实践路径。结束语部分对全文的研究进行总结，指出了研究中存在的不足之处，并对未来的研究进行了展望。

关键词： 新时代，大学生，社会公德，培育

Abstract

Social morality is a code of conduct that people should abide by in social public communication and public life, an important focus of socialist moral construction, and an important practical way to practice socialist core values. Xi Jinping pointed out that "socialism with Chinese characteristics has entered a new era, which is a new historical position for China's development." In the new era, great changes have taken place in the way of social public life and social communication, showing distinctive features and trends different from the past, which puts forward higher requirements for the construction of social morality in the new era. In the new era, college students are full of vigor and vitality, with high level of knowledge, culture and moral quality. They are the new force of socialist moral construction. Their social morality cognitive level and practical ability not only determine whether they can become a socialist builder and successor with both ability and political integrity, but also affect the smooth realization of the great rejuvenation of the Chinese nation. At the same time, facing the changes of the world, social and public opinion, all kinds of bad social thoughts and the socialist core values are constantly fighting, competing and blending, which has a profound impact on the value orientation and moral choice of college students in the new era. Some college students' moral behavior anomie, lack of public morality consciousness and other phenomena cannot be stopped. Therefore, it is imperative to deepen the theoretical cognition of social morality of college students in the new era, clarify the practice of cultivating social morality of college students in the new era, and explore the practical path of cultivating social morality of college students in the new era.

Based on the theme of "the cultivation of social morality of college students in the new era", this book takes Marxism theory as the guidance and the research idea of "what-why-how" as the logic to find, analyze and solve problems. Through the comprehensive use of logical induction and deduction method, comparative research method, literature research method and other methods, based on the new era, focusing on the college students, taking the socialist core values as the theoretical basis and value guidance, and taking the "implementation outline of citizen's moral construction in the new era" as the general requirements, this paper summarizes and condenses the basic connotation and content of College Students' social morality in the new era, and clarifies its internal connotation. On this basis, this paper makes an in-depth investigation on the history and current situation of College Students' social morality cultivation in the new era, analyzes the influencing factors of College Students' social morality cultivation in the new era from the dimensions of colleges and universities, family, themselves, society, and puts forward some suggestions on the path of College Students' social morality cultivation in the new era.

According to the research ideas and research needs, this book includes three parts, a total of six topics.

The first part includes the introduction and the first chapter. The introduction part mainly introduces the background and significance of the topic selection of this thesis. Puts forward the research ideas and methods of this book through the research review of relevant theories native and abroad, and clarifies the focus and innovation of the book. The first chapter is the theoretical basis of social morality of college students in the new era. This paper mainly expounds the core connotation and academic longitude and latitude of the cultivation of College Students' social morality in the new era, so as to lay a theoretical foundation for the research on the cultivation of College Students' social morality in the new era.

The second part includes the second chapter and the third chapter. The second chapter focuses on the history and current situation of College Students' social morality cultivation. It mainly includes two parts. The first part is to investigate the theory and practice of College Students' social morality cultivation from the founding of new China to the 18th National Congress of the Communist Party of China, and summarize its development process, basic experience and practical enlightenment; the second part is to review the current situation of College Students' social morality cultivation in the new era, carry out relevant empirical research, and summarize the achievements of College Students' social morality cultivation in the new era. This paper explores the problems existing in the cultivation of social morality of college students in the new era, and analyzes the causes of the problems from the aspects of colleges and universities, family, themselves and society. The third chapter includes the objective situation of social morality cultivation of college students in the new era and foreign reference. This chapter analyzes the opportunities and challenges of social morality cultivation of college students in the new era, and summarizes the experience of social morality cultivation of college students in some foreign countries, so as to provide practical reference for the cultivation of social morality of college students in the new era.

The third part includes the fourth chapter, the fifth chapter and the conclusion. This section is the core of this book. The fourth chapter includes the practice of social morality cultivation of college students in the new era. According to the specific content of social morality of college students in the new era, the requirements, principles, contents and methods of cultivating social morality of college students in the new era are clarified. Based on the previous theoretical and practical analysis, the fifth chapter puts forward the practical path of Cultivating College Students' social morality in the new era from college education, family education, personal education and social environment. The conclusion summarizes the research of the full text, points out the shortcomings of the research, and prospects the future research.

Key Words: new era, college students, social morality, cultivation

目　录

CONTENTS

绪　论

一、研究背景及意义

（一）研究背景

社会公德是社会主义道德的重要组成部分，居于重要位置，处于基础层次。社会公德建设是新时代公民道德建设的着力点，是培育和践行社会主义核心价值观的关键环节。青年大学生作为有理想、有道德、有担当的“后浪”，其社会公德的培育和践行关系到大学生个人成长、社会和谐、祖国的前途和民族的未来。整体上看，大学生因知识文化水平和道德践行能力的鲜明优势，在社会公共生活领域呈现出良好的道德认知水平和道德践履能力。但毋庸置疑，随着中国特色社会主义进入新时代，改革开放的深度和广度日益加深，受经济竞争和社会转型的影响，部分大学生在社会公共领域中出现程度不同的道德失范现象，拜金主义、享乐主义、极端个人主义等问题仍然比较突出。2019 年印发的《新时代公民道德建设实施纲要》重点明确了中国特色社会主义进入新时代，加强公民道德建设的迫切性和全面性。因此，聚焦新时代大学生社会公德建设，以期促进公民道德建设，具有重要的理论和现实意义。

新时代是社会化、科学化、信息化的时代，随着信息社会化的日益发达，社会公共生活领域与公民人际交往的方式与范围不断扩展。新时代是我国社会转型的关键期，社会结构的转型与社会形态的转变对人们生活影响日益深入，社会公德的内涵与外延已不再简单地局限在“20 个字”，不再局限于狭义的社会公共生活领域，这给新时代大学生社会公德培育的内容与范围提出了新要求，提供了新思路。

习近平同志指出：“核心价值观，其实就是一种德，既是个人的德，也是一种大德，就是国家的德、社会的德。”① 新时代大学生社会公德建设是培育和践行社会主义核心价值观的重要示范手段，是实现社会主义核心价值观在大学生群体中内化于心、外化于行的题中之义。新时代、新机遇、新条件、新要求，大学生作为中国特色社会主义事业的建设者和接班人，做到“明大德”“守公德”“严私德”，在社会公共生活领域中形成特色鲜明、内容丰富、层次分明的道德行为规范是锤炼其道德品质，引领道德风尚的必然要求。同时，新时代大学生是践行社会主义核心价值观的主要群体，在践行社会主义核心价值观的具体道德实践中不断开拓新思路，开辟新渠道，从而提升自身的道德素养，实现自身全面发展，为成长为新时代德智体美劳全面发展的社会主义建设者和接班人奠定坚实的思想道德基础，进而为社会主义核心价值观的培育和践行提供新的思路参考和实践遵循。

综上，立足新时代，聚焦大学生群体，以社会主义核心价值观为理论基础和价值引领，以《新时代公民道德建设实施纲要》为总体要求，总结凝练新时代大学生社会公德的基本要求和内容，明确其内容的主体性和层次性特点，实现有针对性地对新时代大学生进行社会公德培育，形成系统的新时代大学生社会公德培育体系显得必要而迫切。

（二）研究意义

1. 理论意义

（1）本研究有利于进一步丰富和深化新时代大学生道德教育理论。高校肩负着“立德树人”的根本任务，是培育新时代大学生“明大德”“守公德”“严私德”的重要场域。对新时代大学生进行社会主义道德教育是培养社会主义现代化事业建设者和接班人的重要环节。经过多年的发展，高校在对大学生进行道德教育的方式、方法、路径等方面取得了一定成

---

① 习近平 . 青年要自觉践行社会主义核心价值观——在北京大学师生座谈会上的讲话［N］. 人民日报，2014-5-5（02）.

效。随着中国特色社会主义进入新时代，大学生的思想道德领域呈现出新内容、新特点，也与之相对应地呈现出新要求、新标准。不仅如此，在全面践行社会主义核心价值观的同时，新时代大学生在社会公共领域的具体道德规范和价值原则也应呈现鲜明的价值导向和主体性的道德要求。因此，对新时代大学生社会公德的内涵、外延进行有针对性地概括和总结，形成新时代大学生社会公德培育的实践遵循，拓宽高校对新时代大学生进行社会主义道德教育的视角，有利于高校形成全面、科学的道德教育理论，实现新时代大学生“立德成人”的最终目标。

（2）本研究有利于丰富和完善社会主义核心价值观培育体系。核心价值观是一种“德”，是国家之德、社会之德，也是个人之德。新时代大学生社会公德是以社会主义核心价值观为理论基础和价值引领，将其倡导的价值目标和价值追求全方位贯穿于新时代大学生社会公德培育的始终。对新时代大学生进行社会公德培育，既突出了主体特点，强调了时代特色，明确了理论基础，又对培育和践行社会主义核心价值观提供了全新思路。开展本研究，丰富了新时代大学生践行社会主义核心价值观的理论外延和实践场域，增强了社会主义核心价值观培育和践行的向度，不仅有利于保证新时代大学生社会公德培育的方向性、科学性，使新时代大学生在崇德向善、知行合一的价值观氛围中锤炼道德品质，引领道德风尚，又有利于进一步丰富和完善社会主义核心价值观培育体系。

（3）本研究有利于进一步拓展思想政治教育学科的视野和内容。党和国家历来重视大学生思想政治教育工作，《关于进一步加强和改进大学生思想政治教育的意见》明确指出：“加强和改进大学生思想道德的主要任务就是以理想信念教育为核心，深入进行世界观、人生观、价值观教育。”[①]思想政治教育学科的设立就是为了牢牢把握对大学生进行主流意识

① 中共中央国务院．关于进一步加强和改进大学生思想政治教育的意见［N］．人民日报，2004-10-15（01）．

形态教育的领导权，实现大学生的全面发展，从而使其成为中国特色社会主义事业的建设者和接班人。伴随着社会的发展和进步，思想政治教育学科的内容不断丰富，教育目标的实效性不断提升。中国特色社会主义进入新时代，思想政治教育学科也应呈现出新变化、新内容、新特点，特别是针对大学生具体道德要求的培育和践行，仍有较大空间。新时代大学生社会公德培育进一步将大学生的道德建设细化为具体的场域和主体，有利于新时代大学生道德建设针对性和时代性的提升。同时，开展本研究，进一步拓展了思想政治教育学科的视野，将大学生社会公德培育与思想政治教育学科的方法、内容、载体、路径高度结合，为全面提升新时代大学生社会公德意识和思想道德素养奠定坚实的理论支撑和实践基础，使新时代大学生成为“明大德”“守公德”“严私德”的全面发展的栋梁之才。

2. 实践意义

（1）本研究有利于新时代社会主义道德建设。社会公德是社会主义道德的基础部分，新时代大学生社会公德培育是推动社会道德建设的重要方式。社会公德的建设离不开大学生社会公德的培育与践行，对大学生进行社会公德培育是社会公德建设的重要内容。因此，构建新时代大学生社会公德培育的系统化体系，可以解决社会公德内容宏观、高度概括与具体行为的复杂性、多样性、具体性、主体性、层次性之间的实践困境，可以从根本上解决社会公德理论性与抽象性的问题，从而提升新时代大学生社会公德培育的针对性和实效性。此外，适时更新和完善新时代大学生社会公德的内容，让新时代大学生社会公德培育有理有据，有章可循，使培育内容与要求更贴切大学生的生活与现实，有效提升新时代大学生的社会公德水平，从而有效拓宽社会公德培育的维度，进而推动社会主义道德建设。

（2）本研究有利于引导新时代大学生“立德成人”。新时代大学生是培育和践行社会主义核心价值观的主要群体，肩负着实现中华民族伟大复兴的神圣任务。新时代大学生在道德选择和道德实践中的价值取向和行为标准，很大程度上决定着其是否能够担当民族复兴大任的目标。对新时代大学生进行社会公德培育，以点带面、以小见大，有力地推动了他们思想道德修养和道德实践能力的提升。同时，中国特色社会主义进入新时代，立足时代特色，基于社会公德的基本要求，结合大学生主体特质，对新时代大学生开展内容较新、标准较高的社会公德培育，不仅有利于新时代大学生社会公德和个人品德的提升，养成遵守社会公德的良好行为习惯，更有利于他们在中国特色社会主义事业的具体实践中，实现内外兼修，全面发展，为积极投身社会主义现代化事业注入青春活力。

二、研究综述

通过中国知网检索发现，国内关于公德与私德理论、社会公德培育、社会公德认同、大学生社会公德培育面临的形势等方面的研究已经取得了一定成果。国外关于公德与私德、大学生道德教育等方面的探究也有一定建树。但迄今为止，对新时代大学生社会公德培育研究甚少。现将国内外关于“新时代大学生社会公德培育研究”的主要观点进行综述，具体如下：

（一）国内研究现状

我国学术界分别从不同维度对新时代大学生社会公德培育开展了深入研究，主要包含新时代基本内涵、社会公德的基本范畴、大学生社会公德等相关内容。

1. 关于新时代基本内涵的研究

关于新时代基本内涵的研究，主要围绕不同视角展开。首先，从历史方位的角度阐释新时代的丰富内涵。佘双好、辛向阳等立足历史方位视角阐释新时代。佘双好认为从历史方位去认识新时代是科学认识的前提，也是认识社会现实，谋划未来发展的关键。[①] 辛向阳主张从人类发展、时代发展、历史发展规律认识新时代，他认为新时代是遵循人类发展、顺应时代发展前景、遵循历史发展道路的时代。[②] 其次，从社会矛盾的历史性变化认识新时代的丰富内涵。李君如、危许芳、薛亮、卫兴华等立足社会矛盾的嬗变去剖析与理解新时代。李君如认为从根本上说中国特色社会主义进入新时代使我国社会主义主要矛盾发生了前有未有的新变化、新特点。她认为："社会主要矛盾的转化集中反映我国社会发展的阶段性特征，是中国特色社会主义进入新时代的根据，没有改变我们对我国社会主义所处历史阶段的判断。"[③] 最后，从历史发展的时间角度认识新时代的内涵。陈晋、陈红娟、侯为民、冯海波等从历史发展的视角看待新时代。陈晋认为："新时代蕴含新判断，彰显新矛盾，对这一基本情况的研判成为新时期、新思想的历史来源与理论基础。"[④] 无论哪种切入点都科学地揭示出时代背景对于社会整体发展的重要作用，明晰了新时代是社会建设的出发点和归宿。

关于新时代、新青年、新道德要求的研究也是正确认识新时代的必然要求。一方面，新时代应更加注重培养时代新人。刘建军、栾淳钰、石国亮、刘涛等指出新时代号角已然吹响，新时代应更加注重培养时代新人。刘建军从精神状态、基本素质、责任担当三个维度指出青年作为时代新人的科学内涵。[⑤] 栾淳钰从"新人"的历史演进与时代内涵出发，深刻把握新时代背景下青年群体的主体特色，指出其作为时代新人的历史使命与责任担当，基于此针对性提出培育的途径。[⑥] 石国亮认为："中国特色社会主

---

① 余双好 . 科学认识"新时代中国特色社会主义"的历史方位［N］. 社会科学报，2017-11-9（01）.

② 辛向阳 . 如何理解中国特色社会主义新时代的深刻内涵［J］. 中国党政干部论坛，2018（01）：6-10.

③ 李君如 . 社会主要矛盾新变化和中国特色社会主义新时代［J］. 学习论坛，2017（11）：5-7.

④ 陈晋 . 新时代 · 新矛盾 · 新目标［J］. 毛泽东研究，2018（01）：11-17.

⑤ 刘建军 . 论"时代新人"的科学内涵［J］. 思想理论教育，2019（02）：4.

⑥ 栾淳钰 ."新人"的概念演变、时代意涵及其启示［J］. 思想教育研究，2019（10）：50.

义进入了新时代，意味着中国青年也进入了新时代。”①另一方面，新时代应更加注重对新青年的道德教育。于玲玲、刘霞、鲍莉炜等立足新时代指出青年大学生道德教育的必要性与可行性。于玲玲立足时代与青年主体地位，指出加强青年道德教育，是事关党和国家前途命运的重大战略任务。②刘霞指出，青年大学生是新形势下祖国建设与民族复兴的重要群体，加强其道德教育是高校德育的重中之重。③鲍莉炜等从国内外局势出发指出加强青年大学生道德教育与爱国主义教育对民族与国家的意义非凡。从新时代历史方位中分析新时代与新青年、新道德要求之间的辩证关系，为新时代、新青年、新要求、新公德建设提供了思路参考和时代定位。

总之，对新时代基本内涵和基本范畴的研究是全面正确认识新时代的基本前提。通过相关文献的梳理，可以清楚地知道，“基于世情、国情、社情与党情的深刻变化，新时代对诠释中国特色社会主义发展道路具有十分重要的现实意义和实践价值，是中国特色社会主义发展的新的历史方位”。④由上可知，学者们对新时代的探索主要集中在新时代的基本内涵和宏观范畴上，对于新时代与社会公德要求之间的逻辑把握缺乏针对性、系统性研究。

2. 关于社会公德基本范畴的研究

关于社会公德含义与具体内容的研究是社会公德研究的核心问题。首先，从广义与狭义的角度定义社会公德的内涵，罗国杰认为：“我们通常所指的社会公德是指狭义的社会公德，是在一定的社会生活中，公民对基本的、简单的生活规则的遵守，是其日常生活秩序正常运行的保障。”⑤

---

① 石国亮．“新时代”青年的使命与担当［J］．中国青年社会科学，2018（01）：19.

② 于玲玲．准确把握新时代青年道德教育关键点［J］．中国德育，2020（03）：7.

③ 刘霞．对新形势下大学生道德教育的思考［J］．学校党建与思想教育，2019（01）：89.

④ 丁欢欢．习近平新时代中国特色社会主义思想的实践基础与现实路径［J］．新疆社会科学，2018（02）：1–8.

⑤ 罗国杰．伦理学［M］．北京：人民出版社，1989：217.

其次，以社会公德适用的场域与目的界定其内涵。范英认为：“社会公德是人们在公共生活与社会交往中最简单、最基础的行为准则规范。既包含了社会公德的积极内涵，又明确了其基本特征。”①最后，采取宽阔视阈全面定义社会公德内涵。朱贻庭、席彩云比较全面地定义社会公德的基本内涵。朱贻庭认为：“在社会公共生活中牵扯到公共利益与社会责任与义务时应该遵守的行为道德要求称为社会公德，它可以是一种不成文法，也可以是某些公共职能部门所制定的公约、规则。”②席彩云认为：“社会公德集中反映了人们在社会公共生活中对维护公共生活利益与社会稳定的基本诉求，不仅包含了这一道德原则对人们公共行为的正当性约束，而且也是人们在社会公共生活中应该主动遵守的一种高尚的道德品质。”③通过对社会公德内涵概念的解析可以看出，虽在研究视角上存在差别，但均指出其是适应社会公共生活，为了维护社会和谐稳定，最基本的行为准则与道德要求。对社会公德适用范围也随着研究的深入逐步明确其涵盖社会公共生活中的人、社会、国家、自然各个要素之间的相互关系。从以上研究中可以明确，社会公德是立足于社会公共生活和公共关系，着力于调整社会关系的利益格局，是一种最起码的道德规范，其基础性为新时代大学生社会公德的内涵提供了坚实的着力点，其范围的日益广泛性为新时代大学生社会公德外延的拓展提供了鲜明的指向。

在社会发展与时代进步的背景下，学者们对社会公德的内容也有不同的思考。罗国杰提出社会公德的内容应包括：“文明礼貌、相互尊重、诚实守信、言行一致、遵守公共秩序、爱护公物、遵守环境道德、保护生态平衡。”④吴灿新指出：“公共生活领域、卫生健康、社会交往中的道德要

① 范英．社会公德概论［M］．广州：海天出版社，1991：45.

② 朱贻庭等．伦理学小词典［M］．上海：上海辞书出版社，2004：71.

③ 席彩云．当代社会公德教育研究［M］．武汉：湖北人民出版社，2008：23.

④ 罗国杰．伦理学［M］．北京：人民出版社，1989：219.

求等均应是社会公德的主要内容。”①随着对公民道德建设的重视，政府通过文件形式对社会公德内容予以确定。2019 年，《新时代公民道德建设实施纲要》提出：“推动践行以文明礼貌、助人为乐、爱护公物、保护环境、遵纪守法为主要内容的社会公德，鼓励人们在社会上做一个好公民。”②随着社会发展与时代进步，社会实践的内容与形式发生变化，不同群体的主体性呈现出不同的社会公德需求，社会公共生活领域需要新的、更高的社会公德规范。因此，人们对社会公德的认知必然要经历一个持续发展的阶段。人们对社会公德提出更高要求，对其内容的要求已经超越对社会公德基本内容的现实诉求，社会公德内容与调整范围引发人们的思考。魏朝娟指出：“中国社会主要矛盾的转变，人们对美好生活期待对全体公民的道德素质提出更高要求，进一步加强社会公德显得尤为重要。”③李华林指出：“社会公德随着时代的变化，从过去在对人与人、与社会关系调节的逐步延伸至网络领域，调节的范围与广度更加宽泛。”④姚郁卉指出：“深化社会公德教育引导需要结合新时代社会公共生活的新特征全面把握社会公德的丰富内涵。”⑤江畅认为：“社会公德除这些基本要求外，还有更丰富的内涵，包括尊道贵德的道德观念、与人为善的道德品质、仁民爱物的道德情感、明德于天下的道德境界等，这些构成公民社会公德方面的综合素质。”⑥王颖从社会公德建设的困境与出路两方面考察时指出，社会公德建设之所以困境重重的原因之一在于社会公德五方面内容的概括性、宏观性与社会公德行为要求的具体性、多样性之间的模糊转换，导致了具体操作过程中的实践困境。⑦由于社会公德内容的高度宏观性、概括性，导致

① 吴灿新．简论社会公德的基本规定性和类型［J］．道德与文明，1991（05）：28.
② 中共中央国务院．新时代公民道德建设实施纲要［N］．光明日报，2019-10-28（01）.
③ 魏朝娟．论新时代加强社会公德建设的重要性［J］．发展，2019（10）：46.
④ 李华林．对构建社会公德新体系的思考［J］．新视野，2003（02）：6.
⑤ 姚郁卉．加强新时代社会公德教育的新思考［J］．社会主义核心价值观研究，2020（02）：14.
⑥ 江畅．弘扬社会公德，促进美好生活［N］．解放军报，2020-01-7（1）.
⑦ 王颖．公德建设的困境及出路探析［J］．学术交流，2017（05）：75-79.

社会公德教育的层次性、主体性、针对性、指导性不强。程立涛等从新时期社会公德建设的重点要求出发，强调指出："要适时、适度更新与调节社会公德规范，只有这样才可以更好地调节个人行为，可以使社会公德规范更具人性化要求。"①如果社会公德仅仅局限于"20个字"，就会遭遇社会公德普遍性向具体性、特殊社会公德行为向群体转化的困境，会故步自封，难以实现其调节作用。审视关于社会公德内容的研究，可以发现，社会公德的内容应随着时代的变化而变化，应不断拓宽其调整对象的范围和发挥作用的界限，使其不囿于内容的抽象性和概括性，真正成为构建良好社会主义道德的有力抓手。

对社会公德基本范畴的相关研究，还体现在对其功能意义和教育途径的研究上。谭德礼、席彩云等从社会公德功能上明晰社会公德的意义。谭德礼从社会公德产生与发展视角分析社会公德意义，他认为："对社会公德教育的重视与加强是个人全面发展的关键，个人与社会各要素的全面发展与社会公德同向同行，相互关联。"②席彩云从和谐社会视角指出社会公德建设的重要意义，她认为："社会公德建设不仅从内容上对社会公德具体规范的确立意义重大，而且公德教育的出发点与落脚点也是现实和谐社会的重要内容。"③学界对社会公德的研究还聚焦于社会公德教育途径上。张耀灿、席彩云、程立涛等对社会公德教育途径的研究主要集中在对社会公德教育环境、主体、实践活动、教育体系的完善等方面。张耀灿等认为："社会公德教育应明确社会公德培育的方向，要提高社会成员的科学心理素质、文化素质、人文素质，建立全方位的教育体系、开展多样化的社会公德实践活动、营造有利于社会公德培育与实践的社会氛围。"④徐仲

① 程立涛，曾凡敏．新时期社会公德建设研究［M］．北京：中国社会科学出版社，2013：14.

② 谭德礼．论社会公德与人的全面发展［J］．重庆师范大学学报（哲学社会科学版），2003（01）：105–110.

③ 席彩云．当代社会公德教育的使命［J］．道德与文明，2009（02）：74–76.

④ 张耀灿，陈万柏．思想政治教育学原理［M］．北京：高等教育出版社，2016：194–195.

伟、蒋研川、王婧从网络时代社会公德问题出发，提出加强网络社会公德建设的对策。徐仲伟从网络社会公德存在问题指出加强网络社会公德建设应从自律与他律、机制与环境建设两方面加强网络社会公德建设。① 纵观关于社会公德基本范畴与培育的相关研究，社会公德建设对于社会繁荣、个人进步、民族复兴具有重要意义，其培育应该着眼主体、客体、介体、环体，形成系统的培育“生态圈”，全方位、立体化地促进社会公德建设，这为新时代大学生社会公德培育提供了有效的方法论指导。

由上可知，学者们对于社会公德基本范畴的研究，涉及了其与社会主义核心价值观的关系、其内涵与外延的时代性拓展等内容，这为新时代大学生社会公德及其培育提供了理论参考。但是，相关研究宏观上明确了社会公德的本质属性、具体内容和教育路径，未对社会公德广泛性、层次性、主体性表现和对应性实践做具体的阐述。

3. 关于大学生社会公德的研究

在中国知网上，以“大学生社会公德”为题精确查找到期刊论文 182 篇，以“大学生社会公德培育”为题进行精确查找到 11 篇，在硕博论文数据库中，以“大学生社会公德”为题进行精确查找到 33 篇，以“新时代大学生社会公德培育”为题进行精确查找只有 2 篇。

关于大学生社会公德的研究主要集中在其现状审视上。对大学生社会公德的现状审视主要聚焦于大学生社会公德存在的问题与原因分析上。一方面是以社会公德在大学生群体中的消极表现作为着重点的研究。朱丽娟指出：“大学生作为高素质人才，道德品质滑坡，在社会公共领域道德素质偏低，社会公德行为滑坡现象值得思考。② 汪金英、李鹏通过对大学生助人为乐、文明礼貌、对环境破坏等现实问题的分析指出，当代大学生在人与人、人与社会、人与自然层面存在社会公德意识与行为缺失问题。另

---

① 徐仲伟 . 网络社会公德建设研究［M］. 北京：中国人民大学出版社，2018：676–716.

② 朱丽娟 . 大学生社会公德教育浅析［J］. 四川省社会主义学院学报，2011（01）：61–63

一方面，从大学生社会公德存在原因进行审视。徐瑰丽提出：“大学生社会公德失范的主要原因在于大学生道德意识的缺失，主要体现为社会责任意识的缺失、奉献精神的缺失、爱护环境意识的缺失等方面。”①闫晓荣基于高校视角分析大学生社会公德存在的原因，她认为：“高校教育存在道德教育理念的功利化，教学方式僵化，道德实践不足等问题，导致大学生社会公德在高校教育环节出现问题。”②葛晨光立足大学生社会公德问题，指出当代大学生社会公德失范的主要原因集中在学校教育的缺陷，家庭教育功利化，市场经济负面影响和大学生自身思想行为方面。③通过审视大学生社会公德的现状，明晰了大学生社会公德呈现出理论认知和实践落实不平衡、不充分的显性态势，更需持续推动大学生社会公德建设，助推新时代大学生立德成人的核心目标。

关于大学生社会公德培育的具体路径上，依据分析角度的不同，提出不同的培育方法，主要从家庭、高校、社会、自身等方面提出大学生社会公德培育的具体路径。鲁春、陈立栋从高校视阈出发，结合高校在社会公德教育中的弊端，提出具体的操作路径。具体来说，主要通过改变教育管理理念、创设有利环境、充分利用大众媒体等途径改善高校大学生社会公德培育路径，从而提升大学生社会公德水平。梁爱蕴、陈剑旄提出从大学生社会公德日常表现中提出推进社会公德培育路径的关键在家庭、社会与自身。此外，梁鹏从高校、家庭、自我教育现实出发提出创建高校、家庭、社会协作教育体系，他认为大学生社会公德培育不能停留在单一层面，各个培育主体间要加强联系，强调高校要与家庭与社会建立合作，形成培育合力，创造三方携手与共的新形式。④针对这一特殊群体培育的实践路径，主要集中在了高校、家庭、社会、大学生本人的相关研究上，并

① 徐瑰丽．当代大学生社会公德现状、原因及对策［J］．中国成人教育，2011（22）：51.

② 闫晓荣．基于高等教育视角的大学生社会公德失范的原因分析［J］．中国成人教育，2013（20）：89.

③ 葛晨光．做好大学生社会公德教育的思考［J］．前沿，2005（07）：113.

④ 梁鹏．大学生社会公德建设路径探析［J］．理论导刊，2008（01）：113.

且提出了相关的实现方法，为新时代大学生社会公德全面培育创新了机制和路径。针对研究现状，可以看出，国内学者主要从宏观层面上对大学生的社会公德认知的现实进行审视，并提出相应的解决路径。但针对大学生的群体特点，着眼社会公德调整范围的扩大，分离出具有较高层次的社会公德要求和规范未做详细解读和系统研究。

4. 关于社会主义核心价值观与社会公德关系研究

一方面，关于社会主义核心价值观与社会公德关系的研究，首先集中在社会主义核心价值观与道德建设的研究上。《新时代公民道德建设实施纲要》总体要求指出："要坚持以社会主义核心价值观为引领，将国家、社会、个人层面的价值要求贯穿到道德建设的各个方面，以主流价值建构道德规范。"①在重点任务中也特别指出，社会主义核心价值观是我国道德建设的基础与源泉，要引导社会主义核心价值观融入公民日常生活中，成为道德建设的指引。王晓丽等指出："社会主义核心价值观体系的完善与弘扬是实现社会和谐持续发展与公德建设稳步向前的主链接。"②双传学立足复杂社会形势，指出良好的社会公共秩序与公共道德建设需要社会主义核心价值观的有效引领。以社会主义核心价值观引领公共道德建设的实施路径主要体现在社会主义核心价值观为公德、道德建设树立价值标杆，优化公共生活环境，实现制度创新，让社会主义核心价值观为公共道德建设保驾护航，实现社会公共道德建设的有序进行。③李建华指出社会主义核心价值观与道德规范体系的关系是相辅相成的，他认为："社会主义核心价值观是道德规范体系构建的根本导向，社会主义道德规范体系为核心价值观提供道德合理性，基于社会主义核心价值观的道德规范体系探索性调整。"④社会主义核心价值观引领社会主义道德建设，社会主义道德建设为

① 中共中央国务院 . 新时代公民道德建设实施纲要［N］. 光明日报，2019-10-28（01）.
② 王晓丽，巫茜子 . 中国语境中的社会公德建构［J］. 道德与文明，2020（03）：94.
③ 双传学 . 社会转型时期的公共道德建设［J］. 中国特色社会主义研究，2016（03）：52.
④ 李建华 . 社会主义核心价值观与道德规范体系之关系［J］. 道德与文明，2017（02）：13-18.

社会主义核心价值观认同提供基础。此外，郭敏立足意识形态建设与中国特色社会主义道德建设指出以社会主义核心价值观进行道德引领的必要性与可行性。①

另一方面，关于社会主义核心价值观与社会公德关系的研究，还体现在社会主义核心价值观与大学生社会公德建设方面。常海龙、李曙光认为："社会主义核心价值体系是提升当代大学生社会公德意识的应对之策。具体来说，马克思主义是新时代大学生社会公德培育与实践的科学指南；中国特色社会主义共同理想是当代大学生社会公德教育的核心内容；以爱国主义为核心的民族精神和以改革创新为核心的时代精神是当代大学生社会公德教育的精髓；社会主义荣辱观是教育的基石。"②韩震认为："培育时代新人与践行社会主义核心价值观，是相辅相成、相得益彰。"③他通过对时代新人的演进脉络与发展轨迹的审视，指出践行社会主义核心价值观与培育时代新人的必然耦合性。社会主义核心价值观的出发点与落脚点是培育时代新人。同时，作为培育时代新人的道德共识与价值引导的社会主义核心价值观，为其树立价值导向、政治原则与道德行为规范提供了方向。杨红英从公德意识养成意义出发，论述青少年公德意识与社会主义核心价值观之间的辩证关系。她认为公德意识的养成是青少年核心价值观形成的基础，也是核心价值观引导的重心与着力点，并提出加强青少年公德意识养成的具体方法，促进青少年对社会主义核心价值观与公德意识的知行统一。总之，社会主义核心价值观在社会公德培育中起导航与引领作用，社会公德的具体要求和规范是践行社会主义核心价值观的内在要求，两者具有内容的契合性和目标的一致性，这为开展本研究提供了思路

---

① 郭敏．道德引领：社会主义核心价值观的实践指向［J］．道德与文明，2019（01）：116.

② 常海龙，李曙光．用社会主义核心价值体系指导大学生社会公德教育［J］．唐山师范学院学报，2009（31）：148-150.

③ 韩震，王临霞．以社会主义核心价值观培育时代新人的历史演进与现实路径［J］．东北师范大学学报（哲学社会科学版），2019（03）：24.

借鉴。但是，学者们并未将社会主义核心价值观与大学生社会公德有机结合，未深入探究新时代大学生社会公德培育的针对性与系统性理论。

（二）国外研究现状

国外的相关理论研究中，并未直接涉及社会公德、大学生社会公德的内容。但是，通过对国外有关社会道德、个人道德、公德与私德、道德教育等研究的梳理，有利于拓宽新时代大学生社会公德研究的理论维度和实践向度。

1. 关于社会道德与个人道德的研究

亚里士多德对“公民的品德”和“善人的品德”进行了概念区分，指出：由于城邦的不同，其政治体系、主流道德观也会有所区分，因此，不同城邦、不同政治体制的公民道德也是不尽相同的。何为公民道德？其一，不论公民所处何种职业，所应遵守的公民道德必须符合其政治体制的相关规定；其二，公民道德应与社会道德要求相一致。何为善人道德，它与公民道德最大的区分主要体现在它没有前边论述的限定条件，适用范围更加普遍化。从中可以看出，后者高于前者，不过，国家对公民的道德要求是希望公民成为好公民。[①] 首次将社会道德与个人道德进行严格区分的是加尔文，他提出了“上帝的道德”和“凯撒的道德”这两个不同的方面。R·T诺兰提出：“宗教改革对于社会道德与个人道德的划分起着不可磨灭的作用，持久且深远。”[②] 著名的政治脏手论认为不道德的行为主要是混淆了政治道德与私人道德两者的界限，将公民个人公共生活与私人生活的道德与政治行为划等号是非常没有责任心的表现，也是不道德的做法。穆勒也对个人道德与社会道德这一组概念进行了严格的区分，他强调，个人道德的价值，认为在二者的重要性上，个人道德仅次于社会道德。并

① ［古希腊］亚里士多德著．政治学［M］．吴寿彭，译．北京：商务印书馆，2009：123-124.

② ［美］R·T·诺兰著．伦理学与现实生活［M］．姚新中，译．北京：华夏人民出版社，1988：6.

且在他的著作中提出不伤害原则是二者的主要边界所在。[①] 由上可知，国外学者关于个人道德与社会道德的研究，明确了社会道德与个人道德的不同，强调了个人道德对于社会发展、政治优化的重要作用，并揭示了社会道德的政治边界性和道德标准性。

2. 关于公德与私德关系的研究

马克斯·韦伯曾依据人类行动准则的不同提出三组对立的概念，为公德、私德的共同建立提供了理论依据。三组对立的概念分别为："价值合理性与工具合理性、实质合理性与形式合理性、信念伦理与责任伦理。对立概念中的实质合理性与价值合理性从内涵中可以看出二者均十分注重主体的主观价值，侧重点在于行为主体断定行为人的道德行为具备必然的'有用性'，就可以不顾后果、不顾过程、不顾手段，一心一意的追求和追逐；'工具合理性'与'形式合理性'则更注重形式与后果，即便是价值主体认定其道德行为具有一定的'有用性'，也必须考虑过程与后果，必须通过合理的形式、科学的过程，并将其与目标相结合，对行为后果负责。"[②]前两组对立概念在实质上具备共通性，而信念伦理与责任伦理则注重行为主体的道德行为内心的准则作为行为标准。前者是依照内心信念，后者则依靠上帝。由此可以看出，马克斯·韦伯从中立的角度展现了法治社会行为标准。他强调在上述概念的区分过程中，不能忽视人的感情与创造性，这也揭示了公德与私德共同发展缺一不可的合理性。斯图尔特·汉普希尔同样赞同公德与私德并存关系，不能割裂二者，他认为在道德标准上公德与私德的道德标准是应该有所区分的，也就是个人公共生活与私人生活的道德标准要明显划分为不同的行为准则。在公共生活中也要注重个人道德准则。他认为需要将公德与私德区分开来，并且给出了区分两者的

① ［英］约翰·密尔著．论自由［M］．许宝骙，译．北京：商务印书馆，2009：90.

② ［德］马克斯·韦伯著．韦伯作品集Ⅰ：学术与政治［M］．钱永祥，译．南宁：广西师范大学出版社，2004：261.

推理方式，即明显推理与隐含推理。他进一步指出，在公德范畴中，明显推理作用巨大，反之，在私德范畴，隐含推理发挥着重要作用。这样的理论帮助明确不同的推理方式，实际上是理性与感性的不同，从而使得公德与私德的对立统一关系更为明朗。日本在明治维新以后，更加注重社会公德在社会建设中的地位与作用。那时公德被认为是人们在公共生活中、在与人交往中需要去遵守的道德规范。由上可知，通过对公德与私德关系的研究，表达了现代人对于社会规范正义性的向往与护持，强调了私德建设对于公德建设的重大意义，揭示了注重私德建设是适应社会从德性伦理向规范伦理转变的客观必然要求。

3. 关于道德教育的研究

国外关于道德教育的研究首先体现在道德教育理论上。国外道德教育理论主要分为全球本位德育理论、社会本位德育理论、个人本位德育理论三大类，其中体谅关心道德教育理论、价值澄清理论、认知发展道德教育理论、完善人格道德教育理论等对国外道德教育影响深刻。诺丁斯认为青年学生道德品质滑落的主要原因在于缺乏各方关爱，道德教育应加强社会、家庭、学校等对道德教育主体的关爱；柯尔伯格提出道德教育需要教师鼓励学生自己探索，形成自身的道德判断能力与道德认知能力；考纳认为完善的道德人格包含道德认识、道德情感和道德行为这三个要素，并在此基础上提出培育道德人格的具体做法。国外道德教育理论为我国新时代大学生社会公德培育提供了理论借鉴。

关于对道德教育的研究还集中在大学生道德教育方法的研究上。道德教育理论影响着道德教育的方式方法。罗杰斯认为，“以人为中心”的学校道德教育要力求形成一种相互信赖的新型师生关系，反对教师权威，主张施行“非指导性教学。”[①]Archer，R 曾提出：“学校是实现高等教育的主

① 谢登斌．德育新观念：将单向灌输转变为参与式道德实践［J］．广西师范大学学报（哲学社会科学版），1999（4）：30.

要场域，高等教育不应仅仅停留在培育学生的理性思维，还应当培育学生一种能力——一种对渴望探寻真理的才能。因此，在政府决策与学校方面都应该改变传统的教育方式，从条例与课程入手，为学生能力的培育提供更加开阔的环境。”①埃利希·诺伊曼对公民开展创造性和社会批判性的教育，他提出：“把道德修养的重点转移到超个人的人类价值和日益清畅的人类情谊上。”②他主张道德教育应关注现实，把握群体意识，建立科学的社会伦理规范，公民在轻松愉快地生活氛围中实现道德教育的目标。美国学者威廉·多尔在《后现代主义课程观》中，把课程概括为丰富性、关联性、循环性和严肃性。③他强调教育主体的差异性与生命性，教育活动的开放性与对话性，主张道德教育应将教育与社会实践紧密结合，注重过程性培养，强化开放性教育的手段，从而提升大学生的积极性、主动性和创造性，从而实现大学生道德教育自我发展与社会进步的双向结合。

由上可知，国外在社会道德教育、公德教育等相关研究中，将社会化与实践性相结合、法制化与开放性相补充、过程性与目标性相统一，使西方的道德教育在路径和方法上独树一帜，其与中国的社会公德教育具有本质属性上的相通性，为我国开展新时代大学生社会公德培育提供了有益借鉴。

（三）研究述评

通过对国内外研究现状的综合梳理可以知道，国外虽然没有专门直接论述大学生社会公德的相关文献研究，但关于社会道德、公德以及道德教育的相关论著，为本研究提供了重要的理论参考和方法借鉴。经过几十年的发展，国内学术界从不同视角、不同层次、不同内容等方面开展了着眼

① Archer，R. Reflecting Identity：The Inevitable Role of Culture. Australia：Menzies，2006.

② ［德］埃利希·诺伊曼著．深度心理学和新道德［M］．高宪田，黄水乞，译．北京：东方出版社，1998：113.

③ 徐蕾，颜炳乾．美国高校环境伦理教育探析［J］．外国教育研究，2005（12）：45-47.

于大学生道德教育及大学生社会公德教育的有益探索，这为新时代大学生社会公德培育奠定坚实的经验参考与实践基础。新时代大学生社会公德培育有深厚的理论基础与现实需要，深入挖掘相关的研究内容，将是今后相当长的时期内一个重要的理论和实践问题。在梳理国内外相关研究的基础上，对其进行横向与纵向的比较，为有目标、有针对性地开展本书研究奠定坚实的准备。同时，在梳理的过程中，也发现了一些问题，特别是国内的相关研究，具体如下：

首先，对专门探讨大学生社会公德培育的视角和内容研究不够深入。对大学生进行社会公德培育研究，绝大部分学者都是基于社会公德的宏观内容进行研究，也就是将最基础、最简单的“20个字”作为基本内容进行现实审视和路径探寻，没有立足新时代，着眼大学生群体，没有突出对大学生进行社会公德培育的时代性、主体性和层次性，也就造成培育内容缺乏科学性、针对性和阶段性。同时，由于对时代形势的变化与群体特征的特点缺乏有针对性地挖掘，使大学生社会公德培育不能及时应对出现的新问题、新矛盾，更使新时代背景下大学生社会公德培育缺乏系统性、针对性、深入性。

其次，对大学生社会公德培育的现状缺乏逻辑性的实证研究。通过以上分析，可以清晰地发现，当下一些研究要么对大学生社会公德的现状泛泛而谈；要么孤立化、片面化地看待大学生社会公德培育的系统性；要么从宏观上制定大学生这一特殊群体的培育对策。没有立足时代，基于现实，聚焦大学生群体，全面真实地开展实证调研，忽略了新时代大学生社会公德理论及其培育的系统化研究，这也使培育方法和路径因缺乏有效性和针对性而没有产生实际影响。因此，聚焦新时代大学生社会公德培育的现状和问题，深入厘清问题成因，并将其逻辑化呈现，才能为新时代大学生社会公德培育提供有效的现实依据与实践遵循。

最后，对大学生社会公德培育的基本理论范畴研究不够系统。学界对大学生进行社会公德培育大多从社会公德的内涵和概念直接入手，探讨相关的培育研究。没有深入挖掘其与社会主义核心价值观之间的关系，更难使社会主义核心价值观融入其培育的全过程，这不利于新时代大学生社会公德培育多维度、深入化开展。同时，将社会公德与个人品德、职业道德、家庭美德等相关内容一并而谈，没有深入探寻社会公德的内在属性与其他道德品质的异同，使大学生社会公德培育呈现出泛化的显性态势。此外，部分国内学界研究没有依据社会公德范围的变化，相应地调整大学生社会公德的范围，使大学生社会公德培育宏观而不具体，局限有余而缺乏针对性。

因此，厘清新时代大学生社会公德的基本内涵和系统理论，并将其提升到思想政治教育系统研究的高度，着力探寻其理论内涵与实践外延，创新发展新时代大学生社会公德培育的有益方法和实践路径，初步构建起新时代大学生社会公德培育体系，成为了新时代背景下推动大学生社会公德培育亟需解决的问题。

三、研究思路、研究原则和研究方法

（一）研究思路

研究必须基于一定的逻辑主线，本选题的逻辑主线是围绕新时代大学生社会公德“是什么”“为什么”“怎么办”的思路展开。

首先是“是什么”部分。一方面，本选题通过相关文献资料的查阅和梳理，对道德、公德、社会公德等相关概念进行横向比较；通过对马克思主义基本理论、马克思主义经典理论对大学生社会公德的相关论述进行纵向总结，进一步明确新时代大学生社会公德的基本内涵和特征，从而确立研究的着力点，使研究有章可循。另一方面，了解新时代大学生社会公德培育的现状是什么。以“部分大学生对新时代大学生社会公德的认知和践行呈现出理论与实践脱节、现实与要求割裂”为逻辑起点和研究假设，从培育的现状出发，借助教育学、心理学、社会学、思想政治教育学和伦理学等相关知识，采取问卷调查和访谈的形式，开展实证研究，从而了解新时代大学生对爱国共建、友善共筑、法治共存、文明共融与和谐共享的认知和践行现状。

其次是“为什么”部分。着力探寻在社会主义核心价值观的价值引领下，新时代大学生对社会公德的认知和践行情况，并追根溯源地探究新时代大学生社会公德认知和践行中存在问题的原因，着重从学校、家庭、个人、社会等四个层面进行对应性分析和逻辑化呈现。

最后是“怎么办”部分。基于“是什么”“为什么”的基本前提，从社会发展新形势和大学生群体特点出发，借助思想政治教育学、教育学、心理学、社会学等相关学科的研究成果，探究新时代大学生社会公德培育的要求、原则、内容和方法。在此基础上，立足高校培育、着眼家庭培育、聚焦自我培育、统筹社会培育，有针对性地提出新时代大学生社会公德培育的实践路径，为提升新时代大学生的思想道德素质奠定坚实的道德基础，为新时代大学生更好地践行社会主义核心价值观提供新思路。

（二）研究原则

1. 指导思想

本研究坚持以马克思列宁主义、毛泽东思想和中国特色社会主义理论特别是习近平新时代中国特色社会主义思想为指导，运用历史唯物主义和辩证唯物主义的方法，深入探究新时代大学生社会公德培育中的核心问题，为研究提供科学的理论视角和依据。

2. 本研究坚持理论联系实际

本研究针对大学生主体在理论上和实践中的主体性与时代性特点，找准其与社会公德培育的结合点，运用多学科的思维方式，以大学生社会公德理论与实践中存在问题为出发点，着力探索新时代背景下大学生社会公德培育的实践遵循，以增强培育的针对性与实效性。

（三）研究方法

1. 比较研究方法

通过国内外对大学生进行道德教育、社会公德教育等相关内容的横向比较分析；通过国内外特别是国内对大学生进行个人品德教育、职业道德教育、家庭美德教育等相关内容的纵向比较分析，总结相关的方法、经验和启示，从而拓宽培育的维度和视野。

2. 逻辑归纳与演绎方法

新时代大学生社会公德培育研究既包括不同历史时期大学生认知和践行社会公德的基本情况，又包括对新时代大学生社会公德培育和践行现状的审视与总结。综合使用逻辑归纳与演绎的研究方法，使历史与现状逻辑化呈现，使培育方法和目标清晰化实现，以保证新时代大学生社会公德培育的针对性和创新性。

3. 实证研究方法

通过对新时代大学生社会公德培育现状的调查与分析，借鉴已有的大学生社会公德培育的相关资料，积极开展实证研究，并使其逻辑化呈现，为新时代大学生社会公德培育提供有效的数据支撑和现实依据。

4. 文献研究方法

通过对马克思主义经典著作关于社会公德思想的审视，梳理马克思主义中国化成果中大学生社会公德的有益指导思想，尤其是对党的十八大以来关于大学生思想道德教育、社会公德培育的新论断、新举措等文献进行梳理与研究，在确保文献资料史实性、时代性的基础上开展本研究。

5. 跨学科研究方法

为实现新时代大学生社会公德培育的理论性、系统性与创新性，需要以思想政治教育学科为基础，从教育学、伦理学、社会学、政治学和心理学等不同学科角度出发，开展跨学科研究。

四、本文的重点、难点、创新点

（一）研究的重点

1. 提升新时代大学生的思想道德素质和道德践行能力

提升新时代大学生社会公德培育的针对性、系统性和实效性，以不断提升新时代大学生的思想道德素质和道德践行能力是本研究的重点之一。新时代大学生社会公德培育研究立足新时代，聚焦大学生群体，落脚到探究新时代大学生社会公德培育的实践路径上，这既是本研究的出发点和落脚点，更是最重要的内容。

2. 实现新时代大学生社会公德培育的连续性与时代性

实现新时代大学生社会公德培育的连续性与时代性是本书研究的另一个重点。党和国家不同时期对大学生进行社会公德培育的历史总结、现实梳理和逻辑归纳是本研究的重点之一。

（二）研究的难点

1. 第一个难点

对新时代大学生社会公德内涵与外延的界定是本研究的第一个难点。新时代大学生社会公德的内涵界定是本研究的着力点，后续的逻辑论证和脉络梳理都以此为根据。本研究结合时代特征与大学生群体特点，以社会主义核心价值观为理论基础与价值引领，以实现新时代大学生社会公德内涵的基础性、主体性、层次性呈现。

2. 第二个难点

在新时代大学生社会公德培育过程中实现不同要素的全程融入并逻辑

化呈现是本研究的另一个难点。新时代大学生社会公德培育研究是一项整体性、系统性工程，需要高校、家庭、大学生和社会共同参与，而非厚此薄彼，将各种要素有机联动，协同发力，以初步构建起新时代大学生社会公德培育体系。

（三）研究的创新点

1. 选题视角独特

本研究既不是单纯研究如何对大学生进行社会主义核心价值观培育，也不是泛泛探究如何对大学生进行普遍意义上的社会公德教育。而是以社会主义核心价值观为理论基础，以普遍的社会公德为基本要求，立足新时代，聚焦大学生群体，有针对性地总结提炼出新时代大学生社会公德的基本内涵、具体要求和实践路径，为新时代背景下培育和践行社会主义核心价值观提供新思路，为推动新青年立德成人提供坚实的思想道德基础。

2. 力求初步构建新时代大学生社会公德培育体系

新时代对大学生开展社会公德培育，现阶段相关研究不够系统、不够完善，缺乏针对性和主体性，具体体现在培育的要求、内容、原则和方法等方面。本研究结合时代变化和主体特征，尝试初步构建起新时代大学生社会公德培育的系统体系，以实现新时代背景下一以贯之地对大学生进行社会公德培育。

3. 丰富和拓展了思想政治教育学科的视野和内容

本研究在详细全面地探究新时代大学生社会公德培育现状的基础上，有针对性地提出新时代大学生社会公德培育的实践路径，有利于实现新时代大学生“明大德”“守公德”“严私德”的时代要求，拓宽了现有思想政治教育学科的视野和向度，进一步丰富和完善了思想政治教育学科的内容。

第一章　新时代大学生社会公德相关问题概述

科学认识新时代大学生社会公德的基本前提是理清相关问题的内涵，廓清其理论经纬。因此，本章围绕道德、公德、社会公德的基本内涵进行梳理，进而对新时代大学生社会公德的理论经纬进行挖掘，为其理论概述提供思路参考和学理支撑。在此基础上，明确新时代大学生社会公德的内涵、内容与特点，为其培育奠定坚实的理论基础。

一、相关内涵释义

（一）道德的内涵

道德究竟是什么？有人认为："道德是用善恶作为衡量标准，不依赖于法律，而是靠传统习俗、个人道德觉悟与社会环境的约束来稳定社会秩序，在社会生活中起作用的行为规范。"① 有人认为："它是人与人之间、人与集体之间、人与社会之间都需要共同遵守的游戏规则。"②思想政治教育视域下的道德是"以善恶为评价标准，主要依靠社会舆论、传统习俗和内心信念发挥作用的一种行为规范的总和。"③究其基本概念可以看出，道德作为一种特殊的社会意识形态，成为了调节人与人、人与社会、人与自然关系的行为准则的总和。道德属于上层建筑的范畴，就必定受一定经济基础的制约；是一种特殊的社会意识形态，决定了其在一定条件下对经济基础的能动作用；是一种调节利益关系的特殊手段，就必定呈现出特殊的

① 罗国杰，马博宣．伦理学教程［M］．北京：中国人民大学出版社，1985：8.
② 朱金瑞，韩震，李春秋．道德哲学读本［M］．北京：金城出版社，2016：24-25.
③ 本书编写组．思想道德修养与法律基础［M］．北京：高等教育出版社，2018：89.

功能和作用。

首先，道德属于上层建筑的范畴，道德的本质与根源只能来源于社会物质生活条件和生产关系，是对客观现实社会的反映。恩格斯曾指出："道德或者道德规范究其本质而言是由当时、当地的社会经济基础所决定的。"①因此，道德是由一定的社会经济基础所决定的，具有阶级性、历史性、普遍性的特征。其次，道德是一种特殊的社会意识形态，其特殊性表现在随着社会经济关系的变化而变化，并呈现出鲜明的独立性，其与社会经济关系发展呈现不完全同步性，或超前、或滞后、或同步，对社会经济关系的发展具有强大的能动反作用。最后，道德是社会利益格局的特殊调节方式。这个特殊性表现为它不是被任意制定、强制执行、随意颁布的，而是处于一定社会经济关系中的人在长期的劳动生活中形成的共识、理想与要求，它通过明善恶、辨价值的方式来调节社会经济秩序和利益格局。

（二）公德的内涵

"公德"源自明治时期的日本，"公德"一词可能最早出现于福泽谕吉的《文明论概略》中。②福泽谕吉认为："公德可指一切显露在社会生活中的德性，暴露在公众视野中的如勇敢的、正直的社交实践行为。"③随着时代变迁，到19世纪20世纪之交，"公德主要是指个人对公共秩序及社会其他成员所应有的责任和爱心，即社会伦理或公益心。"④在中国，"公德"最早出现在梁启超《新民说》中，他认为："私德是以独善其身作为行为准则，而公德则与之相反。不论公私，都在人们的生活中占据重要地位。无私德则不能立。……无公德则不能团……"⑤从论述中可以看出他对公德

---

① 马克思恩格斯选集（第3卷）［M］. 北京：人民出版社，1972：134.
② 陈弱水. 公共意识与中国文化［M］. 北京：新星出版社，2006：73.
③ ［日］福泽谕吉. 文明论概略［M］. 北京编译社，译. 北京：商务印书馆，2007：73.
④ 肖群忠. 关于社会公德的几个基本理论问题［J］. 河北学刊，2007（06）：33.
⑤ 李华兴，吴嘉勋. 梁启超文集［M］. 上海：上海人民出版社，1984：213.

的认识主要有两方面：一方面也是他强调的重点，是以公共关系为侧重点的公共心；另一方面是社会伦理与国家伦理。[①]当代学者认为："公德是社会公共生活中的道德，它包括了公共生活中社会的、交往的、人际关系等的道德准则。"[②]究其基本概念可以看出，公德是相对于私德而言的，着眼于公共利益和公共秩序，立足于大多数人的利益格局和发展要求，致力于保护社会公共生活和公共交际中的人及其衍生的社会关系。随着经济社会外延的不断拓展，人的社会生活范围不断扩大，人的利益格局的不断宽泛，公德成为了调整人与自然、社会之间利益关系和格局的重要手段。

（三）社会公德的内涵

社会公德是指："人们在社会交往和公共生活中应该遵守的行为准则，是维护公共利益、公共秩序、社会和谐稳定起码的道德要求。"[③]社会公德是最基础的道德规范、最起码的道德要求、最广泛的道德标准，其具体内容也呈现出广泛性、普遍性、基础性的鲜明导向。这为理清新时代大学生社会公德的理论向度，拓宽其实践维度提供了基本立足点。

《新时代公民道德建设实施纲要》指出："要推动践行以文明礼貌、助人为乐、爱护公物、保护环境、遵纪守法作为主要内容的社会公德。"[④]具体来说，第一，文明礼貌。文明礼貌是我国的传统美德，也是人际交往过程中需要秉持的首要原则，它既直观反映出个体的道德水平和文明修养，又直接决定社会整体的道德面貌。第二，助人为乐。助人为乐是个体内在道德德性的外部表现，是一种实际的利他主义行为。第三，爱护公物。爱护公物表现为对社会公共财物的珍惜与爱护，是全体公民应当具备的责任与义务。爱护公物是维系社会稳定团结、实现其高效运作的前提。第四，

① 肖群忠．关于社会公德的几个基本理论问题［J］．河北学刊，2007（06）：33.

② 廖小平．公德和私德的厘定与公民道德建设的任务［J］．社会科学，2002（02）：57-59.

③ 本书编写组．思想道德修养与法律基础［M］．北京：高等教育出版社，2018：77.

④ 中共中央国务院印发．新时代公民道德建设实施纲要［N］．光明日报，2019-10-28（01）.

保护环境。保护环境不仅包括对人类身处的自然生态环境的保护，也包括对公共生活环境和虚拟网络环境的保护。环境保护关系到公民最直接的利益，关系到中华民族长远发展，是社会成员应当遵守的基本道德规范。第五，遵纪守法。遵纪守法是维护公共秩序，保持社会和谐稳定的重要条件，是公民基本的行为准则。全体公民要自觉做到遵守国家颁布的各项法律与社会生活中制定的纪律。

纵观社会公德的基本内容可以看出，“它所适用的范围是人们的公共生活领域，关系到人、社会、自然的和平共处，是人们在社会公共生活与交往中需要遵守的行为实践规范，是一种基本的道德准则。”[①]社会公德的本质内容彰显了社会公德的全民性与基础性，其外在形式揭示了它的公共性与广泛性，这为新时代大学生社会公德的具体内容奠定了坚实的理论基础。

二、新时代大学生社会公德的理论经纬

理论经纬形式上是新时代大学生社会公德范畴得以深化的理论依据，本质上看是本文研究取得突破的关键指引。通过对马克思主义经典理论、马克思主义中国化理论、中华传统美德理论、新时代大学生的群体特点等进行概括，分离出社会公德的时代变化轨迹，紧扣时代脉搏，采用宏观把握与微观切入的综合性范式研究，为新时代大学生社会公德的基础理论寻求合理的视角与切入点。

（一）马克思主义理论是新时代大学生社会公德的理论基础

尽管马克思没有直接研究社会公德的著作，但相关经典文本却蕴含着丰盈的社会公德理念，这为追溯社会公德的学理基础提供理论借鉴。

---

① 本书编写组．思想道德修养与法律基础［M］．北京：高等教育出版社，2018：77.

一方面，“《1844 年经济学哲学手稿》虽然是以资本主义社会中的经济问题为主要研究主题，但是马克思却坚持从伦理道德的视角对这一主题进行批判，意图通过这种批判探索人类经济活动和道德活动的联结点。”①马克思立足道德实践，批判资本主义社会的本质，批判资本主义劳动异化，揭露劳动异化的本色。在马克思看来，“对于工人来说，劳动本身是外在于它的东西，劳动并非工人作为人而应有的本质。因此，当工人在进行劳动时，他所做的活动是在否定自己而非肯定自己。劳动并非让工人自由地发挥自身的体力和智力，而是在利用他的体力和智力，这样，劳动给工人带来的不是幸福而是不幸。”②他在批判资本主义私有制的基础上，提出“资本主义私有制导致了人与自身本质的背离，而共产主义就是对这种自我异化的积极扬弃。共产主义促使人对人之为人的本质的真正占有，这一占有是为了人的，也是通过人而实现的。因此，共产主义实现了人向其本质的复归、向其之为人的人性的复归。”③他在批判资本主义道德基础上传播无产阶级道德，认为只有无产阶级道德才能实现全人类的自由与解放。通过马克思对资本主义经济本质和道德本质的批判，为马克思道德理论辩证地指明了方向。

另一方面，在马克思经典文本中，他将社会公德分为三个层次。第一层次是“最低层次社会共同生活的基本道德”。马克思称之为“简单的道德和正义的准则”。例如遵纪守法、文明有礼等。“这一层次的基本道德准则是各种私人关系都应共同遵循的，因而能够成为处理各民族关系的简单的、最高准则。这一层级的道德准则的基本性就在于它是这个国家内部所有成员都应遵循的，因此它也就必须体现出全部成员内部的彼此尊重。只有你对他人的尊重才能够保证他人对你的尊重。”④马克思初次在其论述中

① 王小锡，陈继红.《1844 年经济学哲学手稿》的经济道德解读［J］. 伦理学研究，2006（05）：13.
② 马克思恩格斯全集（第 3 卷）［M］. 北京：人民出版社，2002：270.
③ 马克思恩格斯文集（第 1 卷）［M］. 北京：人民出版社，2009：185.
④ 马克思恩格斯全集（第 16 卷）［M］. 北京；人民出版社，1972：134.

明确了社会公德的内在本质，指出其是随着人类社会的发展而不断发展，是全体社会成员普遍尊重的真理规则。马克思对这一层次社会公德的论述明确了其是人们在社会生活所应遵守的基础的、简单的道德规范，也就是社会阶级道德。第二层次是“较高层次的社会阶级公德”。马克思在《德意志意识形态》中说：“生产方式的改变，导致人与人之间关系性质的改变，也要求现存道德的消灭。而道德消灭的方式，是使之变成谎言，没人遵守。”[①]“人们道德观念的确立终究是与他的阶级地位与环境有关，从他们日常的生产生活中获得的。”[②]随着社会生产的发展，占统治地位的阶级必然要求有与之相对应的道德规范，这样的阶级公德代表历史发展的方向和趋势，具有一定的先进性和正义性，是符合社会发展的较高层次的社会公德。第三层次是“全人类解放的普世公德”。马克思认为：“国家和社会作为一种组织，其最合理的状态应该是自由人的联合体，这些自由人之间是相互联系的。在这样的自由人的联合体中，整体和个人之间是一致的，每个人都不会只着眼于自己，而且会关注这个联合体。个体将自己视为这个联合体中的个体，将这个联合体视为自己的联合体。”[③]这样的社会存在状态是一种人与社会和谐快乐生存的状态，这样的意识即共产主义形式的道德教育。在这个阶段，阶级随之消亡，人自由而全面的发展，人类共同体成为自由人联合体，超阶级的社会公德是人们所广泛寻求的。

通过对上述相关论述的追溯与分析可以发现，社会公德作为道德的重要形式，在不同的时代，针对不同的阶级或群体，在社会公共生活领域彰显出层次性、阶级性、先进性的道德准则，呈现出与时代变化同向发展的前进态势，并随社会的不断变化继承性地调整人类社会各方面的关系，创新性地反映时代的特点，深深印刻着时代的烙印。这为立足新时代、新问

① 金可溪．马克思的马克思主义道德观的形成［J］．道德与文明，2001（02）：18.

② 马克思恩格斯全集（第4卷）［M］．北京：人民出版社，1995：434.

③ 马克思恩格斯全集（第1卷）［M］．北京：人民出版社，1956：118.

题、新要求，针对大学生群体，提出区别于普通意义上的社会公德，提炼出具体的、适应大学生群体的社会公德的内容与要求提供了合理的切入点与理论支撑。

恩格斯指出："道德或者道德规范究其本质而言是由当时当地的社会经济基础所决定的上层建筑。"①作为最基础行为准则的社会公德是一种特殊的社会意识形态，是在一定的社会存在的基础上产生并发展的，并且具有相对的独立性，这也是社会公德区别于其他事物的根本属性。他进一步指出，"在资产阶级与无产阶级相对立的社会里，阶级道德因阶级本身的对立而对立，但是即使存在着这种对立，社会中也依然存在一些能够广泛调节人际关系的规范性准则。"②他从"去阶级性"中揭露社会公德本质，并进一步明确其作为一种调节社会关系的特殊意识，对社会经济关系产生能动的反作用，其在人类的社会实践中能动地调节人与人、人与社会、人与自然的关系，反过来规范和指导人类的社会实践活动。同时，恩格斯指出："从高到低的发展是道德发展不能超越的现实，其发展变化要经过否定之否定的过程。"③恩格斯关于道德和社会公德的相关论述，为进一步理清社会公德的本质属性、调节范围与发展趋势指明了方向，为进一步明确新时代大学生社会公德的属性界定和范畴拓展奠定了基础。

列宁认为社会公德指的是："长久以来在人们的共同生活中为广大成员所熟知并认可的那些规则，这些规则保证了最基础的公共生活成为可能。"④从他对社会公德的定义中可以看出其本身所具备的特征。一是历史性。社会公德不是一蹴而就的，离不开时代沉淀和发展；二是大众性。社会公德是公共生活中的群体都熟知并且接受的，具体内容具有大众性、通俗性的特点；三是基础性。社会公德是最起码的道德原则，最普遍的道德

① 马克思恩格斯文集（第3卷）[M]. 北京：人民出版社，1995：134.
② 马克思恩格斯文集（第2卷）[M]. 北京：人民出版社，1957：399.
③ 郑洁. 恩格斯的道德观：批判与建构的统一[J]. 长沙大学学报，2007（06）：47-49.
④ 列宁选集（第3卷）[M]. 北京：人民出版社，1995：247.

要求，而不是相反。同时，列宁认为，“共产主义事业离不开共产主义道德教育，尤其是对青年人开展共产主义道德观培育”。[①]列宁进一步明确了马克思主义社会公德教育的历史使命是培养共产主义和社会主义接班人，这为新时代大学生社会公德着眼于新时代大学生群体，凝练独具主体特色的内容和特点提供了合理的视角。

总结列宁关于社会公德内涵及特点的论述可以发现，社会公德随社会的发展变化呈现出不同的社会特征，其集基础性、大众性、时代性、具体性于一体，这为界定新时代大学生社会公德的内涵提供了思路参考。新时代大学生社会公德也应随社会的历史性发展不断与之俱进，应是长期地总结了大学生群体的发展特点，并能够被大多数大学生所认可认同的最基本的道德规范与行为规则。同时，列宁关于社会公德目标的具体阐述为坚定新时代大学生社会公德培育的最终目标提供了有力佐证。

（二）马克思主义中国化理论是新时代大学生社会公德的价值指引

随着马克思主义中国化理论的形成、发展、深化、推进，人们的价值观、道德观、公德观逐渐激活并不断丰富。基于中国实际，中国共产党以马克思主义理论为指引结合我国所处发展阶段的现实考量，对道德建设、社会公德建设的相关理论进行了深入阐释，集中彰显了中国共产党在价值观教育上的道德判断与价值选择，为中国特色社会主义新时代背景下大学生社会公德理论及其培育提供了丰富而全面的价值指引。

1. 毛泽东关于社会公德思想的论述

毛泽东认为，无产阶级革命公德精神就是在日常言语与实践活动中作出表率，并将最广大人民的切身利益为最高指南与行动准则的行为规范。[②]他鼓励人们做一个品德高尚的人、纯粹的人、一个有益社会的人。这种以

---

① 列宁选集（第4卷）[M].北京：人民出版社，1972：375.

② 毛泽东.毛泽东选集（第3卷）[M].北京：人民出版社，1991：1096.

人民利益为根本出发点，毫无自私自利之心的利众精神是社会公德精神的根本与内核。他于新中国成立初期就提出将“五爱”（爱祖国、爱人民、爱劳动、爱科学、爱护公共财产）的国民公德作为社会主旋律。随着社会主义基本制度确立，“五爱”内容也随时代的进步而不断发展，将“爱护公共财产”更换为“爱社会主义”，并将“五爱”写进宪法，以法律的形式保证社会主义公共道德的要求得以贯彻实施。

综上可以发现，在中国，社会公德中最基本、最首要的就是要有爱国之心、为民之义、友爱之德，这为提炼新时代大学生社会公德的具体内容提供了有效镜鉴。新时代大学生作为中国特色社会主义事业的建设者和接班人，应该将爱国主义旗帜高扬于心，应该让和谐友爱的理念内化为信，更应将为人民服务的高尚道德付诸于行。

2. 邓小平关于社会公德思想的论述

邓小平认为道德品质的养成对青年人非常重要，要求青年人将加强道德修养作为人生必修课，他指出：当下中国特色社会主义建设一定要利用好五讲四美三热爱这些宝贵的思想精华，处理好物质文明与精神文明之间的关系，促进中国特色社会主义建设。① 他将社会公德建设摆在社会道德建设的重要位置，有力地保障了社会主义社会的建设与人们道德素质的养成。这一时期，不断开展“五讲四美三热爱”理论与实践活动，并提出了迈向更高层次的道德要求，号召人们从点滴抓起，脚踏实地为社会公德风尚形成营造了良好的和谐社会氛围与平等、互助、友爱的人际关系。同时，邓小平在特殊的发展时期表达了对青少年成长的殷切盼望，要求青年坚持以成为有理想、有道德、有知识、有体力的人，不仅要牢固树立为祖国、为社会奉献的远大理想，还要在公共生活中坚持树立讲礼貌、守文明、守纪律的道德行为习惯。② 其中“有理想”是指“社会主义、共产主

① 邓小平 . 邓小平文选（第 3 卷）[M] . 北京：人民出版社，1994：110.

② 邓小平 . 邓小平文选（第 2 卷）[M] . 北京：人民出版社，1994：367.

义理想”[①]；“有道德”既包括社会主义道德，也包括共产主义道德。他认为“五爱”是社会主义道德的不可或缺的一部分，人们在日常生活中要坚持“五爱”国民公德。除此之外，社会公共道德还应包括人与人之间的礼貌尊重、互相帮助、对公共秩序的遵守等公共生活与公共交往道德。

综上，邓小平关于社会公德相关思想的论述不仅在道德要求上更为具体和规范，更重要的一点是突出了道德建设对于青年一代的重要性，并且对青年一代的道德建设提出了建设性的指导意见。青年一代从小事做起，不断提升自身的道德水平，从而迈向更高层次的道德标准，这为有针对性地培养新时代大学生社会公德提供了现实参考。大学生作为科学文化素质和道德水平较高的群体，他们的道德要求更应迈向更高层次。依据大学生主体特征，结合时代发展需要，总结提炼大学生社会公德的内涵和内容，是践行大学生“立德成人”的题中之义，更是新时代大学生提升自身道德水平的本质要求。

3. 江泽民关于社会公德思想的论述

江泽民指出：“在社会主义建设过程中要辩证看待依法治国与以德治国二者的关系，坚持依法治国的同时也不能降低以德治国的要求。”[②]依法治国与以德治国相结合，成为了治国理政的重要手段。其中，“以德治国就是对马克思主义与马克思主义中国化理论成果指导地位的坚持，就是以五爱为道德准则，就是以职业道德、社会公德、家庭美德的建设为立足点的坚持。”[③]同时，江泽民指出：“开展社会公德和职业道德的教育，积极推进社会主义精神文明建设，建立全体人民普遍认同且遵守的与社会主义法律配套的社会主义道德规范体系。”[④]“以德治国”是社会公德思想的深化。进入新世纪，党和国家将以德治国与依法治国摆在了同等重要的位

① 邓小平．邓小平文选（第3卷）［M］．北京：人民出版社，1994：205.
② 江泽民．江泽民文选（第3卷）［M］．北京：人民出版社，2006：200.
③ 江泽民．江泽民文选（第3卷）［M］．北京：人民出版社，2006：92.
④ 江泽民．江泽民文选（第3卷）［M］．北京：人民出版社，2006：358.

置，使两者协同发力，成为稳定和保障国家发展的有力杠杆。具体到以德治国，社会公德成为了以德治国的重要立足点；具体到依法治国，青年一代成为法治中国建设的中坚力量，这给新时代大学生社会公德的内涵注入了新的元素。一方面，当代大学生应是依法治国的受益者，更是促进法治中国建设的生力军，因此，大学生在社会公共领域应该成为法治精神的践行者，大学生社会公德应该体现法治元素。另一方面，开展社会公德培育离不开爱祖国、爱人民、爱科学等道德元素，是对爱国主义、为人民服务等道德理念的继承和发扬，这进一步明确了新时代大学生社会公德应该兼具“大德”“公德”的基本要求。

4. 胡锦涛关于社会公德思想的论述

胡锦涛提出：“要教育广大干部群众特别是广大青少年树立社会主义荣辱观。”[①] 具体来说，要求教育青年树立正确的法治观、义利观、和谐观、爱国观。其中，法治观要求培养他们的法治思维，自觉遵守既定法规，要求他们心存敬畏，把对法治的敬畏心转化为他们的思维方式与实践。义利观要求他们正视大义，心存善念，有为有不为。和谐观要求他们崇尚和谐，实现人与人、社会、国家的高度统一。爱国观要求他们明晰爱国的理论内涵与实践外延，明晰热爱祖国是人们在历史的长河中，在时间的洗礼中逐渐产生的对自己国家的一种朴素的、自然的情怀。其中对国家的热爱不仅体现在对本国文化、国土、民族、人民群众等的认同与热爱，还具体体现在爱国情与报国志上。综上可见，一方面，在践行社会公德的过程中，广大青少年成为了重要群体，肯定了青少年在践行道德规范过程中鲜明的主体地位。另一方面，对诸如爱国主义精神、法治思维观念提出了更为具体的要求和指导，这为新时代大学生社会公德内容的重点凝练提供了鲜明的价值指向和具体的行动标准。新时代大学生社会公德的内容不

① 胡锦涛 . 胡锦涛文选（第 3 卷）[M] . 北京：人民出版社，2016：430.

仅要突出爱国，更要具体到参与；新时代大学生社会公德内容不仅要突出守法，更要彰显法律保障和法治理念；新时代大学生社会公德内容不仅要突出集体友善，更要强调在过程中团结互助，这为提炼新时代大学生社会公德具体内容和特点奠定了基础。

5. 习近平关于社会公德思想的论述

习近平指出："国无德不兴，人无德不立。"[①] 十八大以来，习近平总书记全面部署新时代社会公德建设的方向。一方面，其一，他将公民道德摆在中国特色社会主义建设的重要战略位置，明确新时代公民道德建设的历史方位、内容与目标。推动践行以文明礼貌、助人为乐、爱护公物、保护环境等为主的社会公德作为其主要内容，鼓励人们在社会上做一个好公民，这为社会公德建设提出了明确的建设方法与方位。其二，社会主义核心价值观的培育与践行逐渐具体化、落地化。十九大报告鲜明指出将其培育与践行摆在更加突出的位置，要求将其融入人们的日常生活中，尤其是青年学生群体的学习和生活中。对于青年学生培育和践行社会主义核心价值观，习近平指出："这就像穿衣服扣扣子一样，如果第一粒扣子扣错了，剩余的扣子都会扣错，人生的扣子从一开始就要扣好。"[②]凸显核心价值观的地位为本研究提供了鲜明的价值导向；另一方面，把生态文明建设与网络道德建设，尤其是网络社会公德建设摆在与经济、道德建设同向同行的重要位置。提倡节约意识、环境、生态保护意识、网络社会公德意识等，并积极推行实施一系列重要决策与有效措施，为新时代社会公德建设呈现良好态势提供理论来源与实践指导。习近平将社会主义核心价值观定义为一种德，属于全体人民的德，提倡加强道德修养，领悟它，感知它，内化于心，外化于行，做到"明大德""守公德""严私德"。核心价值观是国

① 习近平．青年要自觉践行社会主义核心价值观——在北京大学师生座谈会上的讲话［N］．人民日报，2014-5-5（02）．

② 习近平．青年要自觉践行社会主义核心价值观——在北京大学师生座谈会上的讲话［N］．人民日报，2014-5-5（02）．

家的德，社会的德，更是个人的德，这样的德是“大德”“公德”。社会主义核心价值观的培育与践行与“德”的培育与践行具有内在一致性。在此基础上，又将两者有机结合，并多次提出具有鲜明指向性的具体建议与指导，这为新时代大学生社会公德内容的确立提供了价值尺度、理论基础和引领方向。

习近平关于社会公德论述的相关阐释，进一步明确了社会主义核心价值观与社会公德的内在关系，进一步揭示了人作为道德践行主体在社会主义核心价值观培育中的关键地位，新时代大学生成为了培育过程中的鲜明主体。相关论述进一步拓宽了社会主义核心价值观这一“德”的范围，德不再是“小德”，而是一种“公德”“大德”，这为明确新时代大学生社会公德的本质属性提供了基本的立足点，为将社会主义核心价值观引入新时代大学生社会公德提供了直接指导，从理论上使新时代大学生社会公德的理论基础得以明晰提供了鲜明的价值指引与理论指导。

以上关于社会公德思想的论述，根植时代，立足发展，鲜明地印刻着时代的烙印，科学地揭示着社会公德思想的历史性、理论性、发展性与实践性，使社会公德与时俱进地彰显鲜活的生命力。相关论述使社会公德的基础性、范围性、层次性、全民性的内涵与外延不断深化和提升，为新时代大学生社会公德内涵和外延的拓宽提供了深厚的理论土壤和实践生命力。

（三）中华传统美德是新时代大学生社会公德的源头活水

中华传统美德是中华优秀传统文化的重要组成部分，是中华民族在长期的历史发展过程中积累起来的、独具中华民族精气神的行为规范和道德准则，其诸多内容是涵养新时代大学生社会公德的源头活水。

第一，重视国家整体利益，强调责任奉献。在中华传统美德中十分注重对国家利益、民族利益、整体利益的保护。《诗经》中有“夙夜在公”

的描述、儒家的“义利之辨”“天下兴亡，匹夫有责”，等等，无不体现为国家、为民族、为整体利益奉献的精神与责任意识。中华传统美德中重视整体利益与奉献精神，有助于激发大学生的爱国主义精神，发扬集体主义精神。

第二，大力提倡仁爱思想，注重以和为贵。以孔孟为首的儒家道德思想核心是“仁爱”。孔子在《论语》中提出要“仁者爱人”“己欲立而立人，己欲达而达人”“己所不欲勿施于人”。从仁爱精神出发，古人强调社会友善和睦、追求和平共处等。中华传统美德中重视仁爱思想，注重以和为贵，对古今处理人与人、人与社会、人与自然关系起着重要的导向作用，有助于新时代大学生正确看待人与人、人与社会、人与自然的关系，做到仁爱、和谐。

第三，提倡人伦价值，重视道德责任。一方面，在“人伦纲常”的规范中体现社会公德要求。中国的传统伦理构建了以“五伦”为范畴，以“孝悌”为本位的道德体系，以规范人伦的私人生活与公共生活，对于建立和谐社会关系起到积极作用。另一方面，为了更好地调整公共生活与变化的人际关系，提出更多人际关系的道德规范，“仁义礼智信”“忠孝节义廉”等不断强调与强化人伦关系中的道德责任。中华传统美德中重视人伦价值，重视道德责任，有助于新时代大学生重新思考人伦道德，提升其社会责任感。

第四，追求崇高的精神境界，向往理想人格。中国传统儒家思想要求所有人具备的公德境界是崇高的、理想化的。理想的公德要求的理想人格是内圣外王。传统的公德境界强调日常生活中人们要不断在思想行为反省，严格要求自己，以求道德上的进步，树立理想人格。弘扬与发展这一中华传统美德，有助于新时代大学生确立远大目标，立德成人。

第五，注重道德修养，重视道德践行。中华传统美德教育十分注重将道德规范与道德原则转化为人们的道德品质与道德践行。“身教重于言教”“学以致用”的基本道德规范深入人心。任何一个道德规范确立的目的就是为了更好地践行，中华传统美德中重视道德修养，重视道德践行，在新时代不仅有助于社会公德的践行，更有助于大学生树立以德立本，学以致用，言行一致的道德观念。

中华传统美德中蕴含着丰富的社会公德思想，其强调整体利益、重视奉献精神、注重道德品质与道德践履、弘扬法治思想与和谐观念等既为新时代大学生社会公德内容的提炼提供有益启发，也为新时代大学生社会公德培育提供有益启示。

综上，通过对新时代大学生社会公德理论经纬的梳理，可以明确，社会公德作为道德的一种表现形式，是一种特殊的意识形态，因社会的不断发展而呈现出相应的变化发展趋势，这个趋势是前进性与曲折性的统一。在不同的发展阶段中，社会公德呈现出历史性、具体性、基础性、普遍性的鲜明特点。同时，社会公德因其历史要求和践行主体不同，呈现出群体层次化、内容多元化的发展趋势。因此，作为道德规范实践主体的青年大学生，其社会公德要求应呈现鲜明的主体性、层次性特征，这为提炼新时代大学生社会公德内容和特点提供了思路支持。在大学生社会公德发展的过程中，内容多元化、形式时代化、标准层次化的要求也应与社会发展同频共振。特别是进入新时代，大学生社会公德又与社会主义核心价值观具有理论上的内在一致性与规范上的外在共通性，这为深刻阐述新时代大学生社会公德的基本理论奠定了坚实基础。

三、新时代大学生的群体特征

新时代的大学生出生于新世纪，成长于新时期，成年于新时代，呈现出鲜明的时代特征。受出生环境和社会转型的影响，他们价值取向呈现出多元化、个性化、差异化的鲜明特征，道德认知水平和道德践履程度也呈现出多样、多变、多维的独特差异。归纳总结新时代大学生的群体特征为新时代大学生社会公德及其培育提供了鲜明指向。

（一）鲜明的主体意识

新时代大学生被称为“千禧宝宝”，以独生子女居多，受出生环境和成长环境的影响，造就了他们鲜明的主体意识和个性特征。新时代大学生更加注重个体的情感体验和道德认同，具有鲜明的个体道德认知意识和倾向，这就造就了他们注重个体情感，缺乏集体主义精神的强烈意识。鲜明的主体意识使他们在日常与他人、社会、自然产生关系的过程中形成“我即全部，不顾其他”的行为方式和道德选择。同时，因年龄、环境等客观因素，其价值选择和道德判断还未完全形成，在道德认知和践履过程中呈现出易于接受和易于反叛的双重特性。新时代大学生个性张扬、行为积极、“我即世界”的鲜明特征为总结提炼新时代大学生社会公德的内涵提供了重要的切入点。

（二）“又红又实”的鲜明特质

新时代大学生成长于社会主义发展的新时期，见证了中国特色社会主义事业发展的时代历程，是中国特色社会主义伟大事业的见证者、参与者、受益者，对社会主义事业的认知、认同、认可程度前所未有。新时代大学生面对国家危难，心中有“大我”，肩上有责任，笔下有乾坤，成为了社会发展和时代进步的生力军，为国家发展与进步抹上了一丝青春的底色，是名副其实的“红色少年”，这为新时代大学生社会公德的培育提供了有利条件。同时，新时代大学生面对社会转型和国际间交流的进一步扩大，务实化思想更为突出。他们目标清晰，步履坚定，追求成功，在实现成功的道路上，道德评价和行为选择更加多样、多变，部分大学生甚至认为“利我者皆可用，不利者皆可抛”，这为新时代大学生社会公德的培育明确了新方向，提出了新要求。

（三）“最网络”的时代特征

“至2017年底，中国网民规模达到7.72亿，其中以10—39岁的青少年网民群体为主，占整体网民的73%。”① 互联网对新时代大学生的影响深刻而广泛，他们被称为“网虫一族”，他们全方位、多层次地融入互联网，在一定程度上促进了他们“抬眼看世界”的深度和广度。但由于互联网的交流隐匿性、内容复杂性、形式多样性、范围广泛性造成互联网上信息鱼目混杂、内容真假难辨、形式复杂多样，使其成为西方多元价值观进行渗透的重要平台，这也在一定程度上给新时代大学生道德失范提供了新的空间，“键盘侠”“手残党”“隐形人”“公知人”屡见不鲜。“最网络”的时代特征为新时代大学生社会公德及其培育提供了新挑战和新视角。

（四）知识与素质兼具的显性特点

新时代大学生科学文化素质较高，学识背景较为扎实，文化底蕴较为丰厚，具有一定的知识甄别能力和道德意识转化能力。新时代大学生大多成长于经济条件相对比较优渥的环境，接受教育的内容和方式多样而深入，使其道德素质水平和道德践履水平不同于中小学生和普通的社会大众，更优于旁人。加之性格特性，使他们更容易接受基本的道德标准和社会公德意识，因此，新时代大学生成为了知识文化素质和道德水平较高的一代。虽然对于基本的价值判断和社会公德行为具有相应的认知和践行能力，但是他们对于自身之与他人、社会、国家的重要地位和重要责任的认知与现实状况并不匹配，在道德认知和践履上呈现出“看似接受，实则不够”的显性态势，这为新时代大学生社会公德的提出提供了新的视角。

---

① 匡艳丽．新媒体时代大学生主流价值观培育认同的技术路径［J］．中国广播电视学刊，2018（9）：30.

综上，以新时代大学生群体为对象，梳理其时代特征和个体特性，为新时代大学生社会公德基础理论及其培育提供坚实的主体参考和实践依据。

四、新时代大学生社会公德的内涵界定

中国特色社会主义步入新时代，社会公德建设也步入新的发展阶段。社会公德作为公民道德建设的重要内容，其内容范畴与融合方式也应随时代变迁而不断丰富与发展。社会公德建设的关键在于实现微观公民之德与宏观国家之德、社会之德的有机结合；在于概括宏观国家之德、社会之德、公民之德与社会公德内容的具体性、主体的层次性与践履方式多样性的有机结合。一方面，新时代大学生肩负民族复兴的时代大任，他们在社会公德认知水平和践履层次上呈现出独具特色的鲜明特征，新时代大学生社会公德既不同于广泛意义上的道德，也不同于普遍意义上的社会公德；其既与普遍意义上的社会公德具有内在一致性，但又彰显鲜明的主体性、参与性、共建性等特点。因此，新时代大学生社会公德的内容既要体现公民之德，又要体现国家之德、社会之德；既要以社会公德规范为理论导向，又要考虑具体实践中主体的特殊性与时代性；既要以实现大学生对美好生活的向往为目标，又要实现国家之德、社会之德与公民之德的有机统一。另一方面，社会主义核心价值观是国家的德、社会的德，也是个人的德，是公民道德建设的价值指引与行动指南，是人们日常公共生活与公共交往的道德准则与道德追求，新时代大学生社会公德应从大学生公共生活与公共交往入手，将社会主义核心价值观融入其中。总的来说，新时代大学生社会公德应着眼新时代，聚焦新青年，实现国家之德、社会之德、公民之德的有机结合，由单一的公民之德转化为丰富的、多层次的社会公德。廓清和分析新时代大学生社会公德的基本内涵、内容与特点，对新时

代大学生更好地践履社会主义核心价值观与“立德成人”理念具有重要的指导意义。

（一）新时代大学生社会公德的内涵

新时代，交往对象与交往形式的多样化、活动范围的扩大化、活动内容的丰富化在社会公共生活中逐步显现，社会公德的界限和范围进一步拓展，为其内涵和内容注入新的元素。同时，大学生作为知识文化水平和道德践履能力较强的一代，面对社会公共生活的广度和深度进一步深化，其践行社会公德的内容呈现出突出的主体性、鲜明的参与性和高度的积极性，其践履要求必将呈现出较高的标准性、层次性和深入性。因此，新时代大学生社会公德是指大学生作为践行社会公德的主体，在社会公共生活与社会交往中呈现出的独具主体性特点的、符合社会角色预期的、标准较高的行为准则、道德要求与道德规范的总和。

从内容上来看，新时代大学生社会公德是社会主义核心价值观的“三个倡导”与普遍意义上的社会公德的有机结合，并彰显大学生的主体性特征，使其更具时代性、主体性、参与性。一方面，社会主义核心价值观本身就是一种德，“三个倡导”是调节个人与他人、个人与社会、个人与国家、个人与自然之间的价值规范和道德准则，“三个倡导”之间不是孤立存在的，而是内涵立体、外延交叉，层次间彼此浸染，融为一体，构筑起“明大德”“守公德”“严私德”的价值基础。另一方面，普遍意义上的社会公德的内容也是调节人与人、社会、国家和自然之间最起码的道德要求，其中的“20个字”之间并非孤立存在，也不是相互割裂的，而是互为促进，成为一体的，是着眼于全体社会成员的道德要求。这个基本要求是协调人与社会关系的基本道德规范，彰显出“明大德”“守公德”“严私德”的鲜明导向。社会主义核心价值观与社会公德之间互为支撑，交相辉映，呈现出价值目标的高度一致性和基本要求的内在共通性。因此，以社会主义核心价值观为理论基础，以社会公德的内容为理论借鉴，以两者之间鲜明的内容一致性和目标共通性为立足点，从人与人、国家、社会、自然之间的基本道德要求出发，结合新时代大学生的群体特点，突出新时代大学生“共参”特征，将社会公德中的助人为乐、遵纪守法、爱护公物、文明礼貌、保护环境与社会主义核心价值观中的爱国、友善、法治、文明有机结合，是实现新时代、新青年、新要求的题中之义。同时，社会主义核心价值观贯穿新时代大学生社会公共生活和公共关系发展的始终，为大学生在公共生活中的道德要求和规范提供终极的价值参考和伦理借鉴。新时代大学生社会公德的培育与践行与社会主义核心价值观的培育同向同行，是培育和践行社会主义核心价值观的重要着力点。新时代大学生具备较高的文化素养与思想道德修养，是社会主义核心价值观与社会公德的主要传播者与践行者。因此，新时代，立足大学生群体，明确主体特性，彰显“共参”特点，有针对性地提炼出新时代大学生社会公德的内涵，既有利于培育和践行社会公德，又有助于推动和促进社会主义核心价值观培育，为实现新时代大学生“立德成人”提供根本的实践遵循和理论支撑。

从本质上看，社会公德与新时代大学生社会公德具有内在一致性，二者之间是共性与个性的辩证关系。“共性与个性的关系问题是普遍存在的，共性存在于个性之中，个性包含共性，比共性更丰富和特殊。”[①] 共性与个性的辩证关系成为了探究新时代大学生社会公德本质的基本立足点。一方面，社会公德倡导的道德规范适用于大学生群体，是新时代大学生应该遵守和践行的最基本道德要求。新时代大学生社会公德的本质实际上就是一种社会公德，二者的共性来源于它们形成和发展因素的相通性与目标要求的同一性。另一方面，新时代大学生社会公德的个性来源于其主体的特殊性、层次性和大学生社会公德理论与实践的具体性与多样性。新时代大

① 王久高．社会主义核心价值观的生成与内涵［J］．中国特色社会主义研究，2014（8）：71–72.

学生社会公德不同于其他群体践行的社会公共道德规范与要求，它不是教师、工人、中小学生等特定职业群体需要遵守的道德规范；其因社会公共生活的界限性和范围性区别于家庭美德、个人品德等道德规范，又不是广泛意义上的道德要求；其更突出大学生的道德践履的主体性、参与性、层次性，也不是普遍意义上的公共生活中基本的道德规范；其因立足社会公共生活，不断突破社会公共之“公”的边缘，彰显出显性的“德”之要求，更不是狭隘意义上的道德规范。因此，想要理解新时代大学生社会公德的本质，既要看到其与社会公德的“共性”，又要突出把握其“个性”，这成为研究新时代大学生社会公德的基本立足点。

从来源上看，一方面，新时代大学生社会公德是马克思主义道德观在新时代大学生群体中的特色呈现，源于中华传统美德，继于中国革命道德，鉴于人类文明有益的道德成果，行于新时代大学生群体内，成于新时代大学生具体的社会公德践履中，既具传统性，又具时代性；既具继承性，又具发展性；既具普遍性，又具主体性，是立足新时代，大学生在社会公共生活领域彰显出来的、符合社会角色预期的道德要求与道德准则，呈现鲜明的参与性与建设性。另一方面，社会主义核心价值观本身就是一种德，是对中国传统道德的继承与超越。以“德”为本，为培育和践行社会主义核心价值观指明了方向。大学生作为践行社会主义核心价值观的特色主体，践行新时代大学生社会公德更是社会主义核心价值观这个“德”的本质要求。因此，社会主义核心价值观是新时代大学生社会公德的价值基础与理论引领，新时代大学生社会公德为更好地践行社会主义核心价值观提供了新的视角和重要的立足点。具体来说，新时代大学生社会公德整体设计必须完成纵向延伸，通过平衡“内化于心”与“外化于行”的关系，保证“共性塑造”与“个性发展”的互相促进。同时，新时代大学生社会公德的系统规划必须完成横向铺展，通过将“明大德”“守公德”与“严私德”三者贯通，实现“共性塑造”与“个性发展”之间的动态平衡。

从范围来看，中国特色社会主义进入新时代，无论私人生活还是公共生活都受社会变迁与时代发展的影响。新时代社会公共生活本身界限和层次的扩展为新时代大学生社会公德提供了新的视角。主要表现在，一是在公共生活与人际交往的活动范围突破时空限制，不再局限原有的场所与领域，进一步扩展至虚拟世界；二是因其参与主体的全民性与活动方式的转变使其内容更加自由开放，方式更加多样；三是传统的“熟人社会”逐渐被“陌生人社会”所替代，使公共生活中交际对象变得更加复杂化，增加了人际交往的不可预期性与挑战性；四是公共生活已经越出国界，面向全世界。因此，新时代大学生社会公德应以社会主义核心价值观为引领，逐步适应不断扩展的公共生活，顺应社会发展需求，完善其逻辑建构。新时代大学生社会公德不仅仅局限于原有的公共生活领域，区别于普遍意义上的社会公德，是随社会实践的内容与形式的变化及公共生活范围的扩展与深化来适应新的生活领域的需要，是适合大学生主体特点的社会公德规范。新时代大学生社会公德着眼于扩大化的社会公共生活领域与人际交往圈，借鉴普遍意义上的社会公德内容，从国家发展、社会的和谐有序、公民立德的全面需求出发，立足扩大化的社会公共生活与人际交往，适应于新时代中国公共生活的巨大变局呈现出的较高标准的道德规范。聚焦大学生的个人之德、社会之德、国家之德，明确其是新时代大学生处理和调节与他人、社会、国家、自然之间关系的道德规范与道德要求，以“小公德”促“大公德”，促进社会文明发展，从而真正实现新时代大学生的全面发展。

（二）新时代大学生社会公德的内容

新时代大学生社会公德是社会公德的基本要求在大学生群体中彰显出的极具主体性、参与性、针对性的道德规范与行为准则。“一个社会越发展，社会公共生活领域越扩展，社会公德的内容就越丰富。”① 因此，以新时代大学生社会公德的内涵为依据，总结提炼出新时代大学生社会公德的具体内容是推动社会公德践行时代化的应有之义。同时，新时代大学生是社会公德践行的生力军，因其鲜明的群体特点，对社会公德的内涵与外延认知相对基础，对社会公德的践履呈现出理论与实践相对割裂、主体意识相对模糊、践行标准相对较低的显性特点，因此，新时代大学生社会公德的内容应紧紧把握新时代大学生的群体特点，凸显其鲜明的“共”字意识，体现其强烈的践行精神。具体来说，就是体现突出的“共建”精神、明显的“共筑”原则、鲜明的“共融”思想、强烈的“共存”意识、明确的“共享”理念。依托新时代大学生社会公德的内涵，明确其具体内容为爱国共建、友善共筑、文明共融、法治共存与和谐共享。

1. 爱国共建

爱国，顾名思义，就是爱自己的国家。简单来说，爱国就是对自己祖国的热爱与忠诚，它既包括对自然的热爱，又包括对社会的热爱，更包括对国家政治体制的拥护和认同。社会主义核心价值观中倡导的爱国是对公民层面的一个基本要求。从个人层面上讲，爱国价值观本身就是一种道德准则与道德规范，是一种最大的“个人之德”，大学生作为传播与践行社会主义核心价值观的主要群体，在社会公共生活领域更应行之有道，处之显德，心有大我，肩有大任，爱国有我共建设。因此，爱国共建成为了新时代大学生“立身修道”重要内容，爱国共建应是新时代大学生在社会公共领域彰显的一抹最闪亮的精神标识与公共道德。

爱国共建本质上是新时代大学生在公共生活与公共交往中正确调节个人与祖国关系的基本道德准则、道德规范和道德原则。首先，爱国主义体现了新时代大学生对自己祖国的深厚感情，揭示了大学生与祖国的依存

① 伦理学编写组．伦理学［M］．北京：高等教育出版社，2015：318.

关系。具体来讲，就是新时代大学生要爱祖国的大好河山、爱自己的骨肉同胞、爱祖国的灿烂文化、爱自己的国家。其次，共建即共同参与，共同建设。新时代大学生爱国主义精神的弘扬，最终要落到具体的培育与践行中。具体来说，就是新时代大学生要在公共生活与公共交往中做维护和推进祖国统一的积极践行者；做认同国家政治制度和大政方针的主体拥护者；做促进民族团结的共同参与者；做弘扬祖国优秀传统文化的时代传承者；做增强国家安全意识的重要履行者。新时代大学生在处理自己与祖国关系的过程中，要高举爱国主义旗帜，把爱国之情、强国之志、报国之行统一起来，为国家和民族的发展做出自己应有的贡献。最后，爱国是新时代大学生树立“大德”的出发点和落脚点，共建是当代大学生弘扬爱国主义精神的践行方式与实践手段。新时代大学生心有报国志，肩负报国行，将爱国与共建有机结合，既是新时代大学生践行社会主义核心价值观的有效方式，又是新时代爱国主义的鲜明主题，更是新时代大学生“立德”的时代要求，也是新时代大学生社会公德的重要内容。具体来说，就是新时代大学生与祖国同呼吸、共命运、共建设，让新时代大学生成为弘扬爱国主义精神的特色主体，从而形成弘扬爱国主义主旋律的共建合力。让爱国成为共建践行的出发点和落脚点，让共建践行成为弘扬爱国主义精神的情感纽带与实践依托。

爱国共建精神是新时代大学生社会公德的首要内容，其与社会主义核心价值观倡导的爱国具有内在一致性。将爱国共建精神融入新时代大学生社会公德，不仅是新时代大学生树立“大德”的时代要求，更是新时代、新青年践行社会主义核心价值观的题中之义。新时代大学生社会公德中的爱国共建具体到大学生群体不仅是对社会主义核心价值观的有效践行，更是社会公德在大学生群体的特色体现，更具主体性、时代性和针对性。它既是对爱国精神的主体化践行，也是对民族精神、时代精神的继承与发扬，更是对新时代、新青年、新要求的生动解读。

2. 友善共筑

友善是一切道德的起点，是指人与人之间亲近和睦。友善作为社会主义核心价值观中个人层面追求的价值目标，具体是指公民公共交往和人际沟通的道德准则。同时，《新时代公民道德建设实施纲要》明确指出友善是公民道德建设的基本道德规范，共同引领中国的公民道德建设。因此，友善既是一种价值观，也是一种基本的道德规范，是新时代大学生“严私德”“守公德”的重要遵循。培育和践行这样一种道德规范，需要新时代大学生共逐友善梦，共构友善城，共筑友善墙。因此，友善共筑原则是新时代大学生协调人与人、人与社会、人与自然关系的基本准则，是大学生在公共生活领域调节社会关系的调和剂，是大学生在公共生活与公共交往中的基本道德规范。

友善共筑是新时代大学生维护社会公共秩序，构筑良好公共关系的基本道德要求与道德准则，是个人、自然与社会关系和谐稳定的基础。首先，友善是一种德性，要求公民有真诚的仁爱之心，心存善念。友善更是德性的外在表现，体现的是德性与能力，是人与人相处过程中要自觉与人为善，对他人尊重、宽容、关爱、互帮互助的道德素养。同时，友善还包括对自然界的保护与爱护，对社会的奉献与维护。其次，共筑是携手创造，共同筑就，揭示的是一种实现过程与方法的辩证关系。践行友善价值理念需要把友善价值观的具体要求与大学生具体社会实践有机结合起来。任何一种理念的认同、传播与践行都离不开有效的社会实践，大学生作为社会主义核心价值观的传播者与践行者，只有在社会实践过程中，秉承共同的价值理念并一以贯之，筑就坚实的理论基础，才能实现理论与实践的双向融合，持续发展。最后，友善反映了现代社会里，大学生在人际交往中的基本要求，彰显了大学生对友好和善关系与状态的渴求；共筑强调了实现这种要求和状态的路径。在新时代大学生群体中，友善共筑具体体现为，要在公共生活与日常交往行为中有善心，践善行，团结友善，互尊互助。第一，团结友善要求大学生对他人要怀着友好的愿望，抱着彼此平等的心态相互对待。因为只有从善良的愿望出发，事事对人好，才能够真诚地帮助别人，从而达到团结的目的。另外要做到团结友善，大学生还必须看到并学习他人的长处，与此同时时刻反省自己的短处，做到严以律己，宽以待人。第二，大学生要做到互尊互助，就是要提倡助他利他的道德情操，把尊重并帮助别人当成自己快乐的源泉。要求大学生首先具备尊重他人、关心他人、乐于帮助他人的主观态度，进而在与其他大学生的交往中做到宽容友善、互相帮助。每个大学生应该设身处地地替他人着想，做到宽容他人、理解他人，并竭尽全力救人于危难之中。第三，大学生要与自然为善，遵循人与自然和谐发展的客观规律，爱护自然，保护自然。总之，友善作为“严私德”的基本要求，善言善行、博爱友好是践行这种基本要求的具体呈现。同时，谐适友好的社会氛围与良好互助的个人关系需要新时代大学生共同构筑与成就，二者互为支撑，相互联系，相互促进。

友善共筑是新时代大学生社会公德的基本内容，是新时代大学生在公共生活中道德规范的集中体现，与社会主义核心价值观倡导的友善观在社会伦理上具有本质上的一致性。新时代大学生社会公德中融入友善共筑原则，一方面可以指引大学生完善自身道德人格，另一方面引领社会关系和社会秩序的优化，二者为形成良好的公共生活，培育良好的公民关系和公共秩序共同构筑有力支撑。新时代大学生社会公德中引入友善共筑是构建和谐社会、和谐人际关系的有效手段，更为社会主义核心价值观的践行提供有力保障和伦理依托。

3. 文明共融

文明是人类社会发展的积极成果和进步状态，是人类改造世界的物质成果和精神成果的总和。当文明作为一个价值概念的时候，它相当于狭义上的文明，指的是思想上的进步以及文化上的先进。社会主义核心价值观中倡导的文明主要指“国民良好的道德素质与国家社会主义文化的繁荣，代表着社会主义建设的文化价值目标”。[①]从个人要求上看，文明价值观是一种“私德”，更是一种“公德”，这种更崇高的“德性”在大学生群体中具体体现为一种较高的文明素养与深刻的文明共融理念，文以化人，文以载道，文明共通，文明共育，文明共融。因此，在大学生公共生活与公共交往中文明共融理念应是新时代大学生社会公德的重要内容，应是新时代大学生处理社会公共关系的基本立足点与普遍共识。

文明共融是新时代大学生处理人与人、人与社会、人与自然之间关系的行为要求与道德准则，是意识形态领域中的价值理念，体现了人、自然、社会和谐进步的状态，揭示了三者之间的发展过程与价值追求。首先，文明理念明确了新时代大学生在公共场域下所秉承的道德观念，揭示了新时代大学生在思想交流中的基本立场与文化传承中的基本要求。具体来讲就是新时代大学生在公共生活与日常公共交往行为中要文明礼貌，尊重文化多样性。文明礼貌是路上相遇时的微笑，是与人相处时的尊重，是沟通情感的桥梁；在进行思想文化交流中要尊重文明的多样性，求同存异。在文化传承中要辩证扬弃，对社会文明成果要进行传播与维护，在梳理中华优秀文明成果的基础上，实现其创造性转化和创新性发展。其次，共融是相互合作、共同补充、共同发展的一种过程。新时代大学生培育与践行中国特色社会主义的文明之“德”需要新时代大学生追求文明境界，参与文明构建，共融文明发展。具体来说，就是做文明行为的践行者，做多样文化的传播者，做文明成果的维护者，做文明发展的推动者。最后，文明是人类社会的进步状态，这种状态需要经过探索才能获得。共融是融入文明发展状态的形式化表达与外化，践行中国特色社会主义文明理念需要大学生成为融入文明过程的实践主体。新时代大学生与追求文明理念之间是一种互促共融的关系，大学生在提升自身科学素质和道德素养的过程

① 吴宁，余华．社会主义文明价值观的根本性质及践行思考［J］．湖北社会科学，2017（12）：180.

中，有效地提升了人与人之间关系的文明程度，实现了在公共生活领域良好社会风尚的形成与发展，进而不断共融于社会主义文化大繁荣和大发展的动态过程之中。新时代大学生社会公德的内涵扩展到文明共融理念，需要明确“文明由我们创造”“文明由我们推动”“文明由我们发展”“我们在文明构建的过程中，共融共生”，新时代大学生既是文明成果的见证者、促进者、推动者，又是文明成果的共享者，共融于文明发展的进程中。

文明共融是新时代大学生社会公德的主要内容之一，其行为特征与内在属性与社会主义核心价值观倡导的文明在主体要求和价值目标上具有高度契合性。新时代大学生注重科学文化素养，提升思想道德素养，规范行为举止，融入新时代文化繁荣构建，既是新时代大学生社会公德文明的体现，也是对社会主义核心价值观的有效践行。以社会主义核心价值观促大学生社会公德，营造良好社会新风尚，共建文明社会，是新时代大学生践行社会公德的内在要求。

4. 法治共存

法治即依法治国，是人类政治文明的成果和社会文明进步的主要表现。“社会主义核心价值观中的‘法治’是马克思主义同中国实际相结合的产物，是党的领导、人民当家作主和依法治国的有机统一。”[①]法治是社会主义核心价值观的有机组成部分，是一种社会的“德”，更是一种个人的“德”。同时，《新时代公民道德建设实施纲要》指出，以法治承载道德理念、鲜明道德导向、弘扬美德义行，需把社会主义道德要求体现到其中，以法治的力量引导人们向上向善。由此可以看出，将法治融入道德实践是保障公民道德建设的重要环节。社会公德是公民道德建设的重要内容，大学生是对社会公德认知、认可、认同与践行的重要推动者与执行者，以法治力量保障大学生践行社会公德的方向和目标，实现法治保障，

① 叶承芳．社会主义核心价值观内容解读之“法治”［J］．思想政治教育研究，2015（02）：52.

共生共存，意义重大。因此，法治共存观念应是新时代大学生处理社会公共生活与交往的行为准则与道德规范，是新时代大学生社会公德的重要内容，成为新时代大学生在社会公共场域下构建公共秩序、维护公共关系的基本保障。

法治共存是新时代大学生在公共生活中处理人与人、人与社会、人与国家之间的价值准则和道德规范，是维护社会公共生活秩序的重要保障。第一，新时代，多媒体信息交织更替，经济社会复杂多变，多元文化冲击日益激荡，大学生个性化特征日渐明显，新时代对大学生法治观念的培养提出了更高的要求，要求新时代大学生遵纪守法，将法律作为判断是非和处理事务的准绳。具体来说，遵纪就是大学生在公共生活中要有规则意识，不仅要去认识规则，更要尊敬、遵守规则，按照规则办事。大学生的守法观念就是当代大学生既要遵守国家颁布的有关法律、法规，也要遵守特定公共场所和单位的有关法律规定。在社会公共生活中树立规则意识，遵纪守法，就需要大学生全面了解公共生活领域中的各项法律法规，熟知校规校纪，牢固树立法治理念，以遵纪守法为荣，以违法乱纪为耻，遵守有关纪律和法律。第二，共存即共同存在，一起生存的状态。新时代大学生法治观念的形成，实际上是大学生主体参与和完善法治建设共生共存的过程。具体来说，就是培养大学生时代精神的法治思维，树立大学生尊重和维护法律权威的意识，需要大学生依法行使法律权利和义务，自觉尊法、学法、守法、用法，依法规范其日常生活和实践活动，维护国家利益。同样，还要以法治文化、法治精神、法治思维不断提升自身的法律素养和思想道德观念，投身法治实践活动，使其成为法治中国建设的中坚力量，法治观念的崇尚者、践履者和受益者，以实现法治过程与法治目标相适应，法治保障与法治共存相一致。第三，法治是当代大学生顺利参与社会建设，和谐共存社会发展的有力保障；共存是当代大学生在法治建设过程中参与执行的一种过程与状态，二者是一种程序性与保障性的逻辑关系。新时代大学生具备较高的法律素养和道德素质，是法治建设的中坚力量和鲜明主体，法治中国的建设离不开新时代大学生的积极参与和维护。反过来，科学的法律制定、合法的法律执行、恰当的法律适用、全民的法律遵守为当代大学生的合法权利不受侵害提供了坚实的法律保障和基础，二者在过程中共生共存，互为保障，有机联动。

法治共存是新时代大学生社会公德的主要内容之一，新时代大学生社会公德中的法治共存与社会主义核心价值观中的法治在社会基础和发展目标上具有高度一致性，为社会主义核心价值观贯穿新时代大学生社会公德建设提供了合理的视角。法治是社会主义国家、社会、个人健康和谐发展的重要保障，共生共存是法治保障的基本目标与价值追求。以社会主义法治为保障，以共生共存为目标，是新时代大学生社会公德的基本要求。

5. 和谐共享

和谐是配合适当、均匀。一般意义上的和谐，是指："宇宙间万物达到相互协调、有机统一的动态平衡状态。"[①] 社会主义核心价值观中倡导的和谐具体是指社会和谐，包括人与人的和谐、人与社会的和谐、人与自然的和谐。和谐是社会主义核心价值观的重要内容，是当代社会发展的现实诉求和必然结果，表达了人们追求和谐境界的道德需求，彰显的是一种"大德"，也是一种"公德"，是公民道德行为规范的重要道德原则。新时代大学生是和谐价值理念培育与践行的主力军、排头兵，也是社会公德培育与践行的鲜明主体，更应谱写和谐曲目，高奏和谐乐章，高举和谐旗帜，共建共享和谐社会。因此，在社会公共领域需要和谐共享来调节大学生的公共生活与公共交往。和谐共享成为新时代大学生社会公德培育的重要内容，是大学生处理多种关系协调发展的道德导向与行动准则。

和谐共享是新时代大学生处理人与人、人与社会、人与自然关系的道

① 王艳丽，周国栋．论中国特色社会主义核心价值观的内涵［J］．山东社会科学，2007（12）：136.

德追求与道德目标，其基于中国传统文化的价值理念，既是社会发展的价值目标，又是社会制度的价值理念基础，更是重要的社会人文价值规范与道德准则。第一，和谐要求大学生要以自律、尊重的理念进行社会现实生活空间和虚拟生活空间的社会公共交往与交流。推崇和弘扬和谐理念，要坚持以个人与社会、自然互促共享为准则，并将其作为维系大学生自身及人际交往谐适的重要手段。具体来讲，应在积极融合和谐价值观的理论基础上，结合社会公德的内容与大学生自身特点加以理解与掌握。因此，新时代大学生要处理好自身与环境交往中的和谐，处理好与社会、自然之间的和谐，同时还要净化和保护虚拟的公共网络环境。第二，共享即共同分享，与他人共同使用或者分享创建成果的一种目标。新时代大学生与他人、社会、自然之间是相辅相成、互助合作、互利互惠、互促互补、共同发展的关系，揭示的是一种共生共促的理性状态，渊源共生，和谐共享。第三，和谐凝聚力量，共享彰显目标，二者是过程性与目标性高度结合的关系、阶段性与结果性互为补充的关系。大学生通过具体的道德实践促和谐状态；反过来，道德实践的阶段性成果反哺实践主体，二者互为促进。具体来说，首先是大学生与自身身心的和谐。大学生要通过修身、立德、行善等内修来实现外在和谐，达到身心协调发展。在人际交往中要友善、包容、诚信、互助，通过人与人之间关系的和谐从而加快和谐社会的进程。其次，大学生与社会之间的和谐，要求大学生有担当、有责任、有公德。深处校园的大学生要增强社会主人翁的责任感，珍惜国家、集体财产，爱护公物，特别要保护社会公共财物，坚决同损害公共财产、破坏公物的行为作斗争。最后，大学生与自然之间的和谐，要求大学生遵从自然，尊重客观规律与自然与生态和谐相处，大学生还要践行简约适度、绿色低碳的生活方式，参加环保志愿服务，努力保护自然环境系统的有序运行，节约资源，坚持可持续发展。促进公共网络空间环境的净化，恪守诚信、尊重、公共等原则。以具体行为促小和谐，以小和谐促大和谐，和谐社会，共同成长，和谐成果共同享有。

和谐共享是新时代大学生社会公德的具体内容之一，与社会主义核心价值观倡导的和谐在价值目标上具有内在共通性。新时代大学生在社会公共生活中以和谐社会构建为主要目标，为和谐美丽的社会构建贡献个人力量，把建设和谐美丽的社会主义新生活转化为具体行动，共建共融、共荣共享，既是践行社会主义核心价值观的积极尝试，又提升了新时代大学生社会公德培育的整体高度。

综上，中国特色社会主义进入新时代，人民对美好生活，特别是美好道德生活有了新期待、新要求。《新时代公民道德建设实施纲要》指出公民道德在新的时代背景下呈现出更高的价值追求和崭新的时代内涵，明确道德建设将是持久战，复杂多变且艰巨困难，道德建设需站在新的历史高度和时代维度。明晰新时代大学生社会公德的具体内容，为更好地践行社会主义核心价值观提供有力的着力点，为《新时代公民道德建设实施纲要》的具象化和落地化提供有力的实践遵循。

（三）新时代大学生社会公德的特点

新时代大学生社会公德实质上是新时代大学生在社会公共生活中彰显出来的具有鲜明主体性的道德认知、道德意志和道德行为。因此，概括总结新时代大学生社会公德的特点，必须遵循新时代、新青年的内在逻辑，紧紧依托大学生的主体特征，以实现对新时代大学生社会公德特点针对性的概括。

1. 时代性兼具主体性

新时代大学生社会公德是新时代大学生在践行和传播社会公德的过程中呈现出的标准较高的道德要求与鲜明主体性的道德规范，必然带有特殊的时代性特征。党的十九大报告提出：“经过长期努力，中国特色社会主义进入了新时代，这是我国发展新的历史方位。”①历史方位的变化，必然会对身为中国特色社会主义事业接班人的新时代大学生提出更高的道德要求。新时代大学生社会公德既立足时代要求，又彰显时代特点，新时代、新青年、新要求，让大学生社会公德彰显鲜明的时代特征。新时代大学生社会公德不是普遍意义上的道德规范，而是着眼于时代，定位于大学生群体，遵循《新时代公民道德建设实施纲要》具体要求，明确新时代大学生在社会公共场域下，深化道德要求与推动实践养成的方式与方法。同时，新时代大学生社会公德既不是广泛意义上的社会公德，也不是局限意义中的公共行为规范，而是新时代大学生在社会公共生活领域秉持的符合社会角色预期的行为规范，突出了大学生群体的主体性特征，是新时代大学生应该具有的道德要求与标准。新时代大学生社会公德与大学生群体紧密结合，既是对《新时代公民道德建设实施纲要》的具体践行，又突出了实践主体。因此，新时代大学生社会公德兼具时代性与主体性，既突出了问题导向，又强化了实践主体，更结合了时代特征。

2. 基础性兼具层次性

一方面，新时代大学生社会公德是新时代大学生在社会公共生活领域最具主体性的道德规范和道德准则。这些内容来源于大学生的日常生活，是大学生群体能够接受、广泛熟知并且应该遵循的最基本的公共道德规范。同时，新时代大学生社会公德的基础性还体现在它的简单性，其具体要求无论是见诸于文件内容还是约定俗成，都不是深奥的理论原理，也不是晦涩的条例条文，是大学生在社会公共关系的处理过程中秉持的最基本的行为规范。另一方面，新时代大学生群体不同于其他社会群体，而是集知识性、专业性、层次性于一身，其文化水平、专业素养、道德素质都具有鲜明的特性，是中国特色社会主义事业的建设者和接班人。这也使得新

① 习近平．决胜全面建成小康社会夺取新时代中国特色社会主义伟大胜利——在中国共产党第十九次全国代表大会上的报告［N］．人民日报，2017-10-28（01）．

时代大学生在社会公共生活场域下呈现出的道德行为与行动规范，具有鲜明的层次性与参与性的特点。因此，新时代大学生社会公德既凸显了本质要求，又体现了层次目标，基础性兼具层次性成为其鲜明的标签。

3. 实践性兼具广泛性

一方面，《新时代公民道德建设实施纲要》指出："要持续强化教育引导、实践养成、制度保障，不断提升公民道德素质。"[①]新时代大学生社会公德因其时代性与主体性，成为全面提升公民道德素质的有力抓手与突破点，以大学生社会公德的培育促整体公民道德的提升。因此，新时代大学生社会公德是践行《新时代公民道德建设实施纲要》的具体实践，彰显鲜明的实践性。同时，新时代大学生社会公德本质上是一种道德要求与道德规范，最终仍需落脚到培育、传播与践行过程中，只有通过具体的实践与传播过程，才能真正实现在大学生群体中内化于心、外化于行。道德理论应用于具体实践，在实践中感悟，在感悟中认同，在认同中外化，使得实践性成为大学生社会公德的本质属性。另一方面，新时代大学生社会公德随着社会的发展，其内容必然得到不断丰富和发展。新时代大学生社会公德涵盖了社会公共生活中人与人、人与社会、人与国家和人与自然关系的四个层面，只要是大学生在社会公共秩序的维护和建设过程中处理四者关系的内容，都是新时代大学生应该遵守的道德规范和价值准则，因此，新时代大学生社会公德在内容上呈现广泛性的特征。实践性兼具广泛性成为新时代大学生社会公德的基础性特点。

4. 一元性兼具多元性

一方面，新时代大学生社会公德的一元性是指其秉承的价值观念是一以贯之的。社会主义核心价值观是新时代大学生社会公德的价值引领与理论基础，新时代大学生社会公德是社会主义核心价值观在大学生公共生活

---

① 中共中央国务院．新时代公民道德建设实施纲要［N］．人民日报，2019-10-28（01）．

中道德规范和道德原则的具体体现。由于新时代大学生社会公德的本质属性、内在要求与社会主义核心价值观具有内在统一性，所以，新时代大学生社会公德的形成过程是大学生对社会主义核心价值观的积极认同，并通过道德信念逐步内化为道德行为准则的过程。因此，新时代大学生社会公德彰显鲜明的一元性特征。另一方面，多元性是指新时代大学生认同两种及以上的道德规范与道德体系。新时代，中西方文化交错融合，观念不断碰撞交融，多样化道德思潮冲击下的社会公德呈现外在形式多元化、覆盖范围广泛化的鲜明特征，这就造成新时代大学生对其应具有的道德要求呈现出多元化的认知趋势。同时，新时代大学生思维活跃，学习能力强，易于接受新鲜事物。面对新旧观念的更迭、中西方文化的交流、多元文化的交融与碰撞，加之社会多媒体极度发达，大学生群体更容易接触到纷繁复杂的道德思潮、价值观念，这些因素使新时代大学生社会公德认知和认同呈现多元化趋势。因此，新时代大学生社会公德在价值理念的秉持与选择上呈现出一元性兼具多元性的显性特点。

第二章　我国大学生社会公德培育的历史与现状考察

一、我国大学生社会公德培育的历史考察

研究新时代大学生社会公德培育问题有必要回溯历史，用历史考察的视角去认识大学生社会公德培育的发展历程，这有助于更加深入、全面地认识与把握大学生社会公德培育的基本经验与现实启示，为新时代大学生社会公德培育提供可借鉴的思路与方法。

本部分主要以新中国成立后到十八大前大学生社会公德培育的历史发展为主线进行考察。从1949年到2012年，时间跨度63年，这一时期，中国社会经历了创造性地蜕变与发展，国家对大学生的道德教育也随之经历不同的历史过程，相应地大学生社会公德培育也呈现出不同历史特征。

（一）大学生社会公德培育的历史考察

1. 大学生社会公德培育彰显强烈的共产主义色彩（1949—1976）

新中国成立后，以毛泽东为代表的第一代领导集体，破旧立新，积极探索社会主义道德建设新思路。这一时期把思想道德建设工作摆在极其重要的位置，破除旧道德，树立新道德，破除非无产阶级道德思想，树立共产主义道德思想。在新中国成立初期，依据我国经济、政治等实际情况确立了以“五爱国民公德”为主要内容的社会公德建设。围绕社会公德建设进行爱国主义、集体主义等道德教育以武装广大青年，逐步培育共产主义道德。社会主义公德与共产主义道德是内在统一的，共产主义道德是社会公德的目标与引导。因此，社会公德建设紧紧围绕共产主义道德建设进行，这一时期大学生社会公德培育主要在共产主义道德建设过程中进行。

（1）共产主义道德至高无上引领大学生社会公德培育。“解放初期，

人们所确立的新道德主要是共产主义道德，这个提法直到改革开放之后才改为社会主义道德。”[①] 共产主义道德培育的核心任务就是将青年培育为“又红又专”的社会主义建设者与主力军，其内容主要有：“对人民忠心，组织性兼具纪律性，强调自我牺牲的能力和斗争的决心，轻视怯懦，等等。其外在表现为符合共产主义建设的爱国主义、集体主义以及维护社会公德等道德规范。”[②] 这一时期的共产主义道德以人民根本利益为出发点，以集体主义为根本原则，以全心全意为人民服务为核心，这为大学生社会公德基本理论提供思想指引。

这一时期，主要从以下几个方面培育青年学生的共产主义道德。第一，结合青年学生特点，开展正面教育，加强青年学生的共产主义道德认同。例如，针对青年学生认知与道德实践等特点，开展“抵制资产阶级思想侵蚀，培育共产主义道德”的正面道德教育活动。第二，重视政治课在道德教育中的作用。例如，1954 年 6 月，《关于改进和发展中学教育的指示》中鲜明地指出：“中学政治思想教育的目的之一就是培养学生共产主义的道德。”[③]通过政治课向青年学生直接灌输马列主义和毛泽东思想，通过指导性意见的解读，为青年学生共产主义道德观的树立明确了方向。此外，积极组织教育活动。如以“又红又专”为目标，对青年开展了诸如“三好”（思想好、学习好、身体好）教育等一系列思想教育活动，为青年学生社会公德培育提供理论镜鉴。第三，十分强调实践的重要性，并将共产主义道德贯穿在日常生活。这一时期重视劳动对青年学生道德教育的作用，“爱劳动”也是这一时期“五爱国民公德”的重要内容，其主要目标是希望他们在劳动中克服个人主义、本位主义，逐渐养成互帮互助的共产主义道德，助力青年学生社会公德建设。如“在新中国成立初期，举行劳

---

① 魏英敏 . 当代中国伦理与道德［M］. 北京：昆仑出版社，2001：88.

② 王金鲁 . 努力培养共产主义的道德观［J］. 前线，1964（01）：28–29.

③ 熊承滌 . 介绍两本共产主义道德教育的书［J］. 人民教育，1954（10）：71.

动竞赛、帮扶比赛，在劳动中比学赶帮超等实践活动”，[①]在活动中感受互相帮助、互相学习，为青年学生社会公德意识养成奠定了基础。第四，通过树立社会主义事业无私奉献的典型人物，激励青年人投身建设行列，以达到对青年学生的道德培育。在这一时期许多青年学生在先进思想、先进人物的感召下积极投身社会建设，从而坚定其共产主义道德信念与社会公德认同。

（2）爱国主义教育贯穿大学生社会公德教育始终。新中国成立后，国家政权规模初具。但是，国家认同感和社会主义制度认同感尚未完全形成。因此，这一时期将“五爱”作为全体国民的公德。爱国作为其重要内容，是人民最高的公德，是新中国成立后中国思想政治教育的基本任务与首要前提。“爱祖国”被确立为国民公德，这不仅是符合时代要求，也是道德教育的一种外在体现和客观要求。对爱国主义的培育是时代需要与主旋律，党和国家开展以爱国主义为核心的国民公德培育是共产主义道德建设的重要内容。第一，开设专门课程进行爱国主义教育。1950 年 2 月，马克思主义理论等课程的设置中融入了爱国主义教育元素，从学校教育内容中保证爱国主义教育，让学生在学校学习中明确爱国主义深刻内涵。如教育部明确规定高校老师要带领学生广泛参与时事学习小组，以增强他们的政治认同感。第二，以青年为重点进行分层教育，将爱国主义教育融入到实践活动中。中共中央根据青年人认识与实践特点开展爱国主义教育。1953 年 6 月，毛泽东在《共青团的工作要照顾青年的特点》中强调：“青年团要配合党的中心工作，但在配合党的中心工作当中，要有自己独立的工作，要照顾青年特点。”[②]例如结合青年学生特点在学校开展校内抗美援朝运动，结合青年学生特点开展座谈会、志愿参军者的志愿演讲活动、演讲比赛、文章比赛、宣言、宣誓，等等，以激发青年学生的爱国热情。第

① 严实．试论共产主义道德的形成途径［J］．江淮学刊，1964（03）：15.

② 毛泽东．继续开展与深入学校教育中抗美援朝的思想政治教育［J］．人民教育，1950（02）：6.

三，运用广播、电影等喜闻乐见的方式来进行爱国主义教育。这一时期，红色题材的文艺作品以不同形式、不同内容走进千家万户。此外，还十分重视对各类博物馆、纪念馆、烈士纪念建筑物、历史遗迹、风景胜地和展示我国两个文明建设成果的重大建设工程、城乡先进单位等爱国主义教育基地的建设，使之能更好地为爱国主义教育服务。第四，党和政府号召青年知识分子积极投身基层，扎根基层，为社会主义建设奉献自己的青春力量。“在一五规划初期，仅上海一地，就有七万多名青年奔赴祖国各地支援国家重点建设。”①他们在实际国情的体验中体悟并增强了自己的爱国主义情感，推动大学生社会公德的培育与践行。

（3）大学生社会公德培育以为人民服务为核心，以集体主义为原则。“五爱”国民公德中首要的就是“爱人民”。“爱人民”是指爱自己祖国的人民、关心自己祖国的人民，始终把祖国和人民的利益放在前列，并全心全意为人民服务。共产主义道德的核心是为人民服务；共产主义道德以集体主义为原则，集体主义是调整个人、集体和国家三者利益关系的基本原则和最高规范。坚持集体主义也就是强调国民公德建设，在社会公德建设中，毛泽东等第一代领导集体明确指出社会公德建设的原则即集体主义原则。因此，以为人民服务为核心，以集体主义为原则应贯穿于所有道德目标或道德要求之中，并且通过具体的道德规范、道德要求、道德实践体现出来。这一时期对青年学生开展以为人民服务为核心、以集体主义为原则的大学生社会公德培育形式多样。第一，大力宣传“五爱”的国民公德。这一时期要求学生在学校接受以“五爱”为基本内容的社会主义道德观教育，并在学生学习的课程中增设“做革命接班人”“毛泽东著作选读”等课程，树立忠于无产阶级事业，坚持集体主义原则，全心全意为人民服务的高尚道德。第二，开展榜样学习活动，通过开展活动加深大学生对集体

---

① 郑洸．中国青年运动六十年［M］．北京：中国青年出版社，1990：432.

主义的认知，更好指引青年学生建立为人民服务思想，树立科学价值观。例如，“各地团组织广泛开展‘学习雷锋’主题教育活动，引导全国青年大学生践行并弘扬助人为乐的雷锋精神，争做好人好事，营造互帮互助的社会氛围”①。学习“老三篇”，学习《为人民服务》《纪念白求恩》《愚公移山》等典型文章，树立张思德、白求恩等不同形象为人民服务的榜样，激发青年人去完成革命事业的勇气与决心。通过宣传榜样的先进事迹，学生们对互帮互助、友善、爱国的理解更加立体，通过对典型的认识由此产生深入认知、崇拜、效仿等意识与行为，促使了大学生社会公德的认同与践行。第三，鼓励青年学生在实践中践行集体主义，全心全意为人民服务，推动社会公德培育。如“新中国的成立彻底结束了一百多年来人民遭受奴役、国内外战乱频仍、国家四分五裂的历史，青年学生和知识分子欢欣鼓舞，大批参加革命工作”②。在社会主义初期，党和政府号召广大青年积极投入新中国的建设，青年学生持报国志，不怕苦不怕累，积极参与祖国建设，放弃条件优越的大城市，去基层、去人们需要的偏远地区，为祖国贡献个人力量。“在社会主义建设初期，中国共产党尤为重视青年大学生思想教育问题，主张有步骤谨慎地进行旧有学校教育事业改造，争取一切爱国的知识分子为人民服务。”③这一时期，积极鼓励青年下基层锻炼，更好地为人民服务。“组织中学生和高小毕业生参加合作化的工作值得特别注意。一切可以到农村中去工作的这样的知识分子，应当高兴地到那里去。农村是一个广阔的天地，在那里是可以大有作为的。”④在之后的很长一段时期，有计划组织知识青年上山下乡，并分配大学生到农村中去，实现广大青年知识分子与工农相结合，更好地深入群众，服务群众，以实现为人

① 新华社．解放军总政治部和团中央分别发出通知广泛开展“学习雷锋”的教育活动［N］．人民日报，1963-02-16.

② 胡绳．中国共产党的七十年［M］．北京：中共党史出版，1991：234.

③ 胡绳．中国共产党的七十年［M］．北京：中共党史出版，1991：267.

④ 毛泽东．毛泽东选集（第5卷）［M］．北京：人民出版社，1977：247-248.

民服务的宗旨。

1966 年至 1978 年，这一时期，中国经历了十年文革和徘徊中的两年，新中国成立以来社会公德建设的核心、基本原则、主要方法等被否定，大学生社会公德建设被政治道德建设所取代。在这一时期突出政治因素，政治道德成为社会唯一道德，摧残了共产主义道德教育和青年学生的社会公德培育。同时，也可以发现，大学生身体力行的坚定理想信念，在学习和生活中践行国民公德的基本原则与内容，用实际行动诠释社会主义国民道德的内涵。

2. 大学生社会公德培育融入社会主义道德建设（1979—2012）

1978 年，我国拉开了改革开放的大幕，中华民族进入了社会主义现代化建设新时期。这一时期，我国的道德建设常抓的依然是培育社会主义新人，在继承和发扬无产阶级革命道德合理元素的基础上，坚持和弘扬社会主义道德。社会主义道德与共产主义道德在根本上是一致的，在这一时期坚持弘扬社会主义道德，提倡共产主义道德，是改革开放后从实际出发，针对社会主义的经济基础和现实情况决定的。相应地，大学生社会公德培育也在具体的社会道德建设中呈现出不同的历史特征。根据研究需要，将从不同时期社会主义道德建设的具体要求为主线来划分和梳理大学生社会公德培育的历程。

（1）大学生社会公德培育的主旋律：社会主义精神文明建设。社会主义国家的建设不仅需要高度的物质文明，精神文明的建设也是极其重要的环节。随着时代的进步，社会主义精神文明的内涵也不断丰富发展。社会主义道德是精神文明建设的重要组成部分，也体现出精神文明建设的方位。精神文明建设是弘扬社会主义道德、培育青年学生社会公德的重要遵循。建设社会主义必须加强精神文明培育，尤为重要的是对青年学生的精神文明教育。随着社会主义精神文明内涵的变化，社会主义精神文明建设的内容也更加丰富。加强精神文明建设，推动社会主义道德建设，为大学生社会公德培育提供理论基础。

为了加强精神文明建设，高校积极构建相应的培育体系，这为大学生社会公德培育提供了方法。这一时期，主要从以下几个方面进行。第一，高校积极构建有效平台和新型载体开展思想政治教育。各级各类学校加强马克思主义理论教育，改革学校思想品德和政治理论课。例如，各高校对政治理论课的课程结构和教学内容作了重大改革调整，“各高校对政治理论课的课程结构和教学内容作了重大改革调整，普遍开设了马克思主义原理、中国革命史、中国社会主义建设为大学本科学生的公共必修课程，文科专业还开设了世界政治经济和国际关系课，理工科专业则开设自然辩证法，同时因校制宜开设了一系列选修课。”①这为促进社会主义道德建设提供了有效载体与途径，在校大学生纷纷加入学习思想道德理论的热潮中。第二，开展“五讲四美三热爱”活动。这既是社会主义精神文明建设的起点，也是青年学生社会公德教育的重要组成部分，进一步推动了青年学生社会公德教育。1981 年 2 月，全国总工会、全国妇联、共青团中央等提出要在青少年中开展以“五讲四美三热爱”为主题的精神文明教育活动，并向青少年提议以“讲文明、讲礼貌、讲卫生、讲秩序、讲道德和心灵美、语言美、行为美、环境美”为内容的文明礼貌活动，在活动中养成文明礼貌、友善等道德品质。例如，全民礼貌月的制定，通过将“五讲四美”日常化，转化为青年学生的日常行为习惯。一些学校也制定了一些学生道德行为规范来促进社会公德建设。第三，鼓励青年学生积极参与精神文明建设的有益活动。全国高校开展创新性特色活动，将文明礼貌列为各类学校思想政治教育的一项重要内容；在学校贯彻《学生守则》，抓好文明班级、宿舍和校园文明、创三好等活动；开展大学生国歌教育；进行女排精神宣传；开展向赖宁学习等爱国主义教育活动。第四，不断强化制度化、法制

① 何一成．中国共产党思想政治教育史［M］．长沙：湖南大学出版社，2011：327-328.

化管理。在《五讲四美手册》中明确提出为及时有效解决公共生活中存在的问题，在思想政治教育的基础上，“还要逐步建立必要的法规和制度，把思想政治教育与相应的行为规范、纪律约束结合起来”。[①]如对于违反社会公德的行为予以规劝、罚款等措施；制定《社会首都文明公约》《乡规民约》等，通过制度设置为青年学生提供良好的社会公德环境，推动精神文明建设。大学生社会公德培育在精神文明建设中逐步推进，形成强大的凝聚力和感召力，推动了大学生社会公德培育的实践进程。

（2）大学生社会公德培育的形式：“四有”建设。以“四有”为重点的社会主义道德建设也是社会公德建设的重要方式，培育“四有”新人是其重要方向，是社会主义道德建设的重要内容，也是推动大学生社会公德培育的有效途径。1980年，邓小平指出：“扎实推进青年学生从小事入手培养其公共生活与交往中的道德品质，使有理想、有道德、有知识、有体力成为青年学生的标识。”[②]这是对“四有”新人的最初概括。随着时代变化，“四有”内涵不断更新，指“有道德、有纪律、有文化、有理想”[③]。江泽民提出培育“四有新人”是社会主义道德建设的重要内容，也是社会主义道德建设的主要目标，围绕这一目标在青年学生中积极展开思想道德教育。“四有新人”内涵丰富，为青年学生的社会公德培育提供科学的理论与实践指引。

这一时期，按照“四有”的目标，培育“四有新人”。对青年学生“四有新人”的培育主要体现在以下几个方面：第一，加强青年大学生的理想教育。邓小平认为：“青年人应当有远大理想，远大理想教育是青年人的人生必修课，应该不断深化加强。”[④]《教育部办公厅关于加强高等学校马列主义理论教育的意见》中提到“按照社会主义新型大学的要求切实

① 共青团中央宣传部．五讲四美手册［M］．北京：中国青年出版社，1983：10.
② 中共中央文献研究室．邓小平论教育［M］．北京：人民教育出版社，2004：369.
③ 中共中央文献研究室．邓小平论教育［M］．北京：人民教育出版社，2004：423-425.
④ 中共中央文献研究室．邓小平论教育［M］．北京：人民教育出版社，2004：369.

加强马列主义理论教育”，并对具体分为哪几门课作了规定，即“辩证唯物主义和历史唯物主义”“政治经济学”“中国共产党党史”和“国际共产主义运动史”[①]。通过恢复理想信念教育的相关课程，从课程内容中坚定青年学生的理想信念。如，将学校校园文化建设、心理健康教育等融入理想信念教育中。在对大学生进行理想信念教育时一定要结合实际，结合高校的实际和大学生个人的实际，逐步让大学生明确远大理想与共同理想之间的辩证关系。第二，强化青年大学生的道德教育，提倡向先进人物学习。提倡和表彰大公无私、为人民服务、艰苦奋斗等道德行为，教育青年学生行之有道，端正做人的态度。如开展向雷锋、张华、张海迪等榜样学习。第三，加强大学生的法纪教育。邓小平指出：“有了理想，还要有纪律才能实现。纪律和自由是对立统一的关系，两者是不可分的，缺一不可。”[②]他强调：“教育青年在获得民主权利的同时也要时刻牢记对纪律的遵守，对理想信念的追求。”[③]对大学生进行法纪教育，在学校宣传法律，培养大学生法治意识，养成懂法、守法、护法的习惯，还要宣传党纪、法规、校纪等。第四，依据“受教育、长才干、起作用、作贡献”的原则，鼓励大学生在业余时间走出学校的“象牙塔”，走向社会，积极参与志愿者活动、社会实践等。培育“四有”新人过程有力地推动了大学生社会公德培育。

（3）大学生社会公德培育的抓手：公民道德建设。随着改革开放的不断深入，中共中央立足现实，聚焦于“以德治国”，并将其作为社会主义道德建设与思政课建设的方向与着力点，为社会主义道德建设提供有益启迪。2001年，中共中央颁布了《公民道德建设实施纲要》，对社会公德、职业道德、家庭美德做出具体规定，明确了社会公德内涵与内容，从指导

① “两课”教育教学调研工作领导小组．普通高等学校思想政治教育课程文献汇编（1949—2003）[G]．北京：中国人民大学出版社，2003：70.

② “两课”教育教学调研工作领导小组．普通高等学校思想政治教育课程文献汇编（1949—2003）[G]．北京：中国人民大学出版社，2003：111.

③ 同上．

思想、方针原则、手段与方法等方面厘清了社会公德建设的基本思路。这一时期的公民道德培育不仅有利于社会公德培育，更为大学生社会公德培育与践行提供科学的理论依据。

公民道德教育是社会主义道德建设的重要表现形式，是提升公民道德素质的重要途径，也是推动青年社会公德培育的关键。公民道德培育在大学生群体中主要体现在以下几点。第一，大力宣传公民道德，为大学生道德培育营造良好氛围。如将《公民道德建设实施纲要》颁布的日期定为公民道德宣传日，学校图书馆等公共场所以通俗易懂的形式加以宣传；学校、教育基地等作为大学生道德教育的重要阵地，在图书馆、体育馆、文化馆等大力宣扬社会主义道德，为大学生社会公德培育创造浓厚的学习氛围。第二，开展榜样学习教育活动。如，以组织发售《雷锋式商丘好人谱》等刊物的方式号召青年学生向榜样学习；以任长霞电视剧等文艺节目为传播途径。通过道德榜样学习，推动大学生社会公德教育。第三，发挥学校的道德教育与引导作用，并强调道德教育要分层次、分内容。江泽民指出："青少年思想道德教育，要从少年儿童抓起，针对不同年龄层次，形式可以多种多样，由浅入深。道德教育的创新性与层次性相融合，把特殊性与普遍性要求结合起来。"[①]《公民道德建设实施纲要》也指出："要把学生道德教育摆在重要位置，突出教育的阶段性，要结合学生的主体特性与学习阶段性特征制定教育内容与实施方案。"[②] 如在中小学阶段对道德教育的内容要有层次，有针对性。科学实施教育方法，营造良好道德环境，明确不同阶段的道德内容，激发青年学生的道德认同。第四，发挥教师为人师表的作用，把道德教育渗透到教育的各个环节。在大学生道德教育中，教师作为知识的传播者，对大学生的道德教育至关重要。如加强对

① "两课"教育教学调研工作领导小组．普通高等学校思想政治教育课程文献汇编（1949—2003）[G]．北京：中国人民大学出版社，2003：237.

② 中共中央、国务院．公民道德建设实施纲要 [M]．北京：北京学习出版社，2001：12.

教师的道德素养与专业素养的日常考察等。教师在提高个人道德素质的同时，要实现各个环节的沟通与联系，以形成公民道德教育的强大合力。第五，开展丰富多彩的实践活动加强学生的公民道德培育。例如，举办公民道德论坛、参加志愿者活动等。“2008年奥运会期间，大学生报名参加志愿活动人数就高达70万人，10万赛会志愿者中60%~70%为大学生志愿者。”[①]通过一系列的形式和手段开展公民道德建设，强化对青年学生的社会公德教育，为大学生社会公德教育奠定了坚实基础。

（二）大学生社会公德培育的基本经验

回顾新中国成立至十八大社会主义道德建设与大学生社会公德培育的历程，梳理其发展轨迹，总结出大学生社会公德培育的基本经验，概括为以下几个方面。

1. 坚持马克思主义在大学生社会公德培育中的指导地位

中国共产党历来把大学生的道德教育包括社会公德教育摆在重要位置，在长期的社会实践中深刻地体会到，科学的大学生社会公德培育必须在培育过程中始终贯穿马克思主义科学理论。首先，培育大学生社会公德的基础与前提是坚持马克思主义对社会公德培育的指导地位。其指导地位的确立决定了大学生社会公德培育的性质与方向。其次，随着时代的发展与变化使大学生社会公德培育的内容丰富发展，不同时代在积极扬弃中赋予大学生社会公德新的时代内涵，这正是马克思主义理论在时代浪潮中的积极探索，在探索中奠定了大学生社会公德培育的理论基础，并更好地指导大学生社会公德的培育和践行。最后，坚持马克思主义指导地位，坚持其对社会公德理论指引地位就是坚持马克思主义的真理性与创新性，就是坚定共产主义道德与社会主义道德在我国社会公德建设中的地位与作用。

---

① 丁元竹，魏娜，谭建光.北京奥运志愿服务研究［M］.北京：北京出版社，2009：63.

具体来说，就是加强社会主义道德对大学生价值观的引导作用，引导大学生坚定理想信念，做爱国主义、集体主体等价值理念的传承者与践行者，以加强大学生社会公德培育。

2. 坚持理论灌输法在大学生社会公德培育中的重要地位

列宁在《怎么办》一书中指出："对于工人群体而言，灌输的方法对于其民主意识的获得与确立至关重要。"[①] 理论灌输法是通过有组织、有纪律、有计划实施的系统性、持久性、规范性教育活动。通过之前的历史考察可以看出，理论灌输法也是中国共产党对大学生社会公德培育的重要方法。中国共产党十分重视对青年学生的马克思主义理论教育，理论灌输成为这一特殊主体社会公德培育的重要方法。具体来说，党和国家实施了"85 方案"，增设共产主义思想品德、法律基础、形势与政策等课程，在全国高校逐步开展基础理论的课程教学。高校通过多种形式的教学研讨对大学生进行社会主义道德教育，增强其社会公德意识，培育他们的社会公德感。同时，通过理论灌输的方式将爱国主义、集体主义等价值观传达到大学生的思想意识中，引导青年学生深刻理解并认同爱国主义、集体主义等精神，引导大学生树立正确的价值取向。理论灌输法紧跟时代步伐，紧紧围绕大学生主体，不断探究理论灌输的方式与方法，在大学生社会公德培育中发挥重要作用。

3. 坚持爱国主义教育在大学生社会公德培育中的基础地位

爱国主义教育是指引青年树立正确理想、信念和人生观的重要手段，是提高他们整体素质的基础性工程。因此，在大学生社会公德培育中始终坚持爱国主义教育的基本要求。一方面，对大学生进行爱国主义教育贯穿我国道德建设的始终。随着社会的进步、时代的发展，爱国主义教育的内涵在继承中不断呈现新的特点。党和国家多次强调要加强对青年学生的爱

---

① 中共中央马克思恩格斯列宁斯大林著作编译局编．列宁选集（第 1 卷）[M]．北京：人民出版社，1995：317.

国主义教育，把爱国主义教育放在道德建设的重要位置。爱国主义的内涵也随着改革开放逐渐推进，内涵也更加丰富。另一方面，对大学生进行爱国主义教育不能仅仅停留在理论层面和校园生活中，还需要大学生走出校园将爱国情转化为爱国行。我国高校积极宣传引导，让大学生走出校园，广泛参加形式多样的爱国主义实践活动，并取得了不错的效果。坚持将爱国主义理论与实践作为大学生社会公德培育的基本要求，让大学生在理论与实践中深入了解国情、世情、增长知识与才干，对其社会公德培育起到至关重要基础性作用。

4. 坚持榜样教育在大学生社会公德培育中的引领地位

榜样教育是大学生社会公德培育的重要方法。对大学生开展社会公德培育不能只通过机械地直接灌输，还需要通过有效的方式方法来推动。通过之前的考察可以看出，不论是新中国成立后还是改革开放后，大学生社会公德培育的主要方法就是重视榜样的力量。一方面，树立道德榜样，并对道德榜样进行广泛和持久的宣传与示范，以点带面地开展大学生社会公德培育。党和国家树立了许多的优秀榜样，如：大公无私、乐于助人的欧阳海；爱国爱党、献身国防的钱学森；无私奉献、乐于助人的雷锋，等等，以典型引路、群众参与的形式，号召并激励青年大学生学习、效仿、践行，使榜样的力量在日常学习生活中引导并塑造大学生公德意识。另一方面，发挥党员干部的模范带头作用。在社会主义道德建设中，党和政府十分重视党员干部的道德建设，党员干部身体力行社会主义道德，在大学生公德教育中起到表率作用。如克己奉公的共产党员焦裕禄、孔繁森、王进喜等，通过对他们的事迹的挖掘和宣传，激发大学生社会公德的认同与践行。

（三）大学生社会公德培育的现实启示

分析考察和不断总结大学生社会公德培育的历程与基本经验，探究一定时期社会主义道德教育的现实启示，是保障新时代大学生社会公德培育实效性与长效性的必然要求与应有之义。

1. 坚持“立德树人”是大学生社会公德培育的最终目标

我国高等教育的本质是以促进大学生全面发展为目标的现代教育。作为思想政治教育关键环节的社会公德教育，最终目标和根本任务就是促进大学生的全面发展。只有如此，才能培养具有良好道德自律能力、良好执行能力的中国特色社会主义事业的中坚力量。一方面，以德育人，立德树人是其最终目标。围绕促进大学生全面发展进行道德教育是中国共产党不断巩固和创新大学生思想政治教育的成功经验。纵观党对道德教育的重视程度与改革力度可以看出，无论在教育方式方法还是课程设计中，无不体现将道德教育贯穿教育教学始终，无不体现党对大学生道德教育的重视，这些内容的不断丰富与发展始终坚持以促进大学生全面发展为宗旨。另一方面，大学生社会公德培育紧紧围绕“立德树人”的目标，从初期提出的培育青年学生为人民服务的思想，养成包括爱祖国、爱人民、爱劳动、爱科学、爱护公共财产的“五爱”道德品质，到改革开放后对青年大学生的有理想、有道德、有文化、有纪律的“四有新人”道德建设、社会主义荣辱观培育等，都紧紧依托大学生，通过社会公德培育实现立德成人的根本目标。只有聚焦这一基础目标，才能把大学生社会公德意识转化为大学生自觉、自主的行为，实现大学生社会公德的知行统一。坚持“立德树人”作为大学生社会公德培育的目标，才能保证社会公德培育的方向。新时代大学生社会公德培育更应坚持“立德树人”的目标，以保证培育的方向性和目标性。

2. 坚持与时俱进是大学生社会公德培育的精髓

任何社会的思想变化都是在继承与创新的互动中发生的。继承是对人类优秀传统思想文化的秉持和延续；创新是对优秀人类思想文化的创造和开辟。继承与创新必须结合，而且是在与时俱进的原则指导下结合才是培育工作取得成效的关键方法。对新时代大学生社会公德培育也要坚持与时俱进，并在继承中不断创新大学生社会公德培育的路径与方法。一方面，社会公德的内容要与时俱进。社会公德不是凭空杜撰出来的，社会公德的内容也是批判地继承与借鉴一切优秀思想道德成果的产物。中国共产党在继承优良传统的同时赋予社会公德新的时代内涵，保持了社会公德的生机与活力。新时代，社会公德对优良传统的继承需要与时代精神相结合，因为，社会公德的广泛性要求社会公德必须坚定对优良传统的秉承，社会公德的先进性要求社会公德必须立足当下，结合时代特点。因此，社会公德的继承与创新是将社会公德的先进性与社会公德的普遍性相结合，否则社会公德培育就会失去生机与活力。另一方面，大学生社会公德培育的方法要坚持与时俱进，在继承中与创新性结合起来。从新中国成立到改革开放，对大学生进行社会公德培育的方式方法也与时俱进。从最初政府文件的指引，到马克思主义中国化理论走进思政课堂；从树立榜样教育，到开展志愿服务活动；从单一的理论灌输到多元的教育方式，都是大学生社会公德内容、方法和路径的创新。新时代大学生社会公德培育更应在继承中不断创新大学生社会公德培育的方法与途径。

3. 坚持正确看待经济发展是大学生社会公德培育的必然要求

改革开放以来，计划经济逐渐被市场经济所取代，平均主义、禁欲主义逐渐退出历史舞台，逐渐被公平、自由、法治所取代。随着经济的发展，交往方式逐步冲破地域限制、种族限制、时间限制，国与国之间、人与人之间的交流变得更加紧密，加速了市场经济的高速发展，一定程度上鼓舞了人们的竞争意识与拼搏精神，进一步推动社会进步，促进了人们道德素质的提升。大学生的社会公德培育也要正确看待二者之间的关系。从社会公德发展来看，如果没有社会主义市场经济的确立与发展，就不能从根本上消灭旧道德、建立新道德，更不可能在全国普及共产主义与社会主义道德。随着社会经济与政治的发展，大学生社会公德意识也会随着社会经济政治变化而发生转变，在不同发展阶段呈现相应的时代性与特殊性。同时，市场经济发展是一把双刃剑，带来正确道德导向的同时，也带来一些消极影响。大学生作为道德主体，自身具有自主性、能动性、灵活性与复杂性等特征，面对经济发展带来的消极影响，大学生道德价值观的确立也会出现波动与变化。因此，应辩证看待市场经济与道德教育之间的关系，充分发挥其正向作用，抑制其负面效应。在社会主义市场经济高速发展的新时期，坚持正确看待经济发展与社会公德培育之间的辩证关系，是大学生社会公德培育的必然要求与重要任务。

4. 坚持高校教师的主导地位是大学生社会公德培育的重要途径

邓小平曾指出："从高校人才培养视角来看，高质量的学校教育离不开教师培育。"①教师是人类灵魂的工程师，是大学生社会公德培育的领路人，承担着重要的使命，在大学生社会公德培育中起着主导作用。因此，坚持教师在社会公德培育中的主导地位对社会公德培育至关重要。一方面，教师作为人类灵魂的工程师，其一具有传道解惑的职责，通过教师丰厚的道德品质与文化底蕴去感染和引导大学生，切实增强其道德素质与知识水平；其二，在传播知识的同时，作为高级知识分子也在通过自己道德行为传达并潜移默化影响大学生的道德认同与实践。这是大学教师实现自身价值，从而得到时代认同的根本。另一方面，教师因其身份的特殊性对大学生特点及大学生社会公德内容、特点、培育方法的认识更加深入。纵观对大学生社会公德培育的历史考察，均提到要重视教师在道德教育中的主体地位，这就要求教师掌握扎实的专业知识和相关学科知识，加强理论和实践学习，提高终身学习的能力，提升教师的核心素养，并在此基础上探索培育大学生社会公德的方法。通过对大学生特点的分析了解学生、尊重学生、理解学生，发挥大学生践行社会公德的主观能动性，让大学生成为践行社会公德的主力军与先行者。所以，高校教师是大学生社会公德培育的重要力量，在新时代背景下、新的历史境遇中，对新时代大学生社会

① 邓小平．邓小平文选（第3卷）[M]．北京：人民出版社，1993：243.

公德培育的创新就是要继续重视并加强高校教师队伍的建设。

通过对大学生社会公德培育历史的追溯与梳理，为新时代大学生社会公德培育提供了有益的经验与启示，也为培育工作提供了具体的方法论指导。

二、新时代大学生社会公德培育的现状审视

研究新时代大学生社会公德的培育不仅需要对大学生社会公德培育的发展轨迹进行梳理，更需要聚焦新时代大学生社会公德培育的现状审视。本部分采用调查问卷为主、个别交流访谈为辅的研究方法，对新时代大学生社会公德的认知及其培育现状做出深入的调查与分析，并有针对性地进行原因追溯，为新时代大学生社会公德培育奠定基础。

（一）新时代大学生社会公德现状的调查设计

为了全面深入了解新时代大学生社会公德的基本问题，本研究通过调查问卷的形式向全国 9 所高校 1800 名在读大学生发放了调查问卷。在有限资源内，从地域、专业、层次、年级上的差异去考量大学生的实际情况，力图避免样本重复带来的统计偏差（表 2.1）。

表 2.1 抽样单位、问卷发放与回收基本情况

Table 2.1 Basic information of sampling units, questionnaire issuance and recovery

高等院校	地域	层次	发放问卷数	回收有效问卷数
哈尔滨工业大学	东北部	省部共建	200	188
中山大学	东部	部属高校	200	191
成都大学	西部	省市共管	200	189
云南师范大学	西南部	省属高校	200	192
新疆大学	西北部	部属高校	200	197
武汉体育学院	中部	省属高校	200	189

续表

高等院校	地域	层次	发放问卷数	回收有效问卷数
中国矿业大学（北京）	直辖市	部属高校	200	196
天津房屋管理与职业学院	直辖市	高职高专	200	190
北京工商大学嘉华学院	直辖市	独立学院	200	193

调查问卷首先考量高校性质，既考虑了部属高校、省属高校、省市共管高校，又考虑了高职高专与民办独立学院；其次考量了地域差异，分别覆盖了东部、西部、东北部、西南部、西北部、中部和直辖市；再次考量了高校类型，样本高校既涵盖综合类高校，又包含师范类、理工类、建筑类等行业类高校；最后考量了抽样单位大学生的具体专业，基本涵盖了理学、工学、农学、文学、教育学等主要学科专业，极具代表性（表 2.2）。

本研究审核了问卷回收后的调查问卷质量，从答题数量、答题规范等方面进行筛选、比较，将不符合要求的问卷予以剔除，之后将问卷结构采用合适的编辑方式录入 SPSS21.0 软件进行分析。

表 2.2 个人基本情况

Table 2.2 Basic personal information

	样本基本属性	人数	百分比
性别	男	1151	67.7%
	女	549	32.3%
年级	大学一年级	845	49.7%
	大学二年级	501	29.5%
	大学三年级	197	11.6%
	大学四年级	157	9.2%
政治面貌	中共党员（含预备党员）	161	9.5%
	共青团员	1506	88.6%
	普通群众	33	1.9%
	其他	0	0%

续表

样本基本属性		人数	百分比
专业	文科	593	39.4%
	理科	469	31.2%
	工科	299	19.9%
	其他	143	9.5%
高校类型	重点院校	965	56.8%
	普通本科	287	16.9%
	独立学院	202	11.9%
	高职高专	246	14.5%
父亲受教育程度	小学	378	22.2%
	初中	487	28.6%
	高中（中专）	390	22.9%
	本科	247	14.5%
	研究生	198	11.6%
母亲受教育程度	小学	442	26%
	初中	573	33.7%
	高中（中专）	457	26.9%
	本科	177	10.4%
	研究生	51	3%

本研究发放不记名调查问卷1800份，回收有效问卷1725份，问卷回收率为95.83%。经过筛选，最终有效问卷1700份，有效率94.44%。按照整群抽样的方法开展调查，对横向与纵向两个方面进行分析，力图实现对新时代大学生社会公德现状的全面了解。

（二）新时代大学生社会公德的现状审视

新时代大学生社会公德现状审视是对新时代大学生社会公德“知”与“行”现状的调查，是研究新时代大学生社会公德及其培育的前提和基础，它既反映出新时代大学生社会公德认知及其培育已取得的成绩，也反映出目前存在的问题。对发现的问题进行进一步地分析和梳理，有助于深入推进新时代大学生社会公德培育工作，构建科学的培育体系。

通过对调查问卷及访谈进行整理与分析，对新时代大学生社会公德认知的现状做如下概述。

1. 新时代大学生对社会公德内容有基本的认知与认同，但是在内容认知上存在单一性、践行标准上呈现基础性的显性态势

新时代大学生社会公德是大学生群体在社会公共生活领域彰显的、符合社会角色预期的道德规范与道德准则，具有鲜明的主体性、层次性特征，与大学生的学历背景、文化素质、年龄层次、价值判断密切相关。经过改革开放以来数十年的发展，大学生对社会公德的认知情况明显改善，在认知爱国主义精神、友好良善观念、文明礼貌意识、遵纪守法思维与和谐社会理念等具体内容上呈现出鲜明的普遍性、积极性、引领性。

在回答“当国家举行重大活动时，您是否愿意参加相关的志愿服务活动？”时，有 51.64%的同学表示十分愿意，有 21.25%的同学表示基本愿意；同时，当问到“疫情期间，当您看到有人在网络上传谣或发表对国家不理解的言论时，您会怎么办？”时，有 38.24%的同学表示坚定鲜明立场，反击不实言论，有 21.35%的同学表示让真相飞一阵；当问到诸如“您愿意参加网络平台上诸如‘抗击疫情’此类的声援活动吗？”“疫情期间，当您看到有人破坏封锁道路的设施、不戴口罩等行为，您感觉怎么样？”这样的问题时，超过 35%的同学都给出了积极的回答。此外，根据样本高校团委的数据统计，大约 11%的大学生在具体的志愿服务活动和“三支一扶”活动中参与积极，现身一线。这说明爱国主义精神在新时代大学生群体中潜移默化，无形中融入到大学生的血液中，在他们的心中已经铸就起爱国主义精神的丰碑。

在回答“同学突发疾病住院，您愿意去医院陪护吗？”时，有 36.56%的同学表示十分愿意，有 21.32%的同学表示愿意。这说明互帮互助、与

人为善的友善观念在大学生群体中逐渐形成并不断深入；在回答诸如“当同学因一件小事，误会了您，您愿意原谅他吗？”“您愿意参加学校的校园募捐活动吗？”等问题时，有超过40%的同学表示十分愿意或愿意。这说明新时代大学生已经在自己能力范围内，用自己力所能及的方式关心和爱护他人。不难发现，新时代大学生对友善共处的观念普遍接受并付诸实践，友好良善观念成为新时代大学生处理公共关系的基本准则。

在回答“当乘坐地铁等公共交通时看到大学生未给老弱病残孕让座”时，有24.3%的同学表示十分看不惯，有31.26%的同学表示比较看不惯；在回答“您是否能接受恋爱中同学在公共场所有亲密行为”时，不接受或者完全不接受的回答也超过了42%。可以发现，新时代大学生已经基本具备讲文明、懂礼貌、守礼仪的文明意识，基本树立了真诚待人、礼让宽容的良好公共形象。

在回答“个别大学生因违反校规校纪，被学校开除，您怎么看？”时，有超过31.26%的同学表示十分认同或者基本认同。但是同时，也有16.34%的同学认为没有必要，还有19.35%的同学表示中立。同样，在问到“部分大学生因论文抄袭或学术不端而被撤销学位，您怎么看？”时，也有超过39.38%的同学表示认为没必要或者中立。通过访谈，当回答“您认为当今中国，特权现象存在吗？”时，多数同学表示普遍存在或者可能存在。可以看到，新时代大学生基本上树立了规则意识、熟知校规、了解公共生活领域中的各项法律法规的同时，在遵纪守法思维的认可和践行上尚有距离。同时，在回答诸如“您愿意参加诸如宪法日等普法宣传教育活动吗？”的问题时，有超过41.27%的同学表示十分愿意或者愿意。可以发现，新时代大学生大部分认可法治对于自身发展、社会进步的保障作用，但是在法治思维的形成、法治权威的维护与法律武器的使用上有待提高。

在回答“您会参加环境保护类的社团活动吗？”时，有超过57.46%的同学表示十分愿意或者愿意。在回答“您看到有人把生活垃圾扔进湖水，您的心情怎么样？”时，有超过54.37%的同学表示十分痛心或者比较痛心。通过对大学生处理与社会、自然与他人关系的调查，可以发现，新时代大学生对和谐思想的认知水平普遍较高，基本做到了“和谐大家创，和谐大家享”的良好局面。

同时，在问到“您认为新时代大学生社会公德应该包含什么？”的问题时，通过搜集关键词可以发现，爱国、互助、和谐、文明、谦让、社会主义核心价值观等词汇集中而丰满（图2.1），这充分说明新时代大学生在社会公共生活领域，对秉持的道德理念与道德准则清晰又一以贯之，这揭示了新时代大学生是社会公德意识的传播者、践行者和引领者。

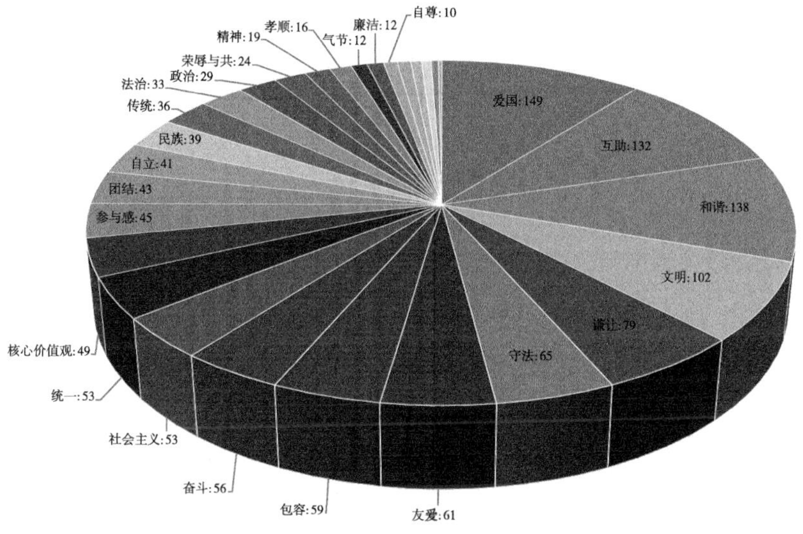

图2.1　关于新时代大学生社会公德内容的调查

Fig. 2.1 Survey on social morality of college students

通过以上数据可以看到，新时代大学生对社会公德的理论认知实现了基本认同，他们对爱国主义精神、友好良善观念、文明礼貌意识、遵纪守法思维与和谐社会理念等具体内容认可、认同并积极践行，并且相关的实践活动在形式上和内容上呈现出广泛化、扩大化的良性态势。但是，通过调查分析，也突出反映了一些问题。

在回答“您愿意参加网络平台上诸如‘青春表白祖国’此类的声援活动吗？”时，有超过89.65%的同学表示愿意或者十分愿意；但是在问到“您认为践行爱国主义精神需要每一个大学生都团结起来吗？”的问题时，有超过36.76%的同学不十分认同每一个人都是爱国主义精神的参与者。通过对样本高校团委老师的访谈可知，部分同学表示自己做好自己的事就好，不用管别人是否爱国。这说明新时代大学生虽然理论上认可爱国主义精神，但是，对于自己需要做一名忠诚的爱国者，对于自己应该成为弘扬和践行爱国主义精神的生力军和引领者这一认识还相对比较单一，呈现出“表象上看声势浩大，具体中看深度不够，持久度欠缺，主体性意识偏低”的显性局面。

同时，通过数据不难发现，当问到“您认为友善是大学生必备的社会公共道德吗？”时，有10.55%的同学表示十分认同，也有30.46%的同学表示比较认同。当回答“您在生活中对他人的友善程度如何？”时，61.12%的同学认为对待别人比较友善或者友善。通过进一步的访谈，可以知道，部分大学生认为做好自己即可，对于其他人没必要关注；自己做一个无愧于心的人即可，也没有义务去纠正别人。这说明新时代大学生对于友善观的基本认识较为清晰，但是面对不友善的现象或者需要自己付出来维持友好良善局面持保留态度，新时代大学生对自己是友好良善目标的参与者、共逐者、共筑者的自我主体意识较为单一，呈现出“看似积极参与，实则独善其身”的尴尬境遇。

当问到“您认同文明是大学生必备的社会公共道德吗？”时，有16.05%的同学表示十分认同，也有35.56%的同学表示比较认同。通过进一步的访谈得知，部分同学认为在公共生活中做到文明待人、谈吐文明等行为即可，并未提及对文化的态度和对自然的态度，甚至有少部分大学生认为文明就是人与人之间的关系准则，而不包括其他。这说明新时代大学生对于文明理念的理解较为一元化，对文明外延的理解较为单一化，对文明构建的“共同体”意识认知较为基础，呈现出“我文明即世界文明，人文明即世界文明”的显性境遇。

当问到“日常生活中自己的合法权益遭到侵害，您会选择？”时，32.77%的同学选择忍受；10.05%的同学选择与家长哭诉；24.55%的同学选择找老师帮忙。通过进一步的访谈得知，大多数同学明确认知到自己可以通过法律途径维护合法权利，但不清楚具体如何维护；或面对各方压力而选择忍受，故望而却步。这说明新时代大学生对于法治思维的认知比较清楚，但是缺乏法治思维能力的原始动力与使用法律武器的勇气，在遵纪守法思维上呈现出“理论与践行部分脱节，理想与现实局部失衡”的显性处境。

当问到“您觉得您所在的寝室和谐程度如何？”时，45.82%的同学认为较好，20.22%的同学认为一般。通过进一步访谈，当回答“您认为的和谐价值观在具体生活中要求是什么？”时，多数同学认为要与同学和谐相处，并举例说明如何做到同学之间的和谐相处，但并未过多提及和谐社会与和谐自然的具体做法。这说明新时代大学生对于和谐思想的理解比较原始，忽视了和谐不仅仅是人与人之间的和谐，还包括人与自然、人与社会、人与国家、人与人之间的和谐，在和谐价值理念的认知层次上呈现出单一化、割裂化的明显局面。

随着新时代的到来，高校要培育的是“胸中有天地、肩上有责任、脚下有乾坤”的时代新人，新时代大学生社会公德不再是简单意义上的文明礼貌、助人为乐、爱护公物、保护环境、遵纪守法，而是将这些内容个性化、层次化、主体化，形成独具特色的新时代大学生社会公德，即爱国共建、友善共筑、文明共融、法治共存与和谐共享，这才是新时代、新青年的题中之义。

综上可以看出，新时代大学生对社会公德的理论内容认知逻辑清楚，但是大学生对自身应当具备更高层次、更广范围、更高标准的社会公德意识存在认知单一化、践行自我化、层次基础化的显性局面。因此，应深入挖掘新时代大学生的群体特征，针对性地提炼新时代大学生社会公德的相关内容，为培育新时代担当民族大任的时代新人提供思想道德基础。

2. 部分新时代大学生价值取向上出现了偏差，过多考虑个人利益和物质条件，实用主义、拜金主义、道德失范的现象屡见不鲜

第一，部分新时代大学生价值取向上出现了偏差，一方面表现在过多考虑个人利益和物质条件。价值取向是指在一定条件下，价值主体基于自身价值观念与利益需要，面对矛盾冲突时表现出来的立场、态度和倾向。价值取向与大学生社会公德紧密联系，相互影响，其决定了大学生社会公德的本质方向与特征。价值取向主要包含两个方面，一是社会层面的价值取向，也就是社会在伦理道德上要求价值主体应该怎么做。二是个人层面，也就是说价值主体在伦理道德上应该追求什么。这两个方面相辅相成，既不是完全对等，也不是完全割裂。中国特色社会主义进入新时代，中国对外开放的程度不断深化，中西文化交流不断深入，在社会公德领域呈现出中西文化交流、交融、交锋的错综格局，各种社会思潮对大学生的影响是全方位的。加之新时代大学生处于价值观尚未形成的关键时期，容易受西方多元化思潮的影响，社会公共生活领域中的个人主义与物质至上等不良思想悄然抬头，使部分大学生在价值取向上出现了偏差，过多的考虑个人利益与物质利益。在回答“您愿意参与偏远地区支教、扶贫类的活动吗？”时，有26.53%的同学表示视情况而定，还有超过12.69%的同学表示不愿意。进一步访谈中了解到，部分学生觉得自己身体不合适，或者觉得环境条件太艰苦而不愿意参与，还有同学表示如果对以后就业有帮助，就可以考虑。这反映出一部分大学生在价值取向上出现了偏差，过多考虑自己的利益。甚至在访谈中，有同学说“不是我不爱国，爱国不也要先保障个人权利吗”，这说明新时代大学生在践行社会公德过程中，缺

乏共建意识，“大德”的观念尚未形成。在回答“您认为当代中国大学生最缺乏什么？”时，选择缺乏金钱的同学有 32.7%，选择缺乏权利的有 28.6%。这反映了新时代部分大学生对金钱观、权利观的认知出现了偏差。在回答“您的信仰是什么？”问题时，选择相信自己的超过 36.75%的同学，仅有 35.73%的同学选择信仰共产主义。诚然，相信自己不是决然不对，但是将相信自己的自我自信上升到民族信仰上就不合时宜。这说明新时代大学生以自我为中心，以自我为基点的极端个人主义滋生暗涨，这与新时代大学生社会公德的要求南辕北辙。

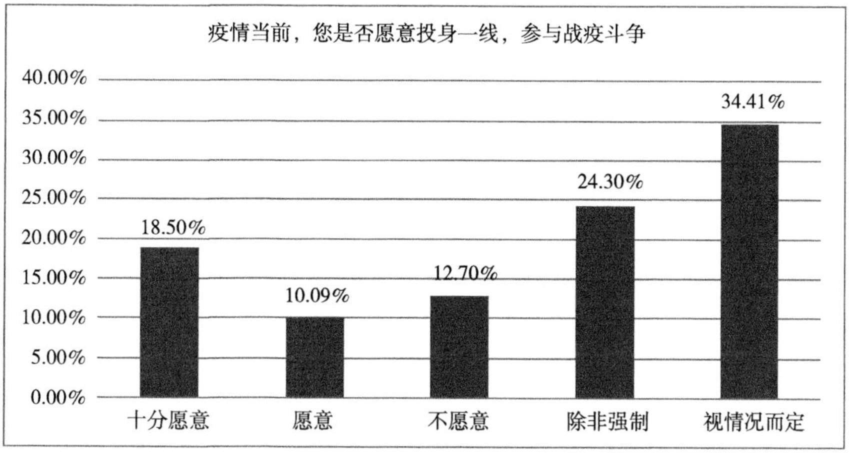

图 2.2　关于大学生是否愿意参加抗疫的基本情况

Fig. 2.2 Basic information about whether college students are willing to participate in the fight against COVID-19

当回答“疫情当前，您愿意投身一线，参与战疫斗争吗？”时，有超过 12.70%的同学表示形势特殊，不会参与，还有超过 24.3%的同学表示除非强制，否则不愿参加（图 2.2）。当回答“您是否赞同寝室人为了方便，在宿舍用违规电器？”时，超过 44.75%的同学表示不赞同或者完全不赞同，通过进一步访谈，发现他们说完全不可以，仅有 19.32%的同学表示不符合社会公德的要求，大部分同学反对是因为那种行为侵犯了自己的安全利益，或者害怕被查到影响宿舍评优评奖。这在一定程度上反映出新时代大学生在社会公共领域价值取向出现异化，形式上的表现符合要求，但是具体动机或者原因却是以自我为中心，不是以“大我”为中心。当回答“当看到有的大学生见义勇为，甚至献出自己宝贵的生命，您感到怎么样？”时，有14.79%的同学表示不值得或者十分不值得。通过进一步访谈，他们觉得一个大学生，以后的路很长，没有必要舍身见义勇为，还是应该照顾好自己为先。这反映出新时代大学生社会公德具体践行中，理想与现实割裂、长远利益和眼前利益混淆，新时代大学生践行社会公德深度、广度和实效性上尚有较大空间。

第二，部分新时代大学生的价值取向上出现偏差，还表现在大学生自身社会公德行为失范现象频发。社会公德是由社会公德规范与社会公德行为两个层面构成，通过调查问卷与访谈，结合大学生生活学习实际可以看出，大学生社会公德存在行为困境，不符合社会角色预期成为大学生社会公德培育的制约因素。中国特色社会主义进入新时代，社会转型影响广泛而深入，大学生社会公德理论研究相对滞后，社会公德权威性减弱等因素不同程度地冲击着新时代大学生社会公德实践，大学生社会公德行为失范现象也逐渐凸显出来，造成大学生社会公德的行为困境。就大学生个人层面上看，社会公德对大学生公共生活的调节是通过大学生社会公德行为过程实现的。大学生是否接受社会公德规范与约束、大学生社会公德行为是否符合角色预期而成为大学生社会公德行为与规范之间的矛盾。新时代大学生具备鲜明的主体意识、“又红又实”的鲜明特质及“最网络”的时代性特点，他们面对社会公德生活扩大化显现出社会公德失范行为。在回答关于“金钱是不是万能的”“扶不扶”“奉献是否必须要求回报”等问题时，仍有部分同学保持中立或不以为然的态度，部分大学生社会公德行为失范屡见不鲜。根据样本高校的访谈得知，大学生违法犯罪、道德低下、行为失当的数量不断增加，形式千奇百怪，更是不利于新时代大学生社会公德培育的科学性、有效性。

3. 新时代大学生普遍认识到大学生社会公德对于促进自我、社会、国家发展的重要意义，但是部分大学生自我约束力和自觉践行程度不够

新时代大学生社会公德是新时代大学生应当具备并努力践行的道德规范与行动准则，相对于其他群体更具主体性和参与性。对大学生践行社会公德的意义基本达成共识。新时代大学生普遍认识到大学生社会公德对促进自我、社会、国家发展的意义与作用。但部分大学生对其践行社会公德的自我约束力与践行程度不够。在回答“您认为大学生社会公德与广泛意义上的社会公德要求一样吗？”时，有78.3%的同学表示有一致的地方但是也有不一致（图2.3）。通过进一步访谈，他们普遍认为，大学生在社

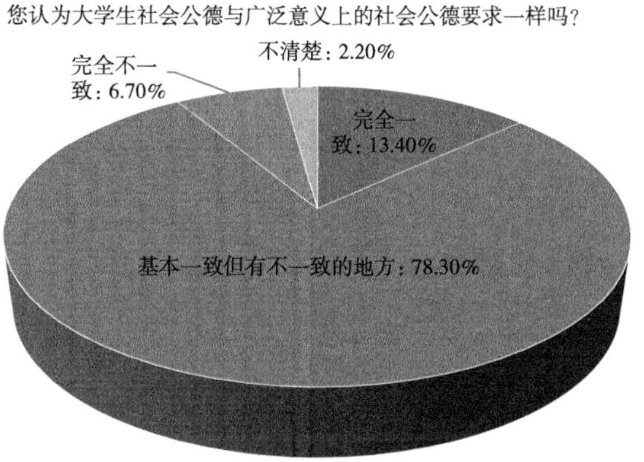

图 2.3　关于大学生社会公德要求的调查

Fig. 2.3 Survey on social ethics requirements of college students

会公共生活领域，更应呈现他们的青春风采，为其他人树立良好的榜样示范。在回答“您认为提升大学生社会公德水平对国家的时代性发展、社会发展和个人素质的提升是否有意义？”时，有超过87.43%的大学生表示十分有利或者有利。这充分说明立足大学生群体，对其进行具体的社会公德教育，既有理论上的可行性，又有实践中的必要性，更有现实的有益性。同时，在回答“您是否喜欢思想政治理论课？”时，有34.63%的同学表示还行，也有38.37%的同学表示如同鸡肋，可有可无，还有超过25.17%的同学表示不喜欢，除非强制，否则不去听。通过调查可以发现，部分大

学生对思想政治理论课的认知和重视程度不够，这是一个重要的警示，新时代大学生社会公德培育存在着认知与培育的脱节，需要重点关注。

在回答“当您看到同学打饭时随意插队，您感到？”时，有 28.17% 的同学表示中立，在回答“当您看到有同学下课后将垃圾留在课桌上的行为，您感到？”时，有 32.36% 的同学表示中立或者比较正常。通过访谈还对扶老人过马路、爱护公物、保护环境等问题进行类似设问，都有超过 25% 的同学表示中立或者不参与。这些数据比较直观地说明了新时代大学生中一部分人在社会公德上的自我约束、自我践行远远不够。

新时代大学生普遍认知到作为社会公德践行的生力军，他们在公共生活领域中的道德选择和规范要求应具有层次性和标准性，均不同于其他群体，而且大学生社会公德的培育对于个人发展、社会进步和国家发展都具有重要的意义。但是，新时代大学生社会公德的认知及培育过程中存在知行脱节、知易行难的显性特点，这也为下一步进行大学生社会公德培育的研究指明了方向。

（三）新时代大学生社会公德培育取得的成绩

党的十八大以来，党和国家高度重视大学生道德建设，尤其是大学生群体的公德培育，并不断强化顶层设计，将大学生社会公德培育上升到国家战略高度，新时代大学生社会公德培育工作扎实推进，成绩显著。

1. 高校将大学生社会公德培育纳入教育教学全过程，新时代大学生呈现出朝气蓬勃、热爱祖国、和谐友善、德法并行、崇德向善的良好精神风貌

在党和国家高度重视公民道德建设的背景下，大学生的道德培育更具指导性、具体性、时代性。2014 年 5 月，习近平指出：“核心价值观，承载着一个民族、一个国家的精神追求，体现着一个社会评判是非曲直的价值标准。”① 他进一步指出，“核心价值观，其实就是一种德，既是个人

① 习近平．青年要自觉践行社会主义核心价值观——在北京大学师生座谈会上的讲话［N］．人民日报，2014-5-5（02）．

的德，也是一种大德，就是国家的德、社会的德。国无德不兴，人无德不立。”① 习近平将社会主义核心价值观与道德的关系阐述得清晰而深刻。2014 年 9 月，习近平进一步指出了新时代高校的根本任务与教师在立德树人方面的重要作用，并给予了具体指导。2019 年 3 月 18 日，习近平在全国思想政治理论课教师座谈会上，畅谈了高校铸魂育人的重要意义、国家教育的根本目的和学生立德的重要性。通过梳理不难发现，党和国家对大学生立德、明德、行德的重视体现在理论与实践的双向过程，为立足大学生群体，有针对性地开展新时代大学生会社会公德培育提供了具体指导和方向。在此背景下，高校将大学生社会公德培育纳入教育教学全过程，新时代大学生呈现出朝气蓬勃、热爱祖国、和谐友善、德法并行、崇德向善的良好精神风貌。具体来看，高校的思想政治理论课纳入必修课，并增加了思想政治理论课的课时和覆盖度。特别是近几年，部分高校已经适时开设“习近平新时代中国特色社会主义思想”等课程，这些课程教材不同程度地体现或者包含社会公德方面的内容。同时，高校在开设理论课程的同时，深入开展社会实践，在社会实践的过程中，不断强化大学生对社会公德的认知程度。同时，高校通过专业课，充分挖掘有效思政因子，不断开拓社会公德培育外延，使得新时代大学生全方位、立体化的接受社会公德培育，不断强化大学生社会公德水平。通过问卷及访谈，如：通过对“社会公德的基本认识、大学生社公德内容、大学生对文明、友善等认同情况、具体做法”等问题的了解，大学生作为社会公德践行主体已经开始理性思考大学生社会公德问题的根源及培育。由此可见，与十八大以前相比，新时代大学生在社会公共生活领域彰显出的道德要求与水平明显提升，高校立德树人目标进一步明确，新时代大学生社会公德培育卓有成效。此外，高校还通过教书育人、实践育人、科研育人、管理育人、组织

① 习近平．青年要自觉践行社会主义核心价值观——在北京大学师生座谈会上的讲话［N］．人民日报，2014-5-5（02）．

育人等多种形式来推进大学生社会公德培育。

2. 高校普遍加强了内涵丰富、特色鲜明的校园文化建设，形成了有利于新时代大学生社会公德培育的校园文化氛围

新时代大学生身处高校，高校是他们“德性”形成的重要场域，大学生社会公德培育不仅需要课堂育人，也需要进行文化氛围的熏陶。全国高校都在努力建设包含或者体现社会公德内容的校园文化，着力构建良好的校园文化氛围。通过对样本高校团委老师的访谈发现，各个高校文明宿舍、道德模范、优秀志愿者等相关活动开展得如火如荼。同时，根据自身特色，对反映时代风貌，奉献国家、彰显青春的行业榜样加大宣传力度，着力营造社会公德培育的良好氛围。比如“自强之星评选”“三好学生评选”等活动。同时，各个高校积极开展志愿服务活动，深入推进青年志愿者协会制度化、系统化，在此背景下，大学生志愿服务参与的广度与深度大幅提升。

在回答“您愿意参加一些诸如献血、三支一扶等公益的志愿服务活动吗？”时，有78.86%的同学表示十分愿意或者愿意（图2.4）。同时，通过对样本高校相关负责人进行访谈得知，每年寒暑假，高校都会开展精准扶贫、山区支教等“三下乡”活动，让志愿服务成为大学生社会公德培育的素材和载体，不断促使他们在志愿服务过程中弘扬爱国主义精神，践行和谐、文明、友善理念，传播民主法治观念。此外，当今高校还通过风格迥异的校训、校歌，大力提倡新时代大学生“立大德”“守公德”“严私德”，使得校训和校歌也成为培育和弘扬社会公德的重要载体。它们在理论层面、实践层面牢固、延续和传播着大学生社会公德要求，使得符合大学生实际的“爱国有我在，友善由我筑，文明由我创，法治为大家，和谐大家享”的道德规范蔚然成风，使得校园文化为大学生社会公德的形成和固化提供了坚实的环体保障。

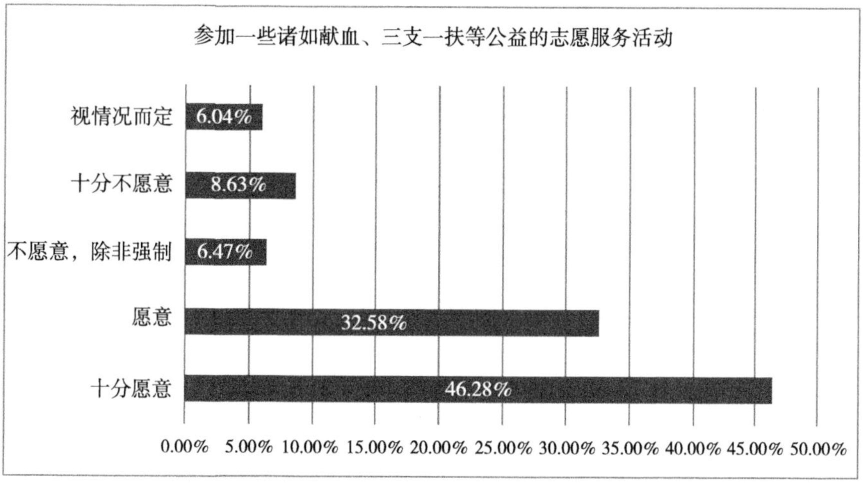

图 2.4　关于是否愿意参加一些诸如献血、三支一扶等公益的志愿服务活动的调查

Fig. 2.4 A survey of willingness to volunteer

3. 社会各方面加大了新时代大学生社会公德培育的力度，使新时代大学生社会公德培育实现了理论与实践的有效融合

新时代大学生社会公德培育是一项复杂而系统的工程，社会力量必不可少，是系统培育中最广泛、最立体的培育环节。进入新时代，关于大学生社会公德的培育不仅具体，而且更为精准、立体，不再是简单强调要文明礼貌、互帮互助，更是将爱国主义精神贯穿社会建设始终，强调新时代大学生在构建友善关系、和谐社会、法治国家、文明行为过程中的践行者、主力军作用。首先，近年来，不断弘扬爱国主义精神，将爱国情，强国志，报国行有机结合，大力弘扬“爱国一代有我在”的爱国情怀。2020年，新冠疫情席卷中华大地，借助这次战“疫”，举办全国大学生共上一节思政课活动，通过四位专家教授的讲解，向全国人民尤其是新时代大学生展示了战“疫”面前不低头，“爱国一代有我在”的鲜活场景。通过实际数据、现场图片、事后采访，新时代大学生展示了国家有难，义无反顾，青春与祖国同行、青春与祖国同在的壮丽画卷。在疫情中，通过典型人物采访、多渠道宣传等形式，让“爱国一代，青春有我”的高尚情怀飘

荡于胸，以加强新时代大学生社会公德培育。同时，在全社会的关注和支持下，对大学生进行社会公德培育已经成为很多单位、部门工作的一部分，它们结合各自不同的位置优势、历史背景、现有资源，建立起博物馆、体验馆和教育中心，供大学生免费参观和学习。比如，为了践行“绿水青山就是金山银山”理念，在北京的延庆区、平谷区相继建立绿色生态农业园，并与中国人民大学、北京大学相继建立校企联合，实现优势互补，让大学生的专业背景与现实实践有机结合，既让新时代大学生体会到绿色发展理念，又让他们为环境保护、和谐发展提供智力支持和人力资源管理。同时，通过访谈得知，很多地方的监狱、法庭，按照单位对接的方式向大学生开放，新时代大学生通过监狱参观、庭审观摩等社会实践活动，让当代大学生在课本中认知到的相关知识，运用到现实实践中，进一步树立法治思维，维护法律权威。

网络舆论平台是大学生社会公德培育的重要媒介，是培育工作时代化的表现。特别是进入新时代，多媒体发展立体而综合，其因具有匿名性、快捷性、渗透性等自身因素，对于大学生社会公德培育是一把双刃剑。近年来，在网络舆论领域中，主流社会公德与支流不良道德呈现出交融、交锋、较量的显性态势。加之新时代大学生熟悉网络平台，善于使用网络工具，使网络舆论管理成为大学生社会公德培育的重中之重。经过努力，近年来，网络舆论宣传取得可喜成绩。比如，各大网络宣传平台加大了信息内容筛查力度，统一完善和强制实施了网络信息实名制。访谈中在问到“您是否赞同政府强制实施网络信息实名制？”时，多数同学表示十分赞成或者赞成，这说明网络舆论阵地现代化取得初步成效。同时，各大网络舆论平台设置了专题栏目或者专项宣传计划，弘扬社会正能量，这其中就包含许多大学生社会公德的具体内容。比如，在新浪微博热搜，专门开辟新时代专题模块，在新时代专题模块中，国家大政方针及其解读，爱国主义典范宣传，正能量内容深度挖掘等板块。近年来，“大学生见义勇为”“大学生山区支教”“大学生精准扶贫”等热搜话题频繁出现，这在一定程度上营造了良好的社会公德培育氛围。同时，网络舆论工具也成为了纠正新时代大学生违反社会公德的重要介体。比如学生明星王源抽烟、张一山路边撒尿等不文明行为，都通过网络媒介发酵，最后通过网络媒介道歉，给新时代大学生起到了警示作用，为大学生树立良好的社会公德提供和谐的网络舆论环境。

（四）新时代大学生社会公德培育存在的问题

依据调查问卷和深度访谈，可以肯定新时代大学生社会公德培育取得了一定的成绩，但同时也应发现培育过程中存在的问题，只有这样，才能为新时代大学生社会公德培育提供精准方位。

1. 对新时代大学生社会公德培育的认知不够深刻、不够全面

这里讲的不够深刻、不够全面，主要涵盖高校和部分大学生两个方面。其一，一些高校对新时代大学生社会公德培育认知不够深刻又不够全面。一方面，根据调查问卷显示，有 22.36％的同学认为自己学校比较重视大学生社会公德培育，有 31.64％的同学认为自己所在的学校对大学生社会公德培育不够重视（图 2.5）。通过此数据，虽然不能以偏概全，但是可以得出这样的一种结论：部分高校在对大学生专业知识的培育力度上大大高于对社会公德培育。新时代，大学生就业压力递增，社会竞争激烈程度强于以往，更是加速了这样的不平衡态势。部分高校轻视大学生价值观培育、情感培育与社会公德培育。另一方面，部分高校认为社会公德是一种最基本的道德规范，其培育工作在大学生涯之前已经定型，高校已经不再承担大学生社会公德培育的主要使命，这明显是对大学生社会公德培育的认知错误。大学生群体虽然具备了较高的文化素质和道德水平，但在新时代、新青年的具体要求中，依旧是传播和践行社会公德的生力军，依然需要不断加深对时代化社会公德的深入理解，需要高校相关部门进行深入

的解读和全方位的支持，而不仅仅是停留在文件中、浅层次地呈现在少量的学生活动中。同时，尽管党和国家高度重视大学生社会公德培育工作，但是在具体的执行环节，部分高校依然是常规行动，没有将相关精神落实到具体行动。在此过程中，虽然可能有师资力量、教学资源不允许等客观因素，但是，对社会公德培育不全面、不深刻而呈现真空地带的显性态势已经显露。

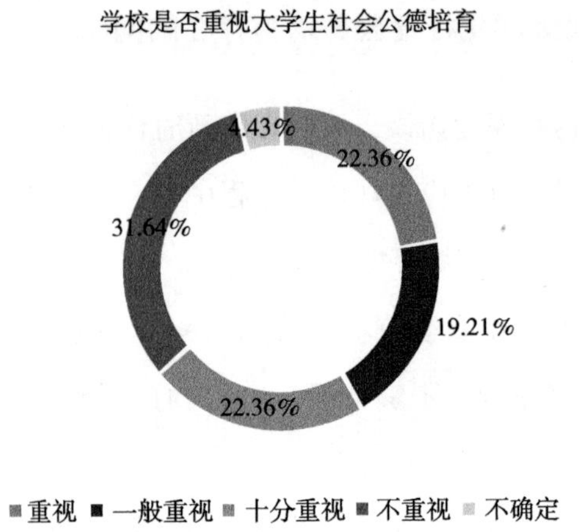

图 2.5　关于自己学校是否重视大学生社会公德培育的调查

Fig. 2.5 Survey on whether your school attaches importance to the cultivation of college students' social morality

其二，部分大学生对应该秉持的社会公德认知不全面、不深入。通过调查发现，仍有部分大学生对社会公德内涵的认识模糊不清，更不可能深入理解作为新时代大学生社会公德内涵的丰富性、范围的广泛性和层次的标准性。新时代大学生社会公德不仅仅是大学生群体简单地认识文明礼貌，互帮互助，爱护环境，遵纪守法等相关道德规范，更应该是普遍意义上的社会公德主体性表达，具有时代性、层次性、标准性。新时代大学生社会公德，不仅仅是大学生的“公德”，更应兼具“大德”“小德”，三者合一，才是真正的大学生应该持有的公共道德规范。尤为重要的是，新时代大学生社会公德不仅仅局限于大学生认识具体的社会道德规范，更强调大学生的共建、共筑、共融、共存和共享的意识，这才是新时代大学生社会公德的重中之重。通过调查可以清晰地知道，部分大学生主动性、参与性、持久性意识不强，“共”“公”意识偏弱，这都是对新时代大学生社会公德认知不全面不深刻的原因。

2. 新时代大学生社会公德培育机制不够完善

部分高校中新时代大学生社会公德的培育机制不够完善，孤立化、随意化、形式化、机械化现象客观存在。一方面，部分高校在开展大学生社会公德培育工作方面，为了完成任务而孤立地开展相关校园活动。访谈中，在回答“您参加校园文化活动的时间取决于什么？”时，多数同学都表示活动的开展多与节日、纪念日相关，维持时间比较短暂。可以清楚地发现，在雷锋日前后，就开展相关的志愿服务活动；在地球环保日，就开展“地球一分钟”活动；在宪法日，就开展相关的宪法普及活动。活动的开展表面化、形式化，自说自唱的现象显性存在，没有将文明、友善、法治、和谐等价值观念培育工作长效化、机制化，更没有深入解读新时代大学生在践行这些价值观念过程中应怎样理解与行动。知行脱节，形式孤立，让新时代大学生社会公德培育工作肤浅而不持久。

另一方面，新时代大学生社会公德培育长效机制尚未形成。新时代大学生社会公德不仅要求新时代大学生对社会公德具体要求清晰认知，更要求其对社会公德的重点予以更深层次的理解、践行。爱国、友善、和谐、文明、法治可能人人都理解，而实际上，践行、传播、保障、参与才是新时代大学生社会公德培育的侧重点。不让新时代大学生理解清楚自己的群体优势、自己的历史责任、自己的公共榜样，就难以全面认知新时代大学生社会公德的具体要求。但是，相关高校在前期没有形成相应的内容解读机制，中期没有形成对应的过程运行机制，后期没有形成科学系统的绩效与反馈机制，新时代大学生社会公德培育长效机制尚未完全形成。

3. 新时代大学生社会公德培育合力尚未形成

通过调查总结可知，尽管社会各个环节对于新时代大学生社会公德培育的力度不断增强，但是，新时代大学生社会公德培育的教育合力在深度、广度上仍有很大空间。学校培育、家庭培育、自我教育、社会培育等在新时代大学生社会公德培育过程中融入机制不畅，机制之间的互补、培育内容之间的互鉴还存在诸多衔接问题。

首先，学校教育与家庭教育的合力尚存较大空间。新时代大学生社会公德培育体现在大学生家庭生活、校园生活的方方面面，并且无缝衔接，这就决定了其培育工作不可能在一个场域中完成。同时，家庭教育是直接影响大学生的道德观念、习惯养成的主要场域，新时代大学生社会公德培育要培育的是一种社会公德意识，是一种意识形态，不是仅通过学校一两次的学生活动就可以实现的。部分家长认为，大学生的社会公德培育和家庭教育关系不大，主要依靠学校培育，主要依靠社会引导，家庭做好大学生的后勤保障工作即可。通过对样本高校的学生家长访谈得到证实，当问到“您觉得大学生社会公德培育，我们家长能做什么呢？”时，超过80%的家长都说到了经济保障和后勤保障。这也生动地说明家庭教育与学校培育的合力尚有空间。

其次，学校教育与社会教育合力不足。大学教育是拓宽大学生知识面、专业技能的主要途径，社会实践是锻炼大学生能力的有效方式。一方面，通过调查可以发现，在回答“疫情当前，您愿意投身一线参加战“疫”斗争吗？”时，仍有37%的同学回答不愿参与。另一方面，通过问卷与访谈可以看出，大部分同学认为社会对其公德培育起到积极引导的作用，但也存在消极的影响。在进一步访谈中问到“当您正在校园接受社会公德培育时是否会受到社会上不良思潮的影响？”时，多数学生认为会受到影响。究其原因是多方面的，但根本原因在于学校教育并未与社会教育形成合力，学生的公德教育并未内化于心，所以外化于行时才会出现问题。由此可以明确，新时代大学生社会公德培育中学校教育与社会教育合力不够。

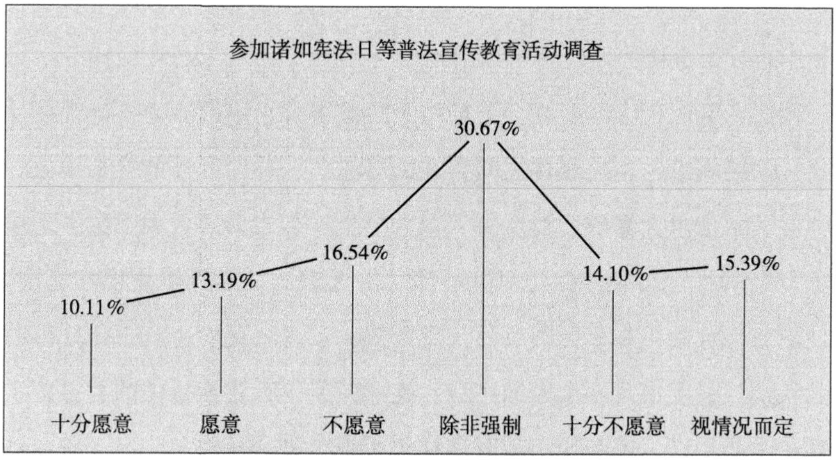

图 2.6　关于大学生参加实践活动的调查

Fig. 2.6 Survey on college students' participation in practical activities

最后，学校教育与自我教育合力融入机制不佳。一方面，我国传统的教育方式是灌输式教学方法，大学生在日常学习生活中受传统教学模式的影响，在学习上依旧停留在等待被学校老师灌输式的阶段，对学校教学安排、对教师有很强的依赖心理，这也是很多大学生初入大学校园很难适应大学学习生活的主要原因。在访谈中，当回答“在日常生活中您认为哪些方面要注意社会公德意识的培育？”时，多数学生认为可以从学校、教师、社会等方面注意社会公德培育，唯独没有提到自我教育的问题。当回答“您愿意参加诸如宪法日等普法宣传教育活动吗？”时，有 30.67% 同学回答“非强制不参加”（图 2.6）。由此可以看出，大学生自我教育能力有待提升。另一方面，新时代大学生社会公德培育不仅需要大学生养成自主学习、自我教育的能力，也需要学校改变教育方式。学校在注重大学生专业知识与技能的培育之外，更重要的是要改变大学生学习的态度和意识，帮助大学生克服依赖学校管理与依赖教师的学习习惯，有效地引导大学生按照自己的能力与个人兴趣爱好制定符合自己的学习计划与目标，探索适合自己的学习方法，帮助大学生转变被动学习的态度，养成自我教育的良好习惯。因此，新时代大学生社会公德培育需要学校教育与自我教育有机结合，形成合力。

同时，新时代大学生社会公德培育的教育合力不够有力还体现在社会舆论、网络舆论与主流媒体之间存在内容脱节、导向互斥的客观现象。全媒体时代，信息大爆炸，波及每一个大学生，加之新时代大学生易于接受纷繁复杂的社会信息，并且对这些信息缺乏较为科学的识别度和鉴别力，就使新时代大学生在多元复杂的信息裹挟中容易弱化对主流道德规范的认知和认同，甚至出现不和谐的声音。在此背景下，主流媒体的信息鉴于其特殊的本质属性，难免会出现时间相对延缓、方式相对单一等现象，这和自媒体发达的即时性形成反差，冲击着新时代大学生对于社会公德的客观认识和科学认识的程度。

综上，新时代大学生社会公德培育取得了长足进步，但是也存在理论、实践、培育等方面的问题，对这些问题加以总结梳理，追根溯源地探究问题成因，是保证新时代大学生社会公德培育时效性和科学性的重要立足点。

三、新时代大学生社会公德培育存在问题的归因

基于问卷调查和深度访谈，概括地梳理了新时代大学生社会公德培育中存在的问题，在此基础上，探究问题产生的原因。经过对比分析与归纳，主要集中在学校、家庭、自身与社会四个方面。

（一）新时代大学生社会公德培育存在问题的学校原因

高校是新时代大学生社会公德培育的主阵地，其培育工作的改革创新

程度直接影响新时代大学生社会公德培育工作。依据调查，高校在新时代大学生社会公德培育方面存在着一些问题，具体如下：

1. 培育内容的针对性不够强

“中国特色社会主义进入新时代”，这是一切工作新的历史方位。新时代、新青年、新要求，新时代大学生社会公德培育也应该立足新时代、彰显新特点、呈现新变化。在培育的过程中不断调整方式方法，不断深化认知，实现新时代大学生社会公德培育的时代化、深入化、层次化。当回答“您所在的高校对大学生社会公德教育的针对性如何？”时，39.56%同学认为一般。高校对新时代大学生社会公德培育内容的针对性不强，首先表现在高校在对大学生进行社会公德培育过程中，所秉持的理念不够清楚；对新时代大学生社会公德的具体内容认知的不够深入；在培育过程中、执行方式上过于形式化。新时代，大学生成为了践行社会主义核心价值观的有效主体，社会主义核心价值观的践行应该贯穿大学生道德教育全过程。因此，新时代大学生社会公德培育要坚持社会主义核心价值观的基础指导地位，将“三个倡导”的具体要求融入大学生社会公德培育中。不能将社会主义核心价值观培育工作与大学生社会公德培育工作割裂开来，影响了大学生社会公德培育科学性、持久性地开展。同时，新时代大学生社会公德的具体内容不是广泛意义上的社会公德要求，不是普遍意义上的文明礼貌、遵纪守法、保护环境、爱护公物、助人为乐，而是具有更高层次的要求和更鲜明的主体性指向。新时代大学生在普遍社会公德践行的基础上更应该着眼于共建、共融、共筑、共存、共享，更多的强调参与性、融入性。如果不能对新时代大学生社会公德的内容有进一步的认知和认同，就会使得培育工作浅层次、低标准、偏基础，不符合新时代大学生的基本定位，更不符合时代化的要求。最后，在大学生社会公德培育过程中，形式上高度重视，执行上形而上学，造成培育工作的效果不尽如人意。尽管目前高校也都在积极开展大学生社会公德培育工作，每年都会有常规性的学生活动如期开展，比如暑期社会实践活动、大学生志愿服务活动、“地球一小时”环境保护活动等。由于缺乏内容的针对性和理论的深入性，使得这些活动流于形式，培育效果大打折扣。同时，高校在开展相关培育活动的过程中，不注意参与主体的主观情况和现实实际，培育工作没有形成理论与实践的有效融合，使大学生在参与过程中不仅没有对社会主义核心价值观、社会公德的认知增强，反而可能会对形式化的组织怨声载道，从源头上弱化了新时代大学生社会公德培育的实效性。

2. 思想政治理论课的作用发挥不够充分

高校想要发挥好其在新时代大学生社会公德培育中的作用，必须要紧紧抓牢高校思想政治理论课这一培育载体与抓手。纵观高校思想政治理论课发展的轨迹，不难发现，高校思想政治理论课在大学生社会公德培育方面承担了大部分工作，并取得了一定的成效。通过调查可以发现，高校对大学生社会公德培育的重视程度对大学生影响较大，高校重视程度对大学生社会公德培育至关重要。但是，随着新时代到来，社会环境复杂多变，中西方交流日益深入，多元化思潮暗流涌动，个人主义、功利主义、小团体主义思想有所抬头，新时代大学生社会公德培育更应该密切注意时代变化，主动回应不良思潮的影响，思想政治理论课在形式、内容上仍有较大进步空间。首先，高校思想政治理论课在课程定位上存在不足。高校思想政治理论课承担着大学生思想道德素质与法治基础的教育和培育工作，不论什么内容，都应该及时更新课程定位，紧紧立足时代变化。中国特色社会主义进入新时代，尽管每一个学生都会知道新时代、新要求，但是认知层次比较粗浅，高校思想政治理论课首先就是要明确新时代、新要求，大学生应该具有新行动。然而，个别高校思想政治理论课对于新时代、新要求的内容讲解泛泛而谈，既没有讲清楚新时代背景下，大学生为什么应该具有更高层次的社会公德要求，又没有针对大学生实际，讲清楚为什么新时代大学生要共生、共存、共享，这就造成新时代大学生对于自己所处的时代特色认识不清楚，理解不透彻，弱化了他们参与社会公德建设的动力。其次，高校思想政治理论课在大学生社会公德内容的部分，重点性、层次性把握不准，降低了思想政治理论课作为大学生社会公德培育主载体的作用。高校思想政治理论课均包含社会公德的内容，但是，全面性的内容和重点性的内容要科学安排，内容之间要合理安排授课的衔接点，这是当今思想政治理论课普遍存在的问题，从而导致授课过程中有重复、有疏漏，降低了思想政治理论课的实效性。大学生社会公德的内容不是独立存在，其与社会公德既具有内在一致性，又具有主体特殊性。在思想政治理论课讲授中，如果不将其内容进行合理分配，就会造成大学生浅显内容不听就会，重点内容衔接不上的尴尬局面，思想政治理论课在大学生社会公德部分呈现出顾此失彼的显性局面。最后，高校思想政治理论课在授课过程中问题导向不清楚，没有形成生活、学习、实践有机融合的科学布局。当今时代变化日新月异，大学生接触社会信息的手段和途径复杂多变，在社会公德相关理论方面，他们会发现更多的现实问题亟待解决，但是部分高校的老师没有坚持问题导向，对大学生关心的社会公德缺失及培育相关问题不及时回应、不辩证解释、不科学引导，从而造成大学生在传播和践行社会公德方面理论学习和生活实践相脱节，学习和思想割裂的明显倾向。这样回避的“视而不见”，不仅大大降低了大学生参与社会公德建设的积极性，更使得高校思想政治理论课对大学生社会公德培育的载体作用形同虚设。因为大学生认为课上教的和现实中的是脱节的，所以培育工作深度、广度与实效性就无从谈起。

3. 培育的方式方法创新不够及时

当回答“您认为高校对大学生社会公德培育的方法如何？”时，40.16%同学认为一般。通过进一步访谈可以看出，新时代大学生社会公德培育工作效果不尽如人意，一个值得关注的原因就是部分高校进行大学生社会公德培育的方式方法单一，缺乏创新。新时代背景下，大学生获取知识和其他信息的渠道多元化，造成了他们的知识储备、价值观念、思维方式的多元化，这也从客观上要求高校在培育大学生社会公德的工作途径多元化。但是，部分高校对大学生进行社会公德培育的方法依旧是课堂讲授内容为主，与之相配套的社会实践形式相形见绌。简单的固化理论与形式化实践很难让大学生从心底认知、认可、认同社会公德的具体要求。因为，大学生社会公德不仅仅是“行”的问题，还包含“知”“情”“意”“信”的过程，是一个系统形成的过程，简单地将理论与实践的机械融合，不能从根本上解决知行合一的问题。当回答“您认为高校实践活动开展效果如何？”时，32.55%同学认为实践活动的效果一般。部分高校在社会实践的过程中，阐释不清楚社会实践“是什么”“为什么”“怎么办”的问题，没有前期的调查研究做基础，没有科学系统的统筹作保障，没有合理的评价机制为后盾，这就造成了实践工作流于形式，实践内容机械进行，大学生社会公德培育实效性大打折扣。事实上，大学生社会公德培育本质上是一个系统连贯的过程，就需要一个全方位、立体化的方式方法为依托，才能从本质上解决大学生对社会公德的认知、认可、认同和践行问题，缺乏方式方法的创新，就难以使社会公德的具体要求内化于心，外化于行，培育工作效果远不如预期。

4. 教育教学信息化融合不够深入

新时代在一定程度上是全媒体、融媒体时代，在新时代大学生社会公德培育过程中更应该引入并深入运用信息化教育教学手段，使培育工作达到事半功倍的效果。通过问卷及访谈可以知道，尽管经过多年的发展，高校已经逐步将信息化教育教学手段运用到不同层次、不同专业的教育教学工作中，但是信息化融合程度偏低，运用的重点不清晰，使信息化教育教学的效果发挥不尽如人意。通过对高校教师的访谈，当回答“您平时上课采用的方式是什么？”时，总体上看，教师回答是普遍采用信息化教学，比如 PPT 授课、电教化互动、远程式答疑已经成为主流。但是，借助于其他形式的信息化手段略显滞后，没有与信息化课堂授课形成协调的系统模式，使得信息化教学实效性偏低。新时代，以微博、微信、校内论坛为代表的全媒体异军突起，基本上占据了大学生学习和生活的大半江山，在对他们进行社会公德培育过程中，熟练运用这些媒介，配合课堂的电教化手段，才能够充分挖掘大学生社会公德培育资源，灵活解决培育过程中出现的问题，机动地运用最新信息解决大学生社会公德培育过程中的现实问题，以实现新时代大学生社会公德培育工作的深入开展。同时，对大学生进行社会公德培育是课上课下教学相统一的过程。但是，现实情况是，一些信息化的教学手段使用方式单一化，弱化了培育工作统一化的过程。以高校普遍使用的“雨课堂”为例，大部分高校将这一新的信息化教学手段看成是课堂点名、课后批改作业的主要工具。实际上，深入使用这一新型的信息化教学手段，就会发现，其除了上述功能外，更多的有红包互动、即时答题、信息统计、匿名调查等尚未挖掘的功能，这些功能便是新时代大学生社会公德培育的新的立足点。将培育工作与大学生喜闻乐见的形式有机结合，不仅提升了高校教育教学的效果，更提升了新时代大学生社会公德培育的积极性、主动性、趣味性和实效性。

5. 教育工作者示范引领不够全面

教育工作者作为人类灵魂的工程师，其言谈举止对新时代大学生铸魂育人工作起到提纲挈领的作用。在中国高等教育大发展的新时代，教育工作者的薪酬待遇、办公条件、生活环境具有明显的提升，但是，他们在大学生社会公德培育过程中发挥的示范引领作用仍有不足。首先，教育工作者对大学生社会公德培育工作的认识不足。部分教育者认为大学生社会公德培育主要是针对大学生的，并不是针对老师的，作为成年人，作为知识层次和道德素质相对较高的高校教师，更没有必要事事以大学生社会公德的要求来要求自己。殊不知，教育者的言行举止、认知层次和行为规范，点点滴滴都在大学生的视野中，己不正，何以正人？师不端，岂能正人乎？只有发挥其示范引领作用，才能使得大学生从心里认识到社会公德的调节作用，认识到社会公德的育人作用。其次，部分教育工作者片面认为，自己做的工作就是教书，主要体现在教学环节和科研环节，在立德树人、社会服务、后勤保障和学生管理方面不承担任何责任，对教书育人职责理解片面化，教书还是为了育人，育人育的是德智体美劳全方位发展的新时代青年，而不是科研机器，更不是精致利己主义者。习近平在视察北京师范大学时明确指出："一个好老师，要有理想信念，要有道德情操，要有仁爱之心，要有知识学识"①，"四有"好老师的标准在实践意义上的表达就是要关注大学生的素质养成与道德形成。有的教师不能理会其深刻含义，就难以发挥示范引领作用，在很大程度上也影响了新时代大学生社会公德培育工作。最后，高校教育工作者特别是高校管理者，在培育大学生社会公德方面，缺乏创新，机械执行文件要求，教与学不统一，没有把社会公德的要求贯穿大学生道德教育的始终。要么为了响应号召开展相应活动，要么针对典型事件开展短期的、不连贯的、不持续的社会公德教育，缺乏创新的工作方式，形式化的执行"学高为师，身正为范"的宏观要求，就难以营造追求真理、严谨求实、知行合一的校园氛围，难以提升大学生对社会公德的认知和践行水平。

（二）新时代大学生社会公德培育存在问题的家庭原因

在中国传统的家庭教育中，有许多优良的家风、家教值得弘扬和传承，它们对大学生有着良好的教育和引导作用。但是，毋庸讳言，新时代的中国家庭教育在影响与教育大学生社会公德养成方面存在一些明显的问题和不足。

---

① 习近平．同北京师范大学师生代表座谈时的讲话［N］．人民日报，2014-9-10（02）．

1. 家庭教育目的的偏差

从问卷调查可以看出，家庭教育的相关因素是大学生社会公德培育的重要影响因子。当问到“您认为家庭教育目的对大学生社会公德培育的影响如何？”时，57.32%的同学认为家庭教育目的对其社会公德培育影响程度较大。通过访谈也可以看出，家长在教育孩子们读书时，往往将读书上大学的主要目的归结为立志仕途、光宗耀祖、名利兼收等。进入新时代，社会竞争压力日渐增大，在此背景下，家庭教育将竞争意识、自我意识、排他意识作为对大学生教育的首要内容，以至于新时代大学生上大学目标单一而实用，以自我为中心的意识显著增强，而忽视了“大国小家”的爱国主义情怀教育、“大集体小自己”的集体主义教育、“送人玫瑰，手有余香”的和谐友爱教育。新时代，家庭教育要引导大学生明确爱国主义是其刻苦学习的出发点和落脚点，无论今后做什么工作，都应该为建设社会主义现代化事业贡献出自己的一份力量；家庭教育要鼓励大学生树立与人为善、与人为伴的友善观教育，为日后自身的顺利发展创造良好的外部条件；要鼓励大学生树立知法守法的法治观教育，以保障自身发展的目标性、方法性；要鼓励大学生树立“大和谐”观教育，使其成为和谐社会、和谐国家、和谐自然的目标促进者与结果的享有者；要鼓励大学生树立“文明有我”的文明观教育，以个人文明促整体文明。只有将这些具体的道德要求贯穿家庭教育的全过程，才能适应新时代、新青年的客观要求，真正使得大学生立德成人。

2. 家庭精神教育的失衡

新时代，家庭经济收入明显提高，以至于在部分家庭中，对大学生的物质投入较多，但是对大学生的精神教育相对淡薄。通过访谈可以看出，当问到“您平时关心孩子学业之余，有对孩子进行精神教育吗？”时，部分家长认为，面对大学生的物质要求，基本照单全收。不仅尽量满足其物质保障，还实现了大学生学习科技化、装备时代化，但很少与孩子进行精神沟通与道德教育。与此同时，部分家长认为，父母管吃穿，老师管教育，这就造成了对大学生进行社会公德培育出现了“真空地带”。同时，部分家长由于忙于生计，无暇照顾自己的孩子，这也造成了新时代大学生社会公德培育在家庭教育中出现断层现象。

3. 家庭教育环境的弱化

一方面，家庭是学生受教育的“第一场域”，甚至从某种程度上来说是最具影响力的一个教育基地。但是很多家庭的父母、亲戚朋友整体道德素质不高，从小受父母等家庭成员的影响，很多学生也染上了一些恶习和陋习。通过问卷调查可以看出，当问到“您所在的家庭教育环境如何？”时，多数同学的回答是一般。一些大学生由于父母离异等家庭问题，过早地接触社会，在没有形成一定的人生观和价值观的情况下，他们的很多言行很大程度上都会受到社会的负面影响。另一方面，父母和亲戚朋友忙于获取经济利益，忽视了对子女的思想道德教育，甚至他们自身在追求物质经济利益的同时也丧失了一些最基本的公德意识和道德标准，造成孩子在言行中出现公德意识淡薄的现象。

4. 家庭教育方法的不当

家庭教育方法很大程度上影响了大学生社会公德培育的实效性。当回答“您所在的家庭教育方法如何？”时，有35.34％同学认为一般，28.78％认同家庭教育方法很差。通过问卷与访谈可以明显看出，新时代家庭教育方法存在诸多问题，具体表现为：第一，家庭教育方法简单粗暴。新时代，社会竞争压力日益增强，对家长而言，更是对自己的孩子期望过高，加之大学阶段是学生进入社会的最后一站，所以部分家长对孩子要求过急。同时，由于部分家长的文化素质不高，受传统教育观念的影响，以至于他们在对自己孩子家庭教育方法上简单粗暴。具体表现为教育手段原始化、教育层次过度化、教育倾向放任化。其中，教育手段原始化是指部分家长对孩子的教育方式信奉传统意义上的三个法宝：“嘴巴子”“棍棒子”“铁链子”，不允许孩子发表自己的立场和看法，以强制的手段过多地干涉学生的方方面面。这样的家庭教育方法使得学生在性格上过于懦弱、在日常行为中过于内向、在处理问题时过于胆怯，不会主动地承担自己的责任和问题；第二，教育层次过度化是指部分家长经历过时代转型与发展，受过了所谓的时代之苦，他们在家庭教育中坚持一个原则，就是不想自己的孩子“重蹈覆辙”。特别是进入新时代，经济文化条件取得根本性的改善，更是给自己的原则提供了坚实的支撑。因此，他们对自己的孩子过分的爱。具体体现为家长过分包办孩子的所有事、家长对孩子的要求迁就顺从过分、家长对孩子安全与健康保护过度、家长对孩子的无知和错误包庇过分、家长给孩子物质条件过于优越。这样的教育方法不仅会让学生缺乏基本独立思考、独立判断、独立处理问题的能力，更会使得学生缺乏对家庭、对社会、对国家的使命感和责任感，从而使得大学生的社会公德意识从根源上丧失或弱化，极不利于新时代大学生社会公德培育；第三，教育倾向放任化指的是部分家长对孩子的家庭教育放任自流，任其自由原生态的发展。这类家长信奉“树大自然直，儿大自成才”的错误理念，对孩子盲目过度自信，认为已经是大学生了，其文化素质、道德素质已经初步确立并且会自动继续提升，不需要有任何引导和教育。这样的教育方法是基于对大学生阶段的错误认知及对家庭教育重要作用的错误认知造成的。这样的教育方法虽然可能会锻炼大学生坚强、独立的人格，但是由于缺乏良好的情感孕育与引导，会呈现出缺乏文明礼貌的行为习惯，缺乏新时代大学生应有的公德心、参与感和角色认同感。

（三）新时代大学生社会公德培育存在问题的自身原因

1. 大学生特殊的身心特征影响了新时代大学生社会公德培育

在回答“您认为大学生身心特征对社会公德培育的影响程度如何？”时，41.43%的同学认为非常大，通过进一步访谈，高校教师在回答“影响大学生道德观念的因素包括哪些？”时，多数老师认为新时代大学生身心特征是影响大学生社会公德形成的重要因素。新时代大学生大部分是“95”后甚至是“00”后，他们的青春个性充盈着身心的方方面面，其逆反心理表现较为明显。随着年龄的增长，大学生的思想比较独立，他们在不同程度上有一种逆反心理，因此很多学生就想找到突破口，标新立异，甚至反其道而为之，部分大学生就会忽视自身道德认识和道德规范的形成。具体来说，大学时代是“95”后、“00”后中的大部分人从“逆反”走向成熟的关键时期。同时，也是他们从学校到社会无缝衔接的特殊时期。在这一时期，他们中的大部分人个性独立，自我认知意识相对比较强烈，他们往往将自己的个人认知看作是事物的全部或真实的一方面，将自我评判标准看成是学习、生活、社交中的唯一评判标准，这就会导致他们对社会公德的内容、意义、践行标准上显现鲜明的个人色彩，而他们对相关社会行为规范的认知仅仅基于个人的看法，不仅会影响他们践行社会公德的主动性，也会使得他们缺乏一定的社会责任而不去践行社会公德的要求。同时，通过问卷及访谈可知，大学生道德素养对大学生社会公德培育影响较大，多数同学认为大学生个人的道德素养也是决定大学生社会公德培育的重要因素，当今的大学生，大部分是独生子女，成长环境使得他们形成了只看索取、不会付出的典型心态，使得他们形成了特立独行、单打独斗的“个人主义”，使得他们形成了“私德”大于“公德”的心理特征。具体来说，新时代大学生社会公德实际上是新时代大学生处理其与自然、社会、他人、国家的道德规范，是基于较高道德要求的处事原则。因为他们的原生背景，导致他们普遍缺乏社会公德意识、普遍缺乏共同参与的原始动力。即便是他们在践行社会公德要求的过程中，他们也可能是凭一时兴起或者个人情感好恶，一旦在践行和传播社会公德的过程中出现不符合他们预期的情况或者内容，他们就会立即停止并做出激烈的反应，这在一定程度上影响了他们践行社会公德的方向性。

2. 大学生缺乏的实践经验影响了新时代大学生社会公德培育

新时代的大学生的学习和生活条件得到了明显提升，但是，他们对社会公德的相关要求和自身应践行的层次标准理解存在一定的不足。因为，新时代大学生社会公德的培育是一个知与行的问题，只有深入具体的道德践行中，才会深刻理解这些对于大学生的道德要求为什么是对的，对社会、国家、他人具有什么样的积极意义。在回答“大学生社会实践能力对社会公德培育的影响程度如何？”时，38.83%的同学认为新时代大学生社会实践能力一般，这是影响大学生社会公德理论付诸实践的重要环节。一方面，实践锻炼的缺乏直接导致了一些大学生对践行社会公德的广度、深度认知的敏感度不够强。新时代大学生社会公德不同于一般意义上的社会公德，要求的标准与层次相对较高，需要大学生对社会公德有一个全面深入地理解。具体来说，爱国不仅仅是停留在口号和宣传上，更重要的是做爱国主义精神的践行者和传播者；友善不仅仅是自己解决好自己的问题，更重要的是与人为善，与人为伴，科学解决好与他人的问题；文明不仅仅是行为上的文明，更应该具有理念上的文明以及对待不同文化的态度；法治也不仅仅是单纯的知法、守法，更重要的是培养自身的法治思维；和谐不仅仅是人与自然的和谐，更重要的是人与人、人与社会的和谐。这些对具体内容的深入理解与把握，不但需要理论上加以认同和理解，更需要用成熟的社会经验去感知、去认知、去理解，从而实现在实践过程中深化。另一方面，大学生社会经验的缺乏导致了部分大学生对社会公德的理解存在着一定的偏颇。大学生因为自身的年龄特征及客观形势的限制，大部分缺乏社会经验，导致他们在社会实践过程中，对于看到的正面的、负面的案例不能用科学理性的观点去认知和评价，不能用迁移的思维去正确认识身边发生的点点滴滴，这也在一定程度上影响了他们践行社会公德的积极性和主动性。

（四）新时代大学生社会公德培育存在问题的社会原因

1. 社会转型的影响

进入新时代，社会变革进入多元化、开放化的深水区。在此背景下，社会转型带来的社会发展问题、道德评价多元化问题、公德意识淡薄问题随之而来。近年来，随着我国经济的迅速发展，精神文明建设的不断加强以及社会整体教育水平的提高，广大公民的道德修养也有了很大的进步。遵纪守法、文明礼貌、助人为乐、爱护公物、尊老爱幼、保护环境已蔚然成风，但随着社会转型的深入与发展，一些与社会整体文明进步趋势背道而驰的丑恶现象也大量存在，自私自利、冷漠歧视、破坏公物、破坏公共秩序等有损人际关系和社会秩序的行为以及乱砍滥伐、偷捕偷猎等破坏自然环境的行为随处可见，这些都对大学生产生了不良影响。当回答“您认为社会转型对大学生社会公德培育的影响如何？”时，有54.58%的同学认为影响较大，17.59%的同学认为非常大。它是大学生社会公德意识形成的重要社会环境因素。高校大学生与社会接触越来越多，他们对社会现象的判断力不高，如果没有正确的思想引导，没有与之相对应的社会公德要求，他们极易丧失原有正确的价值取向，形成错误的道德标准和社会公德意识。

当前，我国正处于社会转型期中西文化交融背景下，多元文化与社会主义核心价值观交流碰撞，影响了新时代大学生社会价值观的转变。通过访谈，多数同学认为会受到社会上不良思潮的影响，加之其他社会因素的影响，大学生在践行社会公德意识的同时，其内在深处还是对社会公德的合理性、可行性产生了一定的困惑。新时代的中国社会，经济发展不平衡、不充分，一定程度上形成了不同的利益群体、不同的社会阶层，这样的不平衡差距正在逐渐拉大。在这样的不平衡背景下，不同群体的社会公德意识呈现出不同的层次性，对社会公德意识的多样化认知，使得大学生在社会公德培育和践行过程中呈现出迷惘与坚定、模糊与清晰、一元与多元交错的复杂格局，在一定程度上削弱了大学生社会公德培育工作的效率。同时，社会转型带来的诸多民生问题日渐显现，贫富差距不断扩大、收入分配不公、城乡生活水平参差不齐等问题对大学生学习、就业、生活产生诸多影响。新时代大学生或觉得公平无望就随波逐流，或觉得友善无用而精致利己，或觉得爱国不必有我而选择独善其身，从而导致大学生对社会公德的认知与践行持消极或者悲观态度，从而影响了新时代大学生社会公德培育。

2. 市场经济转轨的冲击

新时代，社会主义市场经济进入到新的发展阶段，伴随着市场经济的发展，对外开放幅度进一步扩大，思想文化交流的深度和广度日益增加。在此背景下，面对西方不良思想的影响，大学生社会公德培育首当其冲。首先，市场经济中对经济利益的片面追求造就了功利主义思想和拜金主义思想，这样的思想无论从根源上还是理论上都与社会主义核心价值观倡导的价值取向背道而驰，这也给新时代大学生社会公德培育带来了价值取向上的冲击。在回答“您认为当代中国大学生最缺乏什么？”时，选择缺乏金钱的同学有 38.7%，“一切向钱看”“人不为己，天诛地灭”的处事原则滋生暗长，直接影响了大学生追求文明、践行爱国、共筑友善、共持法治、共享和谐的道德追求。其次，市场经济因其内在的本质属性要求市场主体必然带有鲜明的竞争性色彩，甚至恶性的市场竞争真实存在，新时代大学生基于对社会发展的认知，有可能就此产生道德滑坡的现象，进而影响了大学生社会公德形成的基础。近来，社会发展过程中的“道德冷漠”现象屡见不鲜，部分大学生甚至对此持中立或者暗自理解的态度。归根到底还是市场经济在道德判断领域带来的负面影响。“公”“共”意识淡薄，“有你无我”的片面竞争意识影响着大学生对新时代社会公德的认知和践行程度。最后，市场经济转型时期，国家相应的法律法规尚不健全，给予少部分人钻法律空子以实现自身利益的最大化的机会，使得社会公平公正失衡，使得人们的责任感和社会使命缺失，市场经济给人们带来经济福利的同时，也给社会带来了“道德真空”现象，其消极影响破坏了大学生社会公德培育的“有效生态圈”，不利于新时代大学生社会公德培育。

3. 社会不良风气的侵蚀

社会风气指的是在社会生活发展过程中客观存在的风尚、习尚，是一定社会中文化传统、道德观念的总和，潜移默化地影响着人们的道德取向和价值判断。社会风气的良好与否，直接影响着新时代大学生的社会公德培育。

学风不实影响着新时代大学生社会公德的自觉形成。“学风”最早见于《礼记·中庸》，即学习、请教、思考、践行为一体的温学过程。毛泽东在《整顿党的作风》中指出“所谓学风，不单单是学校的学风，而且是全党的学风”。因此，学风建设是社会风气构建的重要内容。理论与实践相结合是马克思主义学风的具体要求。新时代大学生对于社会公德的认知，有的仅仅局限于听说或者了解层面，没有对社会公德的实质、内容和意义做深入了解，在社会实践中没有真正体会社会公德对于自己、社会、国家的意义，这样的理论与实践脱轨，不是真正践行马克思主义的扎实学风。坐而论道，空谈公德直接影响了他们对社会公德意识的养成和践行。

民风不正也影响新时代大学生社会公德的培育。所谓民风，是指民间的风尚、风气，其是社会风气中最基本的内容。宏观上看，我国的民风是积极的、健康的，但是随着社会转型的深入发展，市场经济的进一步转型，生产结构、分配方式、交换内容、消费习惯发生巨大变化，部分地区民风不正成为了社会转型时期一个重要问题。在这样的背景下，道德缺失、地方保护主义、丧失社会责任等现象屡禁不止。这些社会现象对新时代大学生造成不利影响。新时代大学生会对社会公德意识的作用和必要性产生怀疑，从而亦步亦趋，成为不正民风影响下的牺牲品，污染着新时代大学生社会公德培育的思想意识环境。

网风不端是影响新时代大学生社会公德培育的重要内容之一。当回答“您认为大学生社会公德培育的网络舆论氛围如何？”时，有39.67%的同学认为一般，22.72%的同学认为很差，16.5%的同学认为非常差。这里的网风是指网络道德。新时代在一定程度上是网络时代，基于网络的隐私性、即时性的原生特点，给予了当今时代网络信息纷繁复杂、网络内容五花八门，并且存在部分内容和信息是未经审核或者未经证实的虚假信息。由于其违法违规成本不大，更加剧了网络信息多元化的趋势。基于此，网络平台成为了恶意、负面信息传播的主要途径。这在一定程度上使得大学生社会公德培育工作面临艰巨性、复杂性的形势。

综上，通过对大学生社会公德培育的历史进行考察，明确了新时代大学生社会公德培育的立足点和关键点。通过对新时代大学生社会公德认知和培育现状的考察，并探究实然状态产生的内生原因，为新时代大学生社会公德培育指明了方向，明确了重点。

第三章　新时代大学生社会公德培育的客观形势和域外借鉴

中国特色社会主义进入新时代，新起点、新高度、新征程，以习近平同志为核心的党中央把社会公德建设摆在重要位置，大学生社会公德培育也进入历史性的新阶段。新时代、新方位，为大学生社会公德培育提供新平台。与此同时，新时代大学生社会公德培育也呈现出前所未有的新情况、新问题。新时代大学生社会公德培育是时代赋予的重要任务，是高校“立德树人”的根本任务，是大学生道德建设与社会主义核心价值观培育的一项基础性工程，深入把握新时代语境下大学生社会公德培育的时代背景，为系统探究新时代大学生社会公德培育面临的机遇与挑战提供科学有效的窗口。立足时代战略高度，胸怀大局、把握大势，深入思考新时代大学生社会公德培育面临的机遇与挑战，为新时代大学生社会公德培育丰富理论基础、提供实践指导，提升新高度、取得新突破打下坚实的基础。

一、新时代大学生社会公德培育面临的机遇

（一）高校教育全方位发展为新时代大学生社会公德培育提供平台支持

党和国家历来重视高校教育工作，始终把高校教育工作视为重中之重。回顾改革开放 40 多年来的历史，高校教育取得了突出成绩，为大学生道德教育积累了宝贵的经验与启示。深入把握我国高校教育发展的历史经验，对整体把握新时代大学生社会公德培育及在新的历史方位下实现新时代大学生社会公德培育的科学化、规范化具有相当重要的理论价值与现实意义。因此，高校教育的长足发展为新时代大学生社会公德培育奠定了基础，提供了思路，是新时代大学生社会公德培育取得成绩的关键。

一方面，高校教育的全方位发展为新时代大学生社会公德培育奠定了基础，积累了经验，提供了平台。纵观我国高校教育的发展历程，可以看出，我国高校教育取得了长足进步，高校教育作为大学生道德教育的主战场地位越加突出。党和国家重视程度的增强、教育方针与政策的精准化、教育体系的规范化与科学化等无不彰显我国高校教育的全方位发展。高校教育的全方位发展为新时代大学生社会公德培育奠定了基础，从高校教育的历史进程中汲取经验，为新时代大学生社会公德积累经验与教训。具体来说，随着改革开放的逐步推进，社会经济的快速发展，多元社会思潮的涌入，社会主义建设更加需要高校教育，高校教育是人才输出的重要场域，是大学生道德素质与专业技能提升的主阵地。党和政府也不断加强对高校教育的重视，党的十九大报告明确提出："要加快一流大学和一流学科建设，实现高等教育内涵式发展。"①实现目标的重要途径就是坚定高校教育的正确方向，综合多方因素，从多角度入手，全面推进高校教育的发展。高校教育从多方面、多维度加大教育的实施力度、强度，为新时代大学生社会公德培育奠定了基础，提供了平台，积累了宝贵经验。

另一方面，高校育人途径的优化为新时代大学生社会公德培育提供经验与思路。随着高校教育的发展，高校育人的途径与方法也在改进中加强、在创新中发展。具体来说，为了适应高校教育的快速发展，高校育人途径也紧跟时代步伐不断丰富发展。新时代，我国高校始终坚持立德树人理念，把立德树人作为高校教育事业的根本任务，推进高校素质教育，深入把握以德育人与立德树人的基本原则，不断探寻高校培育的基本路径。具体来说，高校在办学理念上秉承坚持育人为本、德育为先的原则，以"教学"为中心，全面推进学校德育工作的开展；实施全员育人、全面育人、全程育人战略，培养学生"会做人、善学习、有责任、高修养"的品

① 习近平．决胜全面建成小康社会夺取新时代中国特色社会主义伟大胜利——在中国共产党第十九次全国代表大会上的报告［N］．人民日报，2017-10-28（01）．

质；此外，教师教育作为高校教育的中心环节，不断加强教育队伍建设，积极推进工作队伍专业素养、职业能力提升这一核心问题；积极谋划高校教育系统构建、整体推进，初步解决了协同育人、合力育人这一重要问题。由此可以看出，高校教育在发展的基础上不断深化，教育的科学化与规范化为新时代大学生社会公德培育积累了丰富的实践经验，提供了可借鉴的思路。

总之，高校教育的发展为新时代大学生社会公德培育提供平台支持，高校育人途径与方法为其提供珍贵的理论来源与实践经验，为切实增强新时代大学生社会公德培育的持续发展提供持久动力。

（二）大学生道德能力提升为新时代大学生社会公德培育提供基础保障

"道德能力是人面对道德现象，做出道德判断和选择并付诸行动的能力。"①道德能力是人与人本质的体现，强调人的思维与实践、认知与行为的统一性。道德能力是一种综合的实践理性能力。大学生道德能力的发展状况不仅关系到大学生个人品德的确立与发展，同时关系到社会主义道德的培育与和谐社会的构建。随着中国特色社会主义进入新时代，社会主义核心价值观的确立与深入以及全媒体时代的到来，大学生道德认知能力、道德情感能力、道德行为能力不断提升，呈现出积极向上的态势。大学生道德能力的提升为新时代大学生社会公德培育提供了新机遇。同时，大学生道德能力提升是一个动态的发展过程，为其培育提供了新思路。

一方面，大学生道德能力的提升为新时代大学生社会公德培育提供新机遇。新时代大学生道德能力的提升主要体现在大学生道德认知能力的提升、大学生道德情感能力的提升与大学生行为能力的提升。大学生道德认

① 蔡志良，蔡应妹．道德能力论［M］．北京：中国社会科学出版社，2008：87.

知能力是指大学生在学习生活中对善恶是非现象、内容及标准的基本认知判断；大学生道德情感能力是指大学生可以将道德认知转化为自己的道德意志，从而形成自己的道德情感。大学生道德行为能力是指大学生在道德认知与道德情感的基础上能够在具体的道德情景中将二者转化为实际行动的能力。具体来说，新时代大学生不仅具备较高的知识文化水平，道德能力也逐步提升。主要表现在，第一，新时代大学生道德认知能力的提升。随着多元价值观念的涌现，新时代大学生可以通过对道德观念有效认知，形成正确的价值判断；第二，新时代大学生对一些不良社会道德现象反映出积极的道德情感，基本具备社会责任感、社会公德、羞耻感等；第三，大学生道德践行能力也逐步提升，基本可以做到将道德规范内化于心、外化于行，比如积极参加志愿活动、积极投身抗疫前线等。新时代大学生普遍拥有正确的道德认知、自觉的道德情感和积极的道德践行能力，道德能力和道德风貌呈现出积极良好态势。新时代大学生具备更高的道德素养与道德实践，为新时代大学生社会公德培育提供基础保障。

另一方面，大学生道德能力的提升过程是渐进往复、螺旋推进的动态过程，为新时代大学生社会公德培育提供方法论指引。总的来说，影响大学生道德认知和践履的主要因素不外乎是外部经济、社会的力量与内在自身的力量。现实生活中，在相同环境中对大学生进行道德教育，由于大学生自身因素也会产生不同效果，出现道德认知与道德行为相背离的现象。因此，针对大学生道德能力的提升，要辩证地看待其发展过程，它不是一蹴而就的，而是渐进往复、螺旋推进的动态过程。具体来说，大学生的道德认知、道德情感与道德行为受多种因素的影响，每个过程都必不可少，每个过程都有矛盾与问题，因此必须聚焦道德能力发展的阶段特征，明晰道德能力发展中的新旧矛盾，正确看待道德能力发展的复杂性与多变性。新时代大学生社会公德培育是大学生道德能力提升的重要途径，大学生道德能力的提升处于动态发展的过程中，要求新时代大学生社会公德培育也要关注大学生主体道德发展的层次，在纷繁复杂的大学生群体中进行精准培育，努力寻找提升大学生社会公德的金钥匙。因此，大学生道德能力的提升为新时代大学生社会公德培育提供了新的思路。

（三）经济社会全面发展为新时代大学生社会公德培育提供利好时机

新时代中国经济社会发展取得了举世瞩目的成绩，其关键在于党和国家善于从经济发展的道路中总结经验教训，直面社会经济变革带来的挑战与机遇、汲取智慧与力量，不断摸索适合中国特色社会主义的经济实践道路。同样，新时代大学生社会公德培育亦是如此，经济社会的发展为新时代大学生社会公德培育提供有利保障，其培育也要根植于社会经济的实践中。经济社会的发展从内容与形式上为新时代大学生社会公德培育提供利好时机，社会经济科学有效运行为培育工作奠定了基础。

首先，经济社会发展为大学生社会公德培育提供利好时机。一方面，马克思主义认为："道德归根结底是由经济决定的，经济的发展必然引起道德观念的变化和发展。"[①] 由此可以看出，社会经济不断发展，道德培育总体上也应不断进步与完善。社会公德作为大学生在公共领域中独具主体特征的道德准则，是经济发展与社会进步的产物，是连接社会经济进步与大学生互动进步的纽带。新时代大学生社会公德培育与社会经济变迁相依相伴、如影随形，人们关注内心道德世界的前提是经济社会的发展。另一方面，新时代经济社会发展呈现出文化多元、制度合理、生活有序的中国特色，为大学生社会公德培育提供了自由、公平、和谐、美好的物质生活保障，强化了大学生在精神、情感上对社会公德的道德认同与道德实践基础为大学生社会公德提供利好契机。具体来说，经济社会的发展为新时

① 马克思恩格斯选集（第 13 卷）[M]. 北京：人民出版社，1962：8.

代大学生提供丰富的物质水平、有序和谐的社会秩序，内容丰富的先进文化、精彩纷呈的新媒介等，这些无不为新时代大学生社会公德提供了新机遇，注入了持续活力。

其次，经济社会的科学发展促进了新时代大学生社会公德培育内容科学化、形式规范化。大学生个体的健康成长依赖良好的社会风气，健康的社会风气根植于良好的社会经济发展中，同样的，大学生个体对整体道德风尚的形成也至关重要。因此，开展大学生群体社会公德培育能有效地解决培育中出现的问题，引导大学生践行社会公德。新时代经济社会的发展比以往任何时候都更具创造力与活力，是新时代的产物，也为新时代服务，是解决社会经济生活中不同阶层群体道德生活与物质需求的有效路径，对社会发展过程中产生的矛盾有着强大的修复能力，是和谐社会、和谐人际关系的前提与基础。经济社会的发展不局限于追求道路的探索，经济发展的规划更加注重公民思想道德的建设，为新时代大学生社会公德培育提供物质保障、精神支撑与良好契机，为培育内容的科学化、形式的规范化奠定基础。具体来说，从经济社会发展程度上看，新时代中国经济社会稳步向前、政治领域自由与民主不断深化、文化领域异彩纷呈、科学高效运转等为培育工作提供环体保障。从经济社会运转的形式上看，社会各个方面衔接有序，高效运行，无不呈现出经济社会发展的科学化、规范化，每个环节的科学发展都为新时代大学生社会公德培育趋向科学化提供基础保障。

最后，马克思曾指出："物质生活的生产方式制约着整个社会生活、政治生活和精神生活的过程。"[①]新时代大学生社会公德是社会经济基础的反映，社会经济发展呈现的规律决定了培育工作的进步性与时代性。新时代大学生社会公德培育内容的科学性与规范性也揭示了社会经济变迁与不

① 马克思恩格斯选集（第2卷）[M].北京：人民出版社，1995：32.

同时期大学生的现实诉求。因此，中国特色社会主义步入新时代，更应深入把握社会经济发展与新时代大学生社会公德培育之间的关系，直面当前大学生社会公德培育面临的客观形势与机遇，就培育工作做出重要改革与创新，为新时代大学生社会公德培育注入新的强大动力。

（四）信息化社会为新时代大学生社会公德培育提供全新机遇

“信息是对象在被考察过程中所处的应然状态和实然状态，保证了世间万物的平衡和发展。”①“信息化社会是指以信息为事物发展的原生动力，以技术为交换信息的基本手段，以信息文化改变时空观念，促进人类生产、生活方式的新的社会形态。”②中国特色社会主义进入新时代，科技的进步，网络媒介的普遍化、信息社会化越加明显。信息化社会以信息文化、信息经济、信息技术影响改变着新时代的道德教育，也影响着大学生人生观、价值观、道德观的确立。同时，信息社会化也为新时代大学生社会公德搭建了培育平台，提供了丰富的信息内容、创新了培育载体，为科学有效进行大学生社会公德培育打下坚实基础，提供新机遇。

一方面，信息化社会为新时代大学生社会公德培育提供更加丰富的内容。随着新时代信息技术的高速发展，中国进入全媒体时代，信息无处不在、无所不及、无人不用，为培育方式和内容的更新提供有力支撑。新媒体作为信息化社会的产物，以传播手段多媒体化、传播空间的全球化、传播速度的高效化、涉及人群广、内容丰富等特点在大学生群体中普遍使用，为大学生提供内容丰富、时效性强、主体性明显等多样化的信息。而大学生获取信息的手段也不再禁锢于传统方式，不再过多依赖家长、老师对其进行的道德教育，更多的是通过网络信息的获取，通过自身的信息识别能力与筛选能力，吸收获取有效信息。因此，新媒体依托互联网、移动

---

① 刘昭东，宋振峰．信息与信息化社会［M］．北京：科学技术文献出版社，1994：12.

② 刘昭东，宋振峰．信息与信息化社会［M］．北京：科学技术文献出版社，1994：117.

通讯、数字技术等形成的社会教育形式为新时代大学生社会公德培育创造了有史以来最庞大的信息支持，提供了丰富多彩的信息内容。

另一方面，信息化社会促进了媒介科技的创新，为新时代大学生社会公德培育创新了培育载体，为其培育提供更加便捷的条件。第一是传播载体的多元化。信息化社会，人类进入全媒体时代，激发了媒介科技的创新，信息传播方式逐渐科学化、多元化、智能化。微信、QQ、微博、抖音、快手、虎牙等新兴传播方式逐步影响着大学生价值观与思想道德观念的形成与确立。新时代大学生主体意识不断增强，新媒介的发展打破了“他听你说”的单项输入状态，大学生更加愿意使用新媒介认识新事物、了解新世界。由此可见，新媒介的创新打破原有的培育途径，为新时代大学生社会公德培育创新了培育的载体。第二是传播特点的便捷化。从传播学的视角看大学生社会公德培育就是传播特殊的信息，新媒介时代的信息传播特点决定了新媒介可以为大学生社会公德培育提供更加便捷的条件。新媒介打破物理界限，形成自由开放的话语空间，这种没有话语绝对权的、自由状态的表达、沟通与交流方式更受大学生的喜爱。具体来说，新媒体自身的无障碍性、强大的感染力及传播的多元化等特点为大学生社会公德培育提供保证。在新媒介的支撑下，新时代大学生社会公德培育可以采取多元化的传播渠道，突破时间与空间的障碍，不受其他繁琐程序的限制；新媒介集图、声、光、动画等于一身，形式多变、活泼，让大学生有身临其境的感受，打破传统培育合力不足的弊端，增强培育工作的力度与广度。同时，信息社会化打破了国家和民族之间的界限，形成了不同时空的文化共融共享，通过多媒介的形式为大学生呈现多元文化与信息。新媒介的交互性传播与超时空对接，为新时代大学生社会公德培育提供互动、无碍、及时、双向的培育途径，能够有效地提高培育的质量与效率。

信息化社会正在潜移默化地影响人们的道德认知与行为方式，深刻影响着新时代大学生集结方式、话语表达途径、道德意识与道德行为，也影响、变革着新时代大学生社会公德培育方式。信息化社会对虚拟现实科技的运用，打破物理界限，使跨时空、跨地区、跨民族、跨国家的互动与交流成为可能，使信息传播途径更加生活化、便捷化，极大加速了信息传播的速度与质量，为新时代大学生社会公德培育方式的创新提供条件，推动其培育体系的构建，增强了培育工作的时代性与创新性。

（五）社会主义核心价值观为新时代大学生社会公德培育提供价值指引

社会主义核心价值观是新时代中国精神的集中体现，凝结着全体中国人民共同的价值追求，是新时代大学生特有的精神支柱，是大学生道德培育的“魂”。对核心价值观培育与践行的过程也是对大学生群体进行社会公德培育与践行的过程，为新时代大学生社会公德培育提供了价值指引与实践指导。

首先，社会主义核心价值观的确立为新时代大学生社会公德培育提供理论支撑。社会主义核心价值观是中国共产党团结全体人民在开创和发展中国特色社会主义的伟大实践中形成的，是中国特色社会主义的价值表达，是党的理论创新成果的重要内容。社会主义核心价值观是一种德，既是社会的德，也是国家的德、民族的德，更是个人的德，与新时代大学生社会公德具有内在一致性。社会主义核心价值观是国家的精神命脉，是全国各族人民价值取向的最大公约数，为新时代大学生社会公德的科学概括与总结提供理论来源与现实的依据。因此，社会主义核心价值观从性质上看，与新时代大学生社会公德具有内在一致性，贯穿大学生社会公共生活与公共交往的全过程，为大学生在公共生活中的道德规范提供价值参考和伦理借鉴；从内容上看，其丰富了新时代大学生社会公德的内容，为培育内容的丰富与完善提供理论源泉与现实依据，为新时代大学生社会公德培育奠定了理论依据与现实支撑。

其次，社会主义核心价值观为新时代大学生社会公德培育提供实践指导与价值指引。“社会主义核心价值观具有定向导航、凝心聚力、评价判断等功能，是新时代公民道德建设的根本价值导向与实践行动指南。”[①]它展现了新时代大学生道德发展的美好前景，确立了新时代大学生社会公德的道德根基。高度重视培育和践行社会主义核心价值观，为新时代大学生社会公德培育提供行动方向与价值指引。具体来说，社会主义核心价值观是新时代大学生社会公德培育的价值指引与行为指南，培育与践行强化了大学生的道德信念，为大学生道德意志力与道德行为提供理论源泉。同时，社会主义核心价值观明确了新时代大学生社会公德的标准。社会主义核心价值观的“三个倡导”为大学生道德判断提供价值尺度与道德准则，为新时代大学生社会公德实践提供有效指引。社会主义核心价值观的培育与践行为新时代大学生社会公德培育营造了良好的社会氛围，强化了大学生的社会公德认同。

最后，高校对大学生进行社会主义核心价值观培育的途径与方法也为新时代大学生社会公德培育提供可借鉴的理论与实践智慧。社会主义核心价值观是全体中国人民共同的价值追求，立足新时代对大学生进行社会主义核心价值观教育是社会主义道德建设的题中之义。不断完善并更新培育的路径与方法，为新时代大学生社会公德培育方法与途径提供理论借鉴实践智慧。具体来说，高校努力探求社会、高校、家庭、个人四位一体的培育途径；加大教师专业素质与教育教学技能；充分利用全媒体时代带来的便捷条件；创新培育载体的多元化等方式为新时代大学生社会公德培育提供宝贵的经验。

综上，社会主义核心价值观是民族与国家赖以生存的精神纽带，是高校道德教育的重要内容，是大学生思想道德建设的理论基础与精神指引。

---

① 王维国．新时代加强公民道德建设的战略思考［J］．思想教育研究，2019（12）：49.

社会主义核心价值观培育与践行为新时代大学生社会公德培育凝聚了力量，提供了价值导向与实践遵循。

二、新时代大学生社会公德培育面临的挑战

新时代是中国共产党和中国人民共同努力谱写社会主义新生活的时代，是道德文明高度发展的时代，有利于开展新时代大学生社会公德培育工作。但新时代又是经济社会深刻变革的时代，是多元文化交织的时代，是网络媒体极具变幻的时代。依托新时代，在看到新机遇的同时，也要清醒地看到新时代带来的新挑战。直视问题，面对现实，认真总结分析新时代大学生社会公德培育面临的严峻挑战是做好培育工作的重要内容。

（一）多元社会思潮给新时代大学生社会公德培育带来挑战

“社会思潮是指某一个时期，在某一个阶层内产生、发展并产生影响的一种思想潮流，是具体某个时期社会存在的反映。”①它实质上是将社会思潮看作是对社会存在的反映，是一种社会意识形态。随着信息化社会的到来，中国特色社会主义进入崭新而又相对宽松的新时期，多元社会思潮不断涌现，形成了中西融合、内容纷繁复杂的社会状态，如：虚无主义、功利主义、极端利己主义等不良社会思潮进入大学生视野，大学生因为自身认知能力限制，辨别能力有限，不良社会思潮逐渐冲击大学生的价值观，对大学生道德品质产生诸多负面影响，主要体现在逐渐削弱大学生的理想信念、大学生价值观取向功利化等方面，对新时代大学生社会公德培育带来了挑战。

首先，多元化社会思潮削弱大学生理想信念，对新时代大学生社会公

① 佘双好．当代社会思潮对高校学生影响的特点及对策研究［J］．思想理论教育导刊，2010（10）：77.

德培育带来的挑战。党的十九大报告指出："要把坚定理想信念作为党的思想建设的首要任务，教育引导全党牢记党的宗旨，挺起共产党人的精神脊梁。"①新时代大学生要"信仰马克思主义，明确实现共产主义远大理想是历史大势，要确立对中国特色社会主义共同理想的执着追求，并在投身实现中国梦的伟大实践中实现自己的人生价值。"②大学生理想信念关乎祖国的未来，是一个国家、一个民族前进的动力。随着信息化社会的不断发展，全媒体时代的到来，国内外各种思潮的广泛传播，尤其是错误社会思潮在大学生群体的蔓延，极大地削弱了大学生的理性信念。具体来说，其一，部分大学生在不良社会思潮的影响下，理想信念遭到侵蚀，表现为部分大学生政治信仰的迷茫，对马克思主义信仰的颠覆，不能从根本上认识它在我国社会主义建设中的地位，更谈不上信仰马克思主义；其二，受多元社会思潮的影响，部分大学生对党的指导方针的认识模糊、对社会主流价值观认识上存在偏差，对社会主流价值观的认识程度仅停留在一知半解的阶段；其三，部分同学盲目崇尚西方的政治制度与价值理念，认为越是西化的东西越是高级。因此，多元社会思潮削弱部分大学生理想信念，造成了大学生的信仰危机，使大学生对我国未来的发展没有清醒的认识，给新时代大学生社会公德培育带来挑战。

其次，多元社会思潮下大学生价值观取向功利化对新时代大学生社会公德培育带来的挑战。新时代是全媒体时代，大学生接受信息的内容、数量及方式都发生了深刻的变革，多元社会思潮充斥着大学生学习与生活的方方面面，深刻影响着大学生的价值观与道德观。功利主义、自由主义、拜金主义等多元社会思潮层出不穷，部分大学生在这些思潮的影响下，更在意自己发展，把眼前利益作为一切行动的目标与原则，更多的追求物质

① 习近平．决胜全面建成小康社会夺取新时代中国特色社会主义伟大胜利——在中国共产党第十九次全国代表大会上的报告［N］．人民日报，2017-10-28（01）．

② 朱大卫，马强强．新时代大学生应坚守什么样的理想信念［J］．人民论坛，2019（09）：116.

和短暂的满足，一切向钱看齐。在现实生活中，处理自己学业、人际关系与就业问题时更加功利化，带有浓厚的利益色彩与现实性。具体来说，部分大学生受不良社会思潮的影响，其读书的目的已经不再是以获取基础专业知识与技能为单纯朴素的出发点，而是转变为对获取更高的分数为主要目标。有的大学生甚至推崇金钱至上原则，前文对大学生社会公德的调查问卷中提到大学生最缺什么时，38.7% 的同学认为缺钱。部分大学生将一切的出发点与落脚点都是金钱，更有甚者为了金钱不惜触犯法律，违背道德。部分大学生受不良社会思潮影响，在就业问题上没有树立起科学的就业观念，高校毕业生在就业选择上往往更看重环境好、收入高的国企、央企、公司，偏僻地区或者经营规模小的公司都不愿涉足，功利化就业价值取向问题较为突出。因此，不良的社会思潮造成大学生价值取向功利化和世俗化为新时代大学生社会公德培育带来挑战。

最后，多元社会思潮不仅削弱大学生理想信念，还导致了大学生价值观取向功利化，对新时代大学生社会公德培育带来挑战。具体来说，多元社会思潮沉渣泛起，逐步解构了大学生群体原有的价值观念与思想政治教育体系，改变了原有思想政治教育环境。西方社会思潮代表的是资产阶级的价值观念，宣扬资产阶级的意识形态，对大学生价值观念产生了较大冲击，部分大学生慢慢接受西方的价值观，相应地就会降低对我国社会主义核心价值观的认同度，很大程度上削弱高校对核心价值观教育的权威性与时效性。多元社会思潮来势汹汹对新时代大学生社会公德培育造成了多方面的冲击与挑战。

（二）视阈局限给新时代大学生社会公德培育带来挑战

我国传统社会公德培育具有内敛性，随着时代变迁，不同历史时期社会公德培育由于定位不同又有其特殊性，多数将社会公德聚焦于其对社会主义道德建设的目标上。中国特色社会主义进入新时代，大学生主体意识的苏醒、社会的稳步向前、社会主义核心价值观培育的有效推进，愈发要求新时代大学生社会公德培育要以现实境况为依托，以大学生群体为中心，又要超越一般意义上的社会公德培育。审视我国现有的大学生社会公德理论与实践，其着眼于公民道德建设之中，将其贯穿到大学生思想道德培育的各个方面，取得了显著的成就，但依旧存在视阈局限，不利于新时代大学生社会公德的培育，具体表现在：新时代大学生社会公德培育视阈宽泛而不具体；培育理念繁多而不集中，这均对新时代大学生社会公德培育提出了挑战。

一方面，新时代大学生社会公德培育视阈宽泛而不具体。新时代大学生社会公德培育的视阈宽泛是指其培育的主渠道是高校开设的思想道德教育课程，在课堂中开展新时代大学生社会公德培育，课后并未开展相关的道德实践指引。培育的不具体是指新时代大学生主体性鲜明，他们的社会公德的标准性更具层次性，但现有的培育工作仅仅局限于一般意义上的社会公德内容，并未针对大学生这一特殊的群体，提出具体的培育内容与方法。具体来看，我国大学生社会公德培育的内容与培育的视阈局限，为新时代大学生社会公德培育带来挑战。此外，培育视阈的宽泛相应地带来培育内容欠具体。传统的大学生社会公德内容并没有考虑大学生知识水平、道德情感状况，局限于对其进行普遍意义上的社会公德培育，没有针对性、层次性，针对大学生主体培育的研究不够深入、不够具体，缺乏时代性、具体性、实操性。

另一方面，传统的大学生社会公德培育的理念多元而不集中，给新时代大学生社会公德培育带来了挑战。科学集中的理念是实现大学生社会公德培育目标的基本前提，是增强大学生社会公德培育实效性的先决条件，对于大学生道德目标和取向选择起到引领作用。传统的大学生社会公德培育理念主要依托中国特色社会主义道德理念，发挥其对大学生社会公德培育的引领作用，多元而不集中。大学生社会公德培育是高校立德树人的根本要求，是高校道德培育的重要内容。同时，社会主义核心价值观是一种德，国家的德、民族的德，更是大学生个体的德，也是大学生社会公德培育的理论与实践指引，必须牢牢树立社会主义核心价值观在大学生社会公德培育理念中秉轴持钧的地位。具体来看，我国传统的大学生社会公德培育并没有将其与社会主义核心价值观培育做到有机结合，在培育内容与培育实践过程中并未将核心价值观贯穿在全过程中，也未突出它在大学生社会公德培育理念中举足轻重的地位。因此，传统的大学生社会公德培育理念多元而不集中，没有彰显时代性与大学生主体性的鲜明特征，为新时代大学生社会公德培育带来巨大挑战。

（三）工具理性僭越给新时代大学生社会公德培育带来挑战

“工具理性是指借助周围事物或其他人对客观对象的反映和期待，并将其作为实现自身行为预期的中介或手段，以实现自己的目标。”①“道德情感指人类面对具体的道德行为，产生相应的道德评价，在这个过程中产生的一种情绪体验。”②它对大学生道德认识起到积极作用，是大学生道德品质转化为道德实践的中间环节。一个科学的社会公德培育体系构建的前提是必须用道德情感的力量唤醒工具理性践行，从而推动大学生社会公德培育科学有序发展。纵观我国道德价值观培育过程，工具理性与道德情感并没有在本质上达到统一。新时代大学生处于信息化、科技化高速发展的时代，大学生价值观的变化深受社会复杂因素的影响，高校教育及大学生道德价值观总体上呈现出工具理性超越道德情感的趋势给新时代大学生社会公德培育带来空前挑战。

一方面，高校教育理念工具理性倾向严重，给新时代大学生社会公德

---

① ［德］马克思·韦伯著．经济与社会（上卷）［M］．林荣远，译．经济与社会（上卷）［M］．北京：商务印书馆，1997：56.

② 卢书欣．论道德情感的培养［J］．现代教育论丛，2009（07）：35-38.

培育带来挑战。随着经济社会的不断发展，高校教育也面临严峻的考验。部分高校道德教育忽视道德情感，更加注重工具理性，忽视了道德教育的本质。高校道德教育存在唯工具理性的态势，即高校道德教育理念存在偏差，过分追求物质与利益最大化，高校道德教育与道德实践相背离，忽视道德情感作用。具体来说，这些高校教育偏离了“立德树人”的本质要求，过多的注重物质利益。随着改革开放的不断深入，社会经济发展以追求高度的物质生活极度满足为最高追求的价值观念，正如“工具理性不是以道德追求作为最高的行为准则，而更多的偏向于对金钱、地位等的获得感，将世俗目标的实现作为其终极追求。”①高校教育为了追求利益，形式主义严重，为了获取高效产值，出现大学教学重数量不重质量等现象，没有科学把握道德教育的本质，忽视道德情感在道德教育中的地位。高校教育是大学生道德教育的主要场域，我国高校对道德教育在课程设置上十分重视，但有些会走向另一个极端，高校“两课”在课程教学中的比重很高，相关课程就有 6 门，授课内容也极具理论性。除此之外，课外的道德教育活动极少，误将道德认识等同于道德的养成。从高校道德教育的内容与形式上看，教师作为道德教育的传播者仅仅重视理论知识的传播而忽视大学生主体性，教学内容更是采用学科性极强的教科书，不易激发大学生的学习兴趣与道德实践。高校教育理念的偏差为新时代大学生社会公德培育带来巨大冲击与挑战。

另一方面，大学生主体过度追求工具理性忽视道德情感给新时代大学生社会公德培育带来的挑战。新时代大学生道德价值观的形成是历史发展的产物，受多元化社会思潮的支配与影响，社会经济的发展，工具理性带来经济增长的同时，享乐主义、实用主义、拜金主义等价值观对社会道德规范与道德情感形成巨大冲击，直接影响大学生道德认同与道德实践，直

① 莫少群 .20 世纪西方消费社会理论研究［M］. 北京：社会科学文献出版社，2006：40.

接表现为大学生过度注重工具理性而忽视道德情感。具体来说，一方面，大学生更加注重感性满足，而忽略对精神世界的高层次道德追求。经济发展带来物质生活的极度满足，大学生也陷入对物质世界带来的满足中不能自拔，更多的追求享乐、实用，甚至有部分大学生为了金钱做出违背伦理道德的行为。另一方面，大学生工具理性僭越道德情感，导致大学生群体出现道德危机。大学生的道德情感逐渐衰退取而代之的工具理性成为其道德行为的主导因素，道德践履中会表现出强烈的个人主义，强调以自我为中心，以个人利益与发展作为行动准则，而对其他人采取冷漠消极对待，这种排他倾向就是大学生道德危机产生的根源。大学生主体过度注重工具理性，缺乏对社会整体道德认同，造成大学生道德上的虚无主义，给新时代大学生社会公德培育带来挑战。

（四）信息化社会给新时代大学生社会公德培育带来挑战

随着信息化社会的发展，信息文化的内容、传播方式、传播载体与环境的丰富创新与变革给新时代大学生社会公德培育带来严峻挑战。主要表现在：信息化社会发展挑战大学生道德理性、挑战传统大学生社会公德培育的模式。

一方面，信息化社会的发展挑战大学生道德理性。道德理性是指："道德主体面对道德情境，进行道德分析，确立道德行为的一种理性能力。"[①] 大学生道德理性教育是大学生道德教育与大学生自我塑造的关键。随着信息社会化日益深入，新媒介传播的多元性、复杂性、自主性、交互性使得多媒介传播境遇错综复杂，严峻考验着大学生道德理性。大学生道德理性逐步受到冲击，为新时代大学生社会公德培育带来挑战，主要表现在以下几点。其一，新媒体时代，网络信息参差不齐，信息的发布突破时

① 杨宗元．论道德理性的基本内涵［J］．中国人民大学学报，2007（01）：85.

间与空间障碍，庞大的信息量冲击大学生对道德价值的认知。加之大学生自主性不高，缺乏网络道德判断，面对部分不良信息不能很好地筛选与抵御，对大学生道德理性产生严重影响；其二，全媒体时代，网络的开放性与自由性削弱了大学生道德理性，“网络的开放性使所有的人都可以拥有它并且成为网络的一部分”①。网络媒介传播的特点是在虚拟空间的传播，传播主体可以不留下自己的身份信息而自由开放地发表言论。正是基于这样的自由与开放，大学生可以自由自在地发表自己所思所想，而不受限制，不用担心会承担言论自由所带来的不利影响。因此，新媒介传播的不加限制的自由直接淡化了大学生的道德理性；其三，在意识形态领域，西方国家利用新媒介传播的强大感染力对大学生群体肆意宣传其道德价值观，对大学生道德理性产生巨大冲击。此外，新媒介伦理的缺失及网络监管不力也极大地冲击大学生道德理性，给新时代大学生社会公德培育提出巨大的挑战。

另一方面，信息化社会挑战传统大学生社会公德培育的模式。随着信息化社会的发展，扩宽了大学生社会公德培育的载体与途径，但一定程度上挑战了新时代大学生社会公德培育的传统模式。一方面，从大学生群体的立场来看，信息化社会推动新媒介传播的高速发展，新媒介的多元信息传播途径使其成为多元文化与多元价值观的聚集地，这种复杂多样的庞大信息对大学生来说眼花缭乱、不知所措。自由度高、流动性强、信息量大的媒介传播冲击着大学生道德认知，使大学生面对错综复杂的道德选项，乱了分寸，来不及思考道德问题的本质，过多地依赖信息本身而常常忽略了道德的观念的实践性。这就造成大学生思维能力的弱化，缺乏深入思考，创造力与活力受到极大的限制。另一方面，从教育群体的视角看，传统的社会公德培育模式是一种“我说你听”的局面，受历史条件的局限，

① 武艳萍. 网络对大学生道德的影响及对策［J］. 思想教育研究，2003（11）：31-33.

信息的不通畅与传播方式传统化，教育者一般处于经验与信息相对较丰富的位置，大学生群体与教育者之间的文化知识水平相差甚大，“我说你听”的教育方法就可以达到培育的目的与效果。随着信息化社会的发展，网络传媒的发展，各类专业知识、技术等层出不穷，大学生接受信息可能比老师更早、更细致，逐步缩小了教育者与受教育者之间的差距。此外，随着信息化社会的发展，传播途径的多样化也为传统的教育方法造成一定的冲击，教育工作者通过板书授课、面对面授课已经不能满足当下大学生的需求。因此，信息化社会的到来也给新时代大学生社会公德培育带来巨大挑战。

三、新时代大学生社会公德培育的域外借鉴

对任何历史的研究不是为了过去，而是在通过对历史的研究对现在和未来能有所助益。新时代大学生社会公德培育只有将其置于具体的历史文化背景中才能科学准确地解读。新时代大学生社会公德培育不能闭门造车，不能停留在对本国现实问题的研究上，这样会限制培育的视野，影响对其普遍规律性问题的探寻，新时代大学生社会公德培育要立足国际视野。本文主要选取比较有代表性的几个国家作为考察与借鉴对象，通过借鉴国外道德教育包括青年学生公德培育相关的做法及经验，为我国新时代大学生社会公德培养提供有益的经验和启示。

（一）域外大学生社会公德培育的主要经验

1. 美国大学生社会公德培育经验

受欧洲道德教育理念的影响，美国的公共道德教育内容广泛、丰富而兼具时代性。“美国学校非常重视公德教育、爱国主义教育、法治教育、

健全人格的教育。”[①]美国相关的教育取得了显著成效，在培育方法上独树一帜。

（1）高度重视学校教育。美国的道德教育、爱国主义教育、法治教育都十分重视学校教育的地位。一方面，1991年美国联邦政府颁布《公民教育大纲》《2000年目标：美国教育法》《公民学与政府国家标准》等旨在加强公民教育的指导性文件，从法律和政策上确定了学校教育的责任与使命。例如在《国家标准》前沿部分直接指出学校教育对公民能力与责任感教育的特殊地位与基础意义，并指出学校公民道德教育要贯穿学生成长各个阶段与学校课程始终；在政府工作报告中指出：“民主不是自动传承的，需要不断有意识地复制：一代人不仅要给未来的人传递技术和技能，更要有基本的人格教育和道德教育……为此，学校应成为教授政治知识、培养有责任感的公民的首要机构。”[②]另一方面，他们的法治教育、爱国主义教育也十分强调学校教育的地位。在《美国国家社会科课程标准——卓越的期望》一书中可以看出，美国在学校教育中设置爱国主义、法治教育的相关课程，如：将法治教育贯穿在公民科、历史科等教育过程中；“美国所有学校被要求必修《美国历史》《美国宪法》《西方文明史》等课程，强化对美国模式的认同是学校道德教育的重要内容。”[③]由此可以看出，美国对学生公民的道德教育十分重视学校教育作用。

（2）充分发挥政府主导作用。美国政府支持与引导青年学生的公民道德培育，并处于主导地位。针对社会青年学生道德滑坡现象，美国政府高度重视引导青年学生的道德教育、爱国主义教育与法治教育。首先，从美国历届领导人的演讲中可以看出政府对青年学生道德教育的重视。克林顿曾明确指出学校是培育品格教育的重要场所，通过培育良好的品德，形成

① 席彩云．当代社会公德教育研究［M］．武汉：湖北人民出版社，2008：10.

② Calabasas，CA．The Role of Civic Education：A Report of the Task Force on Civic Education.［J］．1995.

③ 白志刚，刘波．国际视野下的公民道德建设研究［M］．北京：知识产权出版社，2015：726.

良好的价值观，培育良好公民；“小布什上台后也大力支持品格教育，并倡导加大品格教育的资助力度。”①其次，政府具体措施引导。美国政府重视并加强学生的法治与爱国主义教育。美国政府要求学生自入学就要学习历史，学习本国历史是公民素养的基本要求，以法律形式要求大学生必修课之一就要有历史学科。通过对历史的了解与感悟，唤醒大学生的爱国品质；美国《法治教育法案》中指出：“使非法律专业者接受法律理论、法律程序、法律使用的相关知识，并基于此建立基本的法律价值教育。”②最后，政府要求高校通过对法律相关知识的普及，使大学生领会法律精神，培养青年学生的法治思维。由此可以看出，美国政府在青年学生公民道德培养过程中发挥了重要作用，是他们道德教育成功的重要前提。

（3）积极寻求多样化渗透教育方法。美国政府对大学生道德教育中依托学校进行道德品质、爱国精神、法治观念教育的同时，也十分重视隐性渗透的教育方法与教育理念来推动对青年学生的道德教育。

一方面，通过通识课程渗透道德意识。美国大学非常重视公共伦理道德教育，有的大学甚至规定低年级的大学生学习专业课程的前提条件是要完成通识课程的学习。大学设置种类繁多的通识课程进行间接的价值观教育，美国高校 95% 的学校设置通识教育，通识课程有较强的理论性与政治性，包括美国文明发展史、西方思想史、美国宪法等课程，这些课程涉及国家、社会与个人问题。通过学习这类通识课程以培育学生有效思考道德问题的能力，树立正确的价值观，传递核心价值理念；另一方面，重视教育环境与社会实践的作用。其一，美国十分重视环境育人的作用，在学校教育中有效实现校园文化对大学生的育人功能。从校园文化育人的时效性出发，开拓蕴含价值观的高校氛围，加深大学生校园共同体的意识。例

① 袁桂林．本届美国政府教育改革计划述评［J］．外国教育研究，2016（06）：16.

② Leming，R.S. Essentials of Law—Related Education. ERIC Digest（ED390779）［EB/OL］. http：//www.ericdigests.org/1996—3/law.htm，1995 October，2020-10-14.

如，美国高校善于利用校园文化传播爱国主义思想，在教室等教学场所的设计重视与精神文化的融合，构建赋予不同主题的特色教室。如，用历届总统的介绍与照片、名人名言等布置教室；重视校园文化对道德教育的作用，基于学校价值，开展关乎荣誉规则的校园活动。“如弗吉利亚大学通过建立荣誉体系，创造学生之间信任与被信任的共同体。”①其二，美国学校注重社会实践对大学生道德教育的作用。他们要求所有学生在校期间要完成一定量的社会服务或志愿服务，通过社会服务感悟社会责任，通过志愿服务体会责任教育。

2. 英国大学生社会公德培育经验

英国青年学生的道德教育主要通过公民教育来实现。从 20 世纪中期始，英国为加强学校道德教育开展了多种理论与实践研究，进一步推进学校道德教育的发展。

（1）政府强化对青年道德观的教育与指引。英国政府在经历困境后逐步从社会问题中领悟到道德教育的重要性，并明晰学校是公民道德教育的主要场域。20 世纪 80 年代，英国教育部在政府政策指引下颁布的教育大纲中明确指出学校要承担起向大学生传输道德价值观的责任。首先，“英国学校的课程设计要坚持学校的首要责任就是对大学生进行道德教育。”②并在此基础上针对英国道德教育的现状指出学校道德教育的问题与解决办法。同时，政府通过白皮书形式明确指出：“学校教育不仅要对学生进行专业技能教育的培养，更要注重对他们进行道德教育。”③其次，在英国政府高度重视的前提下，英国政府对学生道德教育又出台一系列的教育文件与措施，支持引导英国青年大学生的道德教育工作。如：政府以发布教育白皮书、教育法案等形式指导学校道德教育工作。1988 年 7 月，英国国

---

① 唐克，军唐锋 . 美国高校道德与公民教育的成功之道［J］. 思想理论教育，2006（09）：70-72.

② 王凡 . 当代主要发达国家学校道德教育的历史轨迹与发展趋向［J］. 学术交流，2004（04）：170.

③ 周洲 .20 世纪英国学校道德发展［M］. 济南：山东人民出版社，2010：136.

会正式通过《1988年教育改革法》，该法案的颁布为英国学校教育政策与内容的调整提供政策指引，并随着社会发展不断完善教育方案。最后，英国政府通过法案进一步重申学校教育的作用，并在法案中明确："要培养共同的价值，要客观认知自己对自己、他们、社会的重要作用，要积极开展自尊教育与人格教育，做到诚信、爱国等基本的道德要求。"①英国将价值观教育纳入青年学生的道德教育中，更好地实现了对青年学生的道德培育。

（2）重视青年学生在道德教育中的主体地位。英国公民教育中非常注重公民道德素质的培育，"要求公民正确处理与自我、周围环境、社会的联系。"②处理好一系列关系的根本在于公民要有道德素质、要有责任担当。英国学校的价值观教育深受人本主义教育思想的影响，因此，在公民教育中，不论是教学内容还是教学形式上都十分重视并凸显青年学生的主体地位。其一，对学生的道德教育内容要针对不同年级的学生主体设置不同的道德教育内容，采取分阶段教育。根据英国中小学国家课程标准，其将中小学道德教育分为关键的四个阶段，并明确规定每个阶段教育的主要内容与特点。通过公民教育调查与评估，尤其是针对学生群体的调查与评估，发现学生群体公民道德教育中存在的问题，及时调整教学内容与方法；其二，道德教育的教学方法上注重学生的主体地位。通过设置多样化活动鼓励学生参与其中，为学生教育创造一个自由舒适的环境，接触社会、自然与他人的机会，通过实践体验解决问题。如，小组活动，角色扮演、案例分析等，学生在相对自由宽松的氛围中分享自己的经历，表达感情、感悟、观点，他们的分享得到尊重与反馈。通过沟通交流使学生重新审视自己的经历，体会自己的优势与缺点，反思自己的言行，促进学生重

---

① 1996 Education Act.[EB/OL]. http://www.opsi.gov.uk/Acts1996/ukpga_19960056_en_1.htm，1996-7-24.

② James Arthur，Ian Davies and Carole Hahn Education for Citizenship and Democracy.London：Sage，2008：20.

新思考生活中的人生问题、道德问题，形成强烈自尊感与责任感；其三，通过有效地参与学习，使学生意识到自己也是社会的重要组成部分，意识到自己的言行举止对外界的影响，要正确处理自己与社会、与自我、与他人的关系，勇敢承担责任。

（3）坚持传统文化与现代教育融合。文化是一个民族的灵魂，英国传统道德教育是英国传统文化的重要组成部分，现代英国学校道德教育始终坚持传统文化与现代教育相融合。英国传统学校道德教育以灌输具体的道德规则为主要手段与方法，主要有两种形式：一种是采取权威方式，通过教理回答与说教的方式给学生以道德指引的宗教教育；另一种是伴随着学校教育的现实化、世俗化应运而生的品格教育。品格教育以让学生尽可能地了解掌握道德规则并能行动的教育方式。作为英国传统学校道德教育形式，并没有随着时代进步被完全淘汰，而是将传统学校教育中直接灌输、说教等落后方式适时摒弃，传统学校教育中精华部分被创新性地继承，并注入现代活力，继续推动英国学校道德教育进一步发展。如传统宗教教育非常重视集体礼拜，将传统礼拜作为课外道德教育的重要方式。传统集体礼拜内容包括校长讲话、唱赞美歌、阅读圣经等内容，而现在的集体礼拜已经不再禁锢于传统礼拜的形式与内容，现在集体礼拜更大意义上是成为学生在学校举行的日常聚会，活动主题也变得更加贴近学生的日常生活。例如“将音乐元素融入到集体礼拜中、在唱赞美诗活动中加入乐器、将书中故事转换为生动的生活剧本”①。除此之外，英国学校道德教育还积极将传统道德教育方法融入专门的科目中，尊重传统文化与现代教育相融合，创新学校道德教育途径。

3. 新加坡大学生社会公德培育经验

花园城市新加坡能在短时期创造出举世瞩目的成绩，除了政府的有

---

① 周洲 .20 世纪英国学校道德发展［M］. 济南：山东人民出版社，2010：203.

效管理、外来投资的重要作用，也要看到道德建设在国家崛起中的重要作用。新加坡始终把高校教育放在道德教育的首要位置，将学生国家意识、良好公民意识、社会公德意识、社会责任意识作为道德培育的核心内容，增强青年学生的爱国情与建国志。新加坡在青年学生道德培育中深化青年学生社会公德观，积累了丰富的经验，形成了本国特色的教育方式。

（1）强化政府的主导作用。政府掌握着丰富的公共资源，运用多样化手段，加强和引导学生公民道德培育。一方面，重视道德教育对整个国家发展的地位与作用。新加坡认为道德教育的程度决定国家的繁荣程度，历届国家领导人都对此持肯定态度。李光耀曾提出："道德价值观和伦理价值水平降低，会直接影响我们的优势，要想保持我们的优势，主要根源在社会的道德结构。"①他认为新加坡能有今天的成就离不开对新一代人的道德价值观培育。此外，新加坡政府明确将道德教育列为学校主要的必修课，明确指出公民教育要从孩童时代抓起。例如，在幼儿园时就已经注重进行道德引导与培育，之后根据学生不同年龄段的特点制定相应的教育调整。另一方面，政府明确本国公民的共同价值观是新加坡公民道德建设的灵魂，为社会公德培育明确了内容、指明了方向。1991 年政府颁布《共同价值观白皮书》，确立了本国公民的共同价值观，即"国家至上，社会为先；家庭为根，社会为本；关怀扶持，尊重个人；求同存异，协商共识；种族和谐，宗教宽容。"②指出学生公德培育的目标，涵盖了国家、社会、民族、家庭各个方面。新加坡政府进一步明确中小学公民道德教育的目标与内容，在《公民与道德课程标准》与《好公民》中将培育的目标与内容更加具体化。新加坡政府在共同价值观引导下，利用多种方式宣传社会公德的重要性，以向全国公民传输和谐、爱国、敬业等价值观。在政府组织下每年开展多样化的公德教育活动，如反对丢垃圾、睦邻周、中小学志愿

① 李光耀．伦理道德水准若低落，我国就会日渐走下坡［J］．联合早报，1994（08）：14.

② 胡虹霞．新加坡学校的公民道德教育［J］．思想政治课教学，2001（11）：48.

者服务、敬老周等。在政府引导下，构建共同价值观，引导青年学生树立正确社会公德意识，将社会公德意识融入学生群体日常生活中，推动国家道德建设。

（2）重点完善培育内容体系。新加坡政府确立公民共同价值观完善了青年学生社会公德培育的方向与目标，同时也明确了青年学生社会公德培育内容与体系，主要表现在以下几个方面。一方面，新加坡政府提倡将爱国精神作为公民道德教育的重点，丰富了青年学生社会公德培育内容。新加坡作为一个新兴国家，十分注重爱国主义教育，尽管国家的历史很短，但深挖其特色独到的地方、开发培育路径，培养学生的认同感与归属感，激发他们的国家热情。例如，新加坡《兵役法》规定高中毕业的条件之一是服兵役，要求退役后每年均要回部队参加军事训练，以此激发青年学生的国民意识与爱国情。此外，要求中小学的教室里都挂有国旗，并在公民道德教育的课程中安排对国旗、国徽等内容的讲解进行爱国意识的培育，强化爱国教育，增强学生对国家的认同感。另一方面，法治教育紧跟时代。新加坡社会公德建设取得良好的效果得益于法治在道德建设中的保障作用，新加坡政府十分重视对青年学生的法治教育。其一，新加坡政府法治完善，尤其在社会公德方面的立法十分精细具体，公共生活细节及公共场所行为都有相关立法。如为了防止乱吐口香糖，制定法律禁止生产、售卖口香糖；为保持地铁干净整洁，规定在地铁上不能吃任何食物，不能喝任何饮料，否则将受到500新元的罚款。其二，政府重视对青年学生的法治培育。让学生从小就接触法律，将法律内容融入到学校课程中，并通过课外活动加深学生对法制的理解。如学校组织参观监狱、观看法治节目等，加深学生对法律的认识，学会用法律武器维护社会稳定与自身权益。最后，新加坡政府还重视对青年学生的传统伦理道德教育、社会和谐教育、全球教育等，为青年学生社会公德培育明确了内容，完善了系统，进一步推动社会道德文明建设，形成良好的社会公德风尚。

（3）显性教育与隐性教育相结合。新加坡较高的社会公德水平是世界有目共睹、有口皆碑的。较高的社会公德水平首先是得益于对青年学生的道德教育，新加坡学校道德教育取得成绩的关键在于坚持显性教育与隐性教育相结合。一方面，充分发挥显性教育的主渠道作用。具体来说，以课堂教学为主要途径与方法，学校公民道德教育课程承担着向青年学生传播社会公德内容、社会公德行为规范、社会公德实践的主要任务。此外，注重在其他学科中融入对社会公德意识的传播，充分发挥各科教学活动在社会公德培育中的载体作用，实行全面教育。另一方面，新加坡学校在重视显性教育同时并未忽视隐性教育在青年学生道德培育中的地位，采取形式多样的隐性教育方式，充分挖掘，推动学校道德培育。其一，寓道德培育于课外辅导活动中。新加坡高校道德培育非常重视道德教育知行统一，实现知行统一的有效途径就是课外辅导活动。为了有效提高学生的道德认知并外化于行，学校老师特别注重课外活动开展，学校规定学生必须参加一定的课外活动，注重学生的亲身体验。如在校内每天都要举行升旗仪式、开展主题班会等；校外开展社区服务、志愿服务、文明礼貌月等实践活动。其二，重视榜样教育的作用。新加坡高校非常重视榜样示范在青年学生道德培育中的作用，充分发挥社会、家庭、教师的榜样作用，提高道德认同。如社会上乐于助人、勇于奉献、品行良好的榜样事例进课堂，唤醒社会公德意识。新加坡高校道德培育坚持显性教育与隐性教育相统一，通过道德培育过程加深学生对社会公德认识，使社会公德内化于心、外化于行。

（二）域外大学生社会公德培育的现实启示

“全球化是世界性潮流，全球意识的培养和全球化时代的价值观教育是世界各国共同关心的问题，全球教育所面临的问题在许多国家也有很大的共同性。”[①]东西方国家政治体制、经济发展程度、文化背景虽然存在差别，但全球化背景下各国教育理论与实践具有一定的共通性。东西方国家通过其历史传统、时代升华而形成的社会公德培育途径与方法，在全球化这一特殊的时代境遇中，对我国新时代大学生社会公德培育具有一定的借鉴作用。通过对域外道德教育、爱国教育、公德教育的考察，总结与概括道德培育的有益经验，对我国新时代大学生社会公德培育的进一步深化具有重要启示。

1. 加大政府的引导与支持

通过对美国、英国、新加坡学校教育的考察，容易看出，面对社会中出现的道德滑坡、公德意识弱化等社会问题，政府普遍重视学校教育的地位，并加大对学校教育的支持与指引。上述国家政府均十分重视公民道德教育，并通过政府行为实现有效指引。如重视学校教育的作用；加强法治建设、爱国主义培育；加大对教育的资金支持等，通过政府一系列举措，加大政府支持与引导。新加坡政府主导在公民道德教育中最为突出，新加坡政府通过政府白皮书的形式确立公民共同价值观为青年学生价值观培育提供了价值指引与培育方向。新加坡政府将公民日常道德规范纳入法治轨道，以详细具体的法律条文对公民道德加以规范。美国联邦政府也通过法案形式，给予学校道德教育以资金支持与法治保障。英国政府通过颁布教育大纲、法案等形式有效引导学校开展教育。通过政治支持与指引有效实现国家公民教育。因此，我国新时代大学生社会公德培育也应该充分发挥政府的主导作用，加大政府支持，完善制度建设，从制度上完善对大学生社会公德培育的保障工作；从法律上健全监督惩罚机制；从资金上加大对高校教育的支持力度；切实发挥主流价值观的引导作用；优化新时代大学生社会公德的培育机制。

---

① 唐汉伟．现代美国道德教育研究［M］．济南：山东人民出版社，2010：176.

2. 重视并完善社会实践的内容与形式

通过域外考察可知，国外高度重视社会实践对青年学生道德教育的作用。在学校培养方案与课程设计中严格要求青年学生社会实践的质量与数量。如新加坡学校开展清洁周、礼貌周等形式多样的社会活动，旨在通过实践活动培养学生树立正确价值观与社会责任感；英国高校鼓励学生广泛参加社会实践活动、志愿活动、社会服务，并要求大学生毕业前要参加一定量的社会实践，否则不能毕业。此外，政府与高校为大学生实践提供多样化活动，学生通过参加活动，将学到的理论应用到日常生活中，通过社会体验实现知行统一。我国大学生社会公德培育的目的是为了更好地指导大学生道德实践，要使大学生对社会公德深入了解与把握，就必须与社会实践活动相融合，增强大学生社会公德培育的深度与力度。因此，重视、丰富、完善大学生社会实践的形式与内容对新时代大学生社会公德培育至关重要。纵观我国高校社会公德培育，在社会实践领域重视程度还不够，这不利于新时代大学生社会公德培育。理论离不开实践，新时代大学生社会公德培育在理论传输的基础上，丰富大学生社会实践活动，让大学生在实践中接受社会公德教育，培养大学生的社会公德观念，使社会公德培育在教育实践活动中得以实施，有利于提高大学生社会公德认同，拓宽培育的途径。

3. 着力突出大学生主体地位

域外公民道德教育十分注重大学生主体地位，并将此渗透到教育教学全过程中，充分激发学生道德意识。例如，英国在公民道德教育过程中就重视学生的主体地位，认为注重学生主体地位是培育有责任感、有公德心的好公民重要途径。例如英国学校校规、校纪的制定，都是通过协商确立的，学生通过参与规则的制定，使规则更贴合大学生主体特点，有利于大学生对规则的遵守与执行，提高可行性。此外，通过参与协商，培养大学生道德能力，激发其道德实践。英国学校道德教育一直较为关注学生个体，在课程设置上充分考虑学生的年龄与接受程度制定相应的教育内容；美国学校要求教师尊重学生人格，热爱学生，通过建立友谊，了解学生情况，促进公民道德教育。由此可见，注重大学生主体地位对公民道德教育具有重要性与可行性。我国新时代大学生社会公德培育过程中存在忽视大学生主体地位的情况，很少关注大学生的道德体验与实践，在对大学生主体进行社会公德培育时，并未针对大学生主体鲜明的特点，制定有效的可行方法。因此，我国新时代大学生社会公德培育要重视大学生主体地位，切实深入了解大学生主体特点与道德感受，引导大学生自主意识的提升，提高大学生道德反思与道德践行能力。

4. 强化传统文化和现代公德教育相融合

通过域外考察，可以清晰地看出传统文化对各国公民道德教育的重要作用。虽然各国公民道德教育在内容与培育方式上各异，但域外国家的普遍做法是将传统文化与现代教育相结合，吸收借鉴传统文化中积极成分与有效培育方法，推进其公民道德培育。例如，新加坡政府十分重视对儒家伦理资源的挖掘，新加坡在中学教育中开设“儒家伦理”课，并时常邀请儒学专家进校园讲学；英国在公民教育中注重对传统培育方式的继承与发展，学校公民教育方式上保留宗教教育与品格教育中的精华部分，使其更好的与现代环境相融合，拓宽了学校道德教育的方法与手段。中华优秀传统文化是中华民族的根脉与灵魂，新时代我国大学生社会公德培育要注重文化的力量，在继承优秀传统文化的基础上，结合实际，创造性发展传统文化对道德教育的作用，用传统文化精神教育学生。在培育内容上要吸收传统文化对社会公德的滋养，在培育途径上要注重对传统培育方式的积极扬弃，与时俱进，发挥传统文化铸魂育人功能。

5. 丰富培育内容与健全培育体系

纵观以上几个国家，在公民道德教育的内容上虽然有差异，但均在结合本国国情、世情的基础上提出适合本国实际的培育内容，丰富了培育的体系。通过明确培育的内容与体系，为学校道德教育提供了直接理论来源与实践遵循。如新加坡提倡爱国精神、法治教育、和谐教育等作为公民社会公德教育的内容，丰富了培育内容，健全了教育的体系；美国政府将公民道德教育融入法治、爱国主义、品格教育等，丰富了公民道德教育的内容，为学校道德培育指明了方向，确保了学生道德教育培育的方向性与全面性。因此，我国新时代大学生社会公德培育要想取得良好的效果，需牢牢把握好这一点。对新时代大学生社会公德培育必须深入体会新时代对大学生社会公德带来的机遇与挑战。一方面，新时代大学生社会公德培育必须与我国现行主流价值观紧密结合，丰富与完善大学生社会公德的内容，为大学生主体提供高度契合的社会公德内容。另一方面，健全大学生社会公德培育体系，高校在开展社会公德培育时应将其与爱国、法治等价值观有机融合。

综上，立足时代变化，从时代变化的足迹中探寻新时代大学生社会公德培育面临的机遇和挑战，从域外国家相关的道德教育和公德培育中借鉴新时代大学生社会公德培育的方法，为立足中国实际，探究新时代大学生社会公德培育体系奠定坚实的基础。

第四章　新时代大学生社会公德培育的实践遵循

新时代大学生社会公德是指大学生在社会公共生活与交往中呈现出的独具主体性特点的，符合社会角色预期的行为准则与道德规范的总和，具体内容是爱国共建、友善共筑、文明共融、法治共存与和谐共享，它与普遍意义上的社会公德不同，具有鲜明的主体性、实践性和层次性特点。紧紧依托新时代大学生社会公德培育现状的调查与分析，在借鉴国外相关做法的基础上，着力探讨新时代大学生社会公德培育的实践遵循，具体包括要求、原则、内容与方法，为做好新时代大学生社会公德培育提供理论指导与实践指引。

一、新时代大学生社会公德培育的要求

新时代大学生社会公德培育是具有鲜明时代性与主体性的系统工作，是践行社会主义核心价值观的重要道德实践。要想实现培育工作的科学性、方向性、针对性，必须牢牢把握明确立足点、突出着眼点、强化聚焦点的新要求。

（一）明确立足点：中国特色社会主义进入新时代

“中国特色社会主义进入了新时代”[①]，这是党的十九大做出的重大政治判断，这一判断，明确了我国社会发展新的历史方位。“中国特色社会主义进入新时代，加强公民道德建设、提高全社会道德水平，是适应社会

① 习近平．决胜全面建成小康社会夺取新时代中国特色社会主义伟大胜利——在中国共产党第十九次全国代表大会上的报告［N］．人民日报，2017-10-28（01）．

主要矛盾变化、满足人民对美好生活向往的迫切需要，是促使社会全面进步、人的全面发展的必然要求。”① 在新时代背景下，社会公德建设应与时代主题相呼应，大学生社会公德培育应成为其重要的切入点，以大学生社会公德促整体社会公德建设，是贯彻落实《新时代公民道德建设实施纲要》的重要实践探索与现实需求。新时代、新青年、新要求，新时代大学生社会公德培育的具体要求必须彰显新时代的内涵与外延。

1. 新时代大学生社会公德培育必须坚持社会主义核心价值观的指导地位

新时代大学生社会公德的具体内容是社会主义核心价值观的“三个倡导”与普遍意义上的社会公德在大学生群体中的主体性呈现、特色性彰显，其与社会主义核心价值观是连体同构、互为促进的关系，二者在价值取向和终极价值目标上具有内在一致性。坚持社会主义核心价值观的指导地位，有利于保证新时代大学生社会公德培育的方向性、科学性和持久性。首先，在国家层面上，社会主义核心价值观倡导“富强、民主、文明、和谐”的价值要求，这是一种国家的德，是一种“大德”。具体到大学生群体中，要求新时代大学生在具体的道德实践中不断促进人与人、人与社会、人与国家、人与自然之间关系的和谐发展，做构建和谐社会的生力军；在社会层面，社会主义核心价值观倡导“自由、平等、公正、法治”的价值追求，这是一种社会的德，是一种“公德”。具体到大学生群体，新时代大学生更应成为这种“公德”的维护者、传播者、践行者。在个人层面，社会主义核心价值观倡导“爱国、敬业、诚信、友善”，这是一种个人的德，是一种“小德”。具体到大学生群体，新时代大学生理应成为更高价值规范的共建者、共筑者、共享者。无论哪种价值目标，都是新时代大学生应追求并积极践履的道德理念，是新时代大学生在公共视阈

① 中共中央国务院．新时代公民道德建设实施纲要［N］．人民日报，2019-10-28（01）．

下彰显的、极具主体性的道德规范。其次，新时代大学生社会公德在范围上讲，并不局限于所谓的“大德”“公德”“小德”，而是着眼于大学生群体在外延不断拓展的社会公共生活中彰显的道德规范和道德原则，在社会公共生活与公共交往中呈现出的符合“大德”“公德”“小德”要求的道德追求与道德行为，均是新时代大学生社会公德的具体要求。因此，将社会主义核心价值观贯穿培育工作的全过程，才能保证培育工作与社会主义核心价值观要求的一致性。最后，新时代大学生社会公德建设需要一种主导的价值理念和价值标准去引领、规范和整合，而社会主义核心价值观以其鲜明的价值整合和价值引领作用，构筑起培育工作的理论基石。新时代大学生社会公德培育符合社会主义核心价值观的要求，是时代需求也是现实需要，是实现两者互为促进、社会公德建设稳步向前的助推器。

2. 新时代大学生社会公德培育必须坚持以实现伟大复兴的“中国梦”为正确的价值导向

党的十八大以来，习近平总书记与时俱进地提出了“中国梦”，并对其做出了详细深刻地阐释。具体到大学生群体，十九大报告中号召：“广大青年要仰望星空、脚踏实地，在实现中国梦的生动实践中放飞青春梦想。”① 中国梦在一定意义上是青春梦，是广大新时代大学生追梦、逐梦、筑梦、圆梦的过程。要想实现这个青春梦，广大青年大学生在社会公德的培育中，就必须不断调整自己的道德要求和行为规范，“明大德”“守公德”“严私德”，才能与中国梦同频共振，才能与中国梦共生共融、共筑共享，成为追梦、圆梦的生力军。正如习近平总书记所说：“中华民族的伟大复兴终将在广大青年的接力奋斗中变为现实。”②同时，中国特色社会主义进入新时代，多元化价值取向深刻影响到新时代大学生，加之大学生价值观形成处于关键期，更应当将实现中国梦作为远大理想与追求，方能

① 评论员．不忘初心跟党走青春建功新时代［N］．中国青年报，2017-10-19（01）．

② 习近平．实现中国梦，青春勇担当［N］．人民日报，2013-7-18（01）．

凝聚新时代大学生的青春之力，涤荡不良价值倾向的渗透，使他们凝神聚气，在践行社会公德的过程中立德成人。

3. 新时代大学生社会公德培育必须坚持树立科学的理想和高尚的人生观

新时代大学生社会公德本质上是调整新时代大学生与祖国、社会、自然、他人之间关系的道德规范。中国特色社会主义的共同理想是我国人民对国家未来美好发展的愿望和诉求。在新时代大学生社会公德培育过程中，只有发挥共同理想的强大感召力、凝聚力和向心力，激励和引导大学生投身社会公德建设的伟大实践，才能更好地实现大学生社会公德建设的目的。同时，在新时代大学生社会公德培育过程中，教育大学生要明确自身的责任与担当，明确人生的意义与责任，自觉树立为人民服务、为社会服务的责任与意识。解决了这些问题，才能够掌握正确的人生价值标准，才懂得人生价值首先在于奉献，自觉用真、善、美来塑造自己的品格，使自己成为一个有德性的人。具体来说，大学生践行社会公德的过程，就是把个人之"我"融入社会之"我"的过程。只有处理好"小我"与"大我"的关系，才能够保证培育目标的顺利实现。因此，新时代大学生社会公德培育要深入思考崇高理想与科学人生观的问题，才能够在道德实践中创造价值，用美好青春书写无愧于时代、无愧于历史的人生华章。

（二）突出关键点：切实形成教育合力

基于前文新时代大学生社会公德培育的现状审视及原因追溯，明晰了培育工作最关键的就是要形成并突出教育合力，这个教育合力以高校教育为中心，以家庭教育和自我教育为"两翼"，使三者在培育工作中目标一致，同向同途，从而弥合培育工作孤立化、割裂化、单一化的鸿沟，使培育工作真正落到实处。

1. 在高校校园里构建弘扬和践行社会公德的“生态圈”，充分发挥高校在培育工作中的主阵地作用

《关于加强和改进新形势下高校思想政治工作的意见》明确指出：“形成党委统一领导、党政齐抓共管、职能部门组织协调、社会各方积极参与的工作格局。”① 高校上下联动，协同发力，构建弘扬和践行社会公德的良性“生态圈”，为切实形成教育合力提供首要条件。第一，形成新时代大学生社会公德培育的教育合力最根本的就是坚持党对高校的绝对领导。只有牢牢把握这个核心和根本方法，才能保障校园中的大学生不会受到不良思想的侵蚀，让大学生深刻理解自己的使命和责任。同时，坚持党的集中统一领导，更能统筹协调一系列理论和实践活动落地生根，保证相关培育活动目标一致、行动一致、一以贯之。当然，在此基础上，还要发挥和调动各学院、各部门的积极性，形成“一个中心，全面辐射”的良性工作圈。坚持在党的集中统一领导前提下，各个行政单位根据自己的部门实际，制定有针对性的政策、活动和计划，以保证培育工作上下一致，协调并进。比如，教学科研单位要充分挖掘与自己学院相关的社会公德培育资源，积极开展有针对性的、符合本学院特色的社会公德实践活动；宣传教育部门要积极根据社会公德的具体内容和要求，通过形式不一的宣传手段，营造良好的校园文化氛围。第二，高校的学生工作部、校团委等相关部门要将新时代大学生社会公德的相关理论和要求融入学生管理和服务工作中，着力打造符合要求的特色大学生活动。例如，大力支持大学生志愿服务活动，引导鼓励青年志愿者协会积极开展相关的志愿服务工作，并给予相应的帮助；对环境保护活动、学雷锋活动、“三下乡”等活动进行政策支持、资金支持甚至将其纳入学分制度，以营造良好的校园文化，助推培育工作的深入化。第三，高校要将新时代大学生社会公德培育贯穿于教

① 中共中央国务院 . 关于加强和改进新形势下高校思想政治工作的意见［EB/OL］. 新华社，http：//www.xinhuanet.com/2017-02/27/c_1120538762.htm，2017-02-27.

育教学全过程。高校需将新时代大学生社会公德的相关理论内容融入高校的课程设置中、课堂讲授中、课下的社会实践中。通过有效的课堂讲授、全方位的课程融入、针对性的社会实践，让新时代大学生深刻体会社会公德的要求、内容、本质，实现对新时代大学生社会公德理论的认知、认同、认可和践行。第四，高校的思想政治理论课教师、专业课教师、班主任、辅导员要坚持问题导向、秉承一以贯之的社会主义核心价值观指导理念，通过正面引导、榜样示范、跟踪释惑等方式，有效了解和掌握新时代大学生的思想实际，从根源上杜绝大学生违反社会公德意识的不良倾向，构建具有理论性、专业性、长效性的培育机制，保证培育的效果。第五，高校应该根据各自实际，适时构建科学长效的考核机制。考核机制应该以社会主义核心价值观为指导，以大学生校园活动为载体，融入评价机制、矫正机制、绩效考评机制等内容。这样不仅可以提升大学生参与社会公德实践的主动性和积极性，还可以保证其参与社会公德实践的科学性和方向性。同时，考核体系的构建，还可以及时发现大学生拜金主义、极端个人主义等不良倾向，及时反馈，及时解决，让大学生从始至终都对所践行的社会公德规范秉持理性的态度和高度的认可。形成教育合力的中心在高校，高校发挥主阵地作用的核心在于形成“一个中心，全面辐射”的良性生态圈，方可为实现培育工作协调化、系统化、整体化奠定基础。

2. 在家庭氛围中形成良好的家教、家风，充分发挥家庭在培育工作中的基础性作用

家庭教育在新时代大学生社会公德培育中起着基础性、先导性的作用，是形成教育合力的先导因素。如果没有一个良好的家风、家教，高校和社会培育也难以发挥其应有的作用。具体来说，第一，家长应该注意自身科学文化素质和道德素质的提升。父母是孩子最好的老师，其行为习惯、道德水平与价值判断直接影响自家孩子的社会公德意识。由此及彼，家庭中的亲戚、朋辈也应该注意自身道德素质的提升和较高道德修养的养

成，以创造一个良好的家庭群体环境，使大学生在学校接受的社会公德教育在家庭环境中得以巩固和深化。第二，家长应该改变大学生已经成年，社会公德意识已经完全形成的错误观念。要将生活中的点点滴滴化为对大学生进行社会公德教育的素材，对他们谆谆善诱，加以引导，潜移默化中实现对大学生的社会公德培育，以此与学校教育形成内容和形式的合力。此外，家长还应该改变大学生道德教育主要由学校负责，家长就可以做甩手掌柜的片面思想。要知道，新时代大学生社会公德培育是一项全面、系统的工程。特别是进入新时代，信息介入纷繁复杂，社会环境变化万千，新时代大学生社会公德培育更需要家庭阵地，更需要家长的参与。只有家长与学校建立沟通及时、联系方便的双向沟通渠道，时刻掌握大学生在学校的思想状况和行为状况，才能保证大学生家中、校园一个样，真正实现培育工作的全覆盖。在这个过程中，特别是进入新时代，信息科学技术更新换代较快，家长可以用现代化的通信手段与高校辅导员、班主任、宿舍管理员建立沟通机制。比如可以通过 QQ、微信、网络视频、电子邮箱等形式与学校取得联系，全面了解大学生的思想、学习、生活状况，对于其不良的实践行为或异常的校园活动进行及时了解，以保证对大学生进行社会公德培育工作有家长的及时介入，提升培育工作的实效性。第三，家长还应该改变传统的教育方式，及时更新教育理念，配合学校，积极参加学校的相关活动，并且用自家身边发生的真实事件去给大学生做解读，以使大学生对社会公德的内容、要求和认知进一步深化，形成与学校培育的合力。

3. 在大学生自我品质塑造中融入社会公德的具体要求，充分发挥大学生在培育工作中的主体作用

大学生将社会公德的具体要求融入自我品质塑造中是指大学生要将自身融入学校的日常教育、教学和管理过程中。具体来说，一方面，大学生首先要明确自己践行社会公德的要求和中小学生的标准、层次不同，有其

特殊的主体性和标准性。因此，需要高标准、严要求地规范自己的社会公德意识和行为，并与学校要求相一致，以保证学校要求、自身实践有机统一，从根源上解决大学生社会公德培育的认知问题。另一方面，大学生要充分发挥自己的能动性、主体性和创造性，深入认知大学生社会公德的具体内容和具体要求，制定相应的践行计划和目标。在这个过程中，既要他律，更要自律，保证自己制定的要求和计划能够顺利实现，从而实现在践行社会公德的过程中自我认知、自我践行和自我调控的多项统一。践行社会公德的要求是一个循序渐进的过程，不能操之过急，也不能半途而废，既不是蜻蜓点水的浅尝辄止，也不是贸然投入的不顾一切，应该在自我认知的基础上，制定合理的、可行的目标，自我调节，及时调整和矫正，不断与学校的要求做对比，将他律与自律相结合，在自身修养得到提升的同时，不断提升自身的社会公德意识和践行社会公德的能力，持之以恒。只有这样，将自我发展与学校要求相结合，形成大与小的双向融合圈，形成合力，助推新时代大学生社会公德培育。

（三）遵循着力点：规律性与目标性相结合

新时代大学生社会公德培育本质上是一种道德意识和道德规范的培育，是将社会公共生活中要求新时代大学生群体秉持的行为规范内化为大学生个人的道德品质，铸造新型主体道德的过程。新时代大学生具有较高的思想文化素质和外在信息接受能力，但又容易受到各方面因素的影响，因此，新时代大学生社会公德培育要从基本要求入手，以培育目标为导向，不断探索新时代大学生社会公德培育的规律，以增强培育工作的实效性。

一方面，将培育新时代大学生社会公德的规律性与目标性相结合，就要明确新时代大学生社会公德培育是一个在道德实践中不断自我体悟完善和发展过程，这个过程是过程性与目标性相结合的过程。

新时代大学生社会公德培育归根到底是一种道德意识的培育，是一种“知”与“行”的培育过程。因此，其形成规律是一个基于知、融于情、韧于信、鉴于意、成于行的过程。要想实现新时代大学生社会公德培育，必须要做到：第一，使新时代大学生对其应秉持的社会公德的具体内容、主要特征有一个基本的理论认知。同时，还应对自身的基本情况有一个全方位清晰的了解，基于此才可以根据具体内容的要求，不断调整自己的行为方式和方向，充分发挥自身的主观能动性，从而为培育工作奠定基础。第二，新时代大学生社会公德培育需要对培育的内容和具体的要求有一种情感上的共情，在共情的基础上，不断加深对大学生社会公德的层次性、标准性的理解与升华，并坚定不移地确信其合理性与科学性，不断深化主体对社会公德的道德情感，将道德情感转化为道德行为，从而能够循序渐进地实现培育工作的深入开展。第三，新时代大学生社会公德培育归根到底还是要落到具体的行动中。“道不可坐论，德不可空谈”，新时代大学生社会公德培育最终还是要体现在新时代大学生具体的道德实践中。这一知行合一的轮转过程，不仅需要大学生主体不断地自我感悟、自我调整，更需要不断地深入实践、深入体悟，从而实现在实践中感悟，在感悟中深化，在深化中内化，内化下践行的目标。这一践行过程，始终以立德树人为导向，以知行合一为规律，实现目标与过程相统一，才能保证培育工作有方向、有动力、有深度。

另一方面，将培育新时代大学生社会公德的规律性与目标性相结合，就要明确新时代大学生社会公德培育是与社会变革同质同步，又保持适度张力的过程。

新时代大学生社会公德是大学生在新时代背景下，在社会公共生活领域中彰显出来的独具主体性特征的价值取向、价值追求与价值规范，归根到底是社会生产力的发展和社会生产关系不断调整决定的。其中，社会政治经济关系的发展，特别是社会主要矛盾的变化是新时代大学生社会公德应运而生的根本原因。中国特色社会主义进入新时代，大学生成为建设新时代的生力军，必然要求新时代大学生在社会公德的践行标准上呈现时代特色。同时，社会主义核心价值观对新时代大学生社会公德的形成和发展具有重要的导向作用，是其理论基础与来源，大学生在吸收、内化社会主义核心价值观过程中不断外化的过程是新时代大学生社会公德形成和发展的内在动力。因此，新时代大学生社会公德的形成与培育与社会发展同频共振是面向时代、迎接时代，做新时代逐梦人的题中之义。新时代大学生具有较高的科学文化素质、道德规范和法律基础，其作为践行社会公德的主体，必然具有能动性、自主性、复杂性、灵活性等特征，这也就决定了他们与其他社会公德的要求不是完全同步、亦步亦趋的，呈现出相对独立发展的显性态势。因此，在新时代大学生社会公德培育过程中，既要看到培育的必要性、必然性，也要看到培育的层次性、主体性，既不能一概而论，又不能一气呵成，其是一个在践行社会公德过程中，不断调整自己的道德行为规范，提升自身社会公德水平的过程。培育目标和要求与时代同频共振，又因主体特征鲜明彰显适度张力这一规律是新时代大学生社会公德培育的重要立足点，是保证培育工作科学性、有效性的重要遵循。

二、新时代大学生社会公德培育的原则

新时代大学生社会公德培育的实践遵循，除了要立足时代，突出重点，还应坚持基本原则，以实现培育的方向性和科学性。

（一）坚持主导性与包容性相结合

新时代大学生社会公德以社会主义核心价值观为理论基础和价值指引，因此，要牢牢坚持社会主义核心价值观的主导地位。新时代大学生社会公德是大学生群体在社会公共生活领域秉持的较高层次和标准的、符合

社会角色预期的道德行为与准则，有其鲜明的主体性特征，但是基于主体性的多样化实际，更要包容多元，才能保证培育工作的实效性。

一方面，新时代大学生社会公德培育要坚持社会主义核心价值观的主导地位并一以贯之。社会主义核心价值观凝聚大多数人的价值目标、价值追求和价值准则为一体，对社会其他的道德规范呈现出凝聚价值共识、实现价值整合、引领文化传承的社会作用。随着中国特色社会主义进入新时代，中西方文化交流在道德理论与道德践履过程中呈现出交汇、交融、交锋的显性态势。西方多元化思潮沉渣泛起，极端个人主义、拜金主义、享乐主义等错误思潮影响了新时代大学生社会公德意识的形成和培养。因此，在新时代大学生社会公德培育过程中，坚持社会主义核心价值观的主导地位，发挥其思想整合、价值凝聚的向心力作用，涤荡西方社会思潮的消极影响，让新时代大学生充分理解社会主义道德的本质和作用，使其深刻领悟自己作为社会主义事业建设者和接班人的重要责任和使命，最终使其成为践行社会公德的推动者和践行者，成为新时代的“明德”之人，为实现中华民族伟大复兴的中国梦注入青春力量。

另一方面，新时代大学生社会公德还要坚持大学生价值引领的包容性。坚持社会主义核心价值观在培育新时代大学生社会公德的主导性，并不意味着大学生在社会公德培育和践行的过程中，机械化地全盘否定其他任何多元价值观念，而是应该在坚持主导价值观引领的基础上，与多元价值观辩证结合。新时代大学生个性明显、性格张扬，必然对其他多元化的价值观念接受程度较快，接受范围较广，只要不与社会主流意识形态相悖，不与法律法规互斥，都应将其纳入社会公德意识培育的过程中。有针对性地加以引导，整体性地加以综合，以提升大学生社会公德培育的张力和潜力，从而提升新时代大学生社会公德培育的实效性，拓宽培育工作的维度。

（二）坚持整体性与层次性相结合

新时代大学生社会公德培育要坚持整体性与层次性相结合的原则。整体性是在培育的过程中突出顶层设计，着眼大学生主体的整体性规划；层次性是要在整体性的基础上兼顾不同层次大学生的具体情况，考虑大学生的差异化实际，从而实现培育工作统筹兼顾，有重点、有层次地开展。

一方面，新时代大学生社会公德培育要坚持整体性。首先，新时代大学生社会公德培育要深刻理解培育的是大学生的社会公德意识，其主体具有整体性与普遍性。它既不是针对某个年级、某个专业，也不是针对大学生中的某个群体、某个组织，而是着眼全体大学生，以全体大学生为基本着眼点，以全体大学生的社会公德实际出发来开展工作。其次，新时代大学生社会公德培育要突出顶层设计。培育工作不是一个阶段性任务，不是一个特色活动，而是一项长期的、系统的育人工作，一定要从整体出发，从培育的理念、要求、具体的路径上整体考量，才能使培育工作统筹有序、协调、可持续发展。再次，新时代大学生社会公德培育以整体的社会公共生活为着重点。新时代大学生社会公德是新时代大学生在社会公共生活领域中彰显出的具有大学生鲜明特征的道德规范，这也就决定了其培育工作着重从全面的社会公共生活领域出发，而不是从具体的某一个视角出发。最后，新时代大学生社会公德培育要统筹全方位阵地。新时代大学生社会公德培育是一项系统、全面的过程，需要政府、高校、家庭、社会、自我的全面参与。因此，培育工作应统筹全方位因素，充分发挥政府的保障和支持作用、高校的主阵地作用、家庭的基础性作用、社会的渲染作用和自我意识的转变作用，整体统筹，全面发力，实现培育工作整体推进。

另一方面，新时代大学生社会公德培育要兼顾层次性。新时代大学生社会公德培育虽然是面向全体大学生，但是，对于其践行主体而言，因其家庭背景、知识结构、价值取向、思考模式、认知水平、社会经验和特殊习惯等因素的不同，其具有的社会公德意识和水平也不尽相同。即便是培育方式方法、主体需求相同，但也可能因其接受程度、实践力度的不同而使得培育结果呈现出层次化、多样化、个性化的特征。基于此，在培育过程中，应在整体化的基础上，兼顾层次性，针对不同年级、不同专业、不同群体的大学生实施有针对性的工作方法，实现培育工作共性与个性的辩证统一，从而使得新时代大学生社会公德在主体认知、认可、认同和践行过程中落实、落细。

（三）坚持自律性与他律性相结合

自律性与他律性是新时代大学生社会公德培育实践支撑的两种方式，只有坚持道德自律与道德他律相结合，才能保证在培育过程中“内因”与“外因”协同发力，确保培育工作的充分发展。

一方面，要坚持新时代大学生社会公德培育的自律性。新时代大学生社会公德培育中的自律是大学生内心深处自发追求社会公德，从而实现对自身行为进行约束的道德标准，实际上就是培育主体自我约束的行为。因为自律是培育主体的自我选择行为，其行为方式和水平相对比较稳定和持久，因此，坚持在培育工作中的自律性是保障培育工作的内在支撑，是实现培育目标的关键所在。通过新时代大学生加强自律性建设，从而提升大学生在培育和践行社会公德要求中的能动性、主动性和积极性，不断提升自己认知、认同、认可社会公德具体要求的程度，适时改变自己内化、外化的方法，从而有针对性地、有的放矢地实现新时代大学生社会公德培育的目标。

另一方面，要坚持新时代大学生社会公德培育的他律性。新时代大学生社会公德培育中的他律性指的是大学生主体的道德行为和道德选择受到外界事物、外界环境或者其他感情的影响，通过外在制约的方式规范自己的道德行为和道德标准。实际上，他律的形式是一种外在制约，对新时代大学生社会公德培育有重要的引导、支持和保障作用。在培育过程中，充分发挥传统习惯、公序良俗、社会舆论、政策文件等外部教育手段，借助理论传授、实践育人等方法，使大学生在社会公共生活领域的道德选择和道德规范由他律转化为自律，从而形成一种自觉行为。在坚持他律性的过程中，要始终明白，新时代大学生社会公德培育的他律性必须通过自律性才能实现。缺乏自律的他律，是不完整、不持久的他律，辩证把握二者之间的关系，才能实现培育工作由内而外的长效开展。

（四）坚持继承性与创新性相结合

新时代大学生社会公德培育既要坚持对中华民族传统美德、社会主义道德、中国共产党思想政治教育内容的继承性，又要立足时代，结合大学生群体的鲜明特征，与时俱进，开拓创新。将继承性与创新性结合起来，是保证培育工作实效性的内在要求。

一方面，新时代大学生社会公德培育要着力继承中华民族传统美德、社会主义道德和中国共产党思想政治教育的经验。首先，中华民族传统美德中“仁者爱人”“与人为善，与人为伴”“家国情怀”“仁爱尚和”“和而不同”等思想是涵养新时代大学生社会公德的主要源泉，为培育工作提供了深厚的历史底蕴和理论基础。其次，社会主义道德中“富国”“足民”“民本”“和谐”的国家价值理想，“均”“平”“法”的社会价值目标，“诚信”“仁爱”“友善”的个人修身准则，为新时代大学生社会公德培育提供了坚实的道德支撑和伦理参考。最后，中国共产党的政治优势是思想政治工作，其在过程中积淀的相关方式方法、理论内容、艺术手段都为新时代大学生社会公德培育提供了重要的、科学的实践参考和价值借鉴。通过对以上几个部分的经验进行总结、梳理、分析，对其有针对性的内容进行继承和发扬，为新时代大学生社会公德培育提供方法指引。

另一方面，新时代大学生社会公德培育要坚持创新性。这里指的创新有两个内容的创新，一个是培育内容的创新，一个是培育手段和方法的创新。新时代大学生社会公德是结合时代特点和要求，大学生在社会公共视阈下彰显的道德行为。其具体内容要在坚持主体性、时代性的基础上，不断与时俱进，使新时代大学生社会公德培育更具针对性、持久性和鲜活性。同时，新时代大学生社会公德培育还要根据实际情况的变化，在继承原有经验和方法的基础上，结合实际，不断创新培育工作的方式方法、理念内容、路径载体，在培育的主体引导、客体转化、介体完善、环体优化上下功夫，不断与时俱进地创新培育工作的长效性系统研究，保证培育工作的实效性。

新时代大学生社会公德培育不仅需要坚持以上几个方面的具体原则，而且还必须看到这几个原则之间也是相互联系，它们并不是孤立存在的，而是相互联系、相互影响的。培育过程中，只有正确理解和把握以上几项原则并处理好相互之间的关系，才能真正明确培育的目标和依据，增强新时代大学生社会公德培育的针对性。

三、新时代大学生社会公德培育的内容

新时代大学生社会公德是立足时代要求，着眼社会公共生活与公共关系，大学生群体应具有的较高标准、较深层次的行为规范与道德规范的总和，是践行新时代、新青年、新要求的题中之义，是新时代大学生立德成人的关键环节。因此，确定并不断完善新时代大学生社会公德培育的内容，是适应社会新变化、实现青年大学生成长成才的迫切需要。

（一）弘扬和践行爱国共建精神

1. 弘扬和践行爱国共建精神时应融入“爱国、爱党与爱社会主义在本质上是一致的”相关内容

爱国共建是新时代大学生社会公德的首要内容，是新时代大学生社

会公德传播与践行的出发点和落脚点。要实现这一具体内容的培育，首先必须明确新时代大学生的爱国主义，就是要坚持爱国、爱党、爱社会主义相统一，只有这样爱国主义才是鲜活的、真实的。具体来说，从历史上看，爱国主义的家国情怀贯穿中华民族发展的始终，无数的青年仁人志士为了实现中华民族统一和富强，纷纷舍生取义，献出了自己宝贵的生命。但是，由于阶级的局限性和当时的社会现实，他们都没有改变中国半殖民地半封建的社会性质。从现实中看，中国共产党创造性地开创了中国特色社会主义制度，使中华民族和中国人民的面貌取得了前所未有的变化，中国特色社会主义事业的不断深化与发展，使国家事业焕发勃勃生机。从未来中看，中国共产党立足时代之问，用实践阐释了“人间正道”的正确性与艰巨性，明晰了“长风破浪”的长期性与发展性，使我们在中国特色社会主义发展的道路上有目标、有定力、有底气的继续进步。因此，要弘扬和践行爱国主义精神，就要铭记历史，不忘初心，坚持爱国、爱党和爱社会主义相统一。因为爱祖国，就要爱社会主义的中国，就要坚持中国共产党的领导，三者具有内在统一性。新时代大学生是推动中国特色社会主义深入发展的生力军，关系着中国特色社会主义事业的千年大计，其道德水平和道德实践是推动中国特色社会主义事业继续前进的思想道德基础。因此，弘扬和践行爱国主义精神，需要将爱国、爱党、爱社会主义的原因、意义讲清楚，说明白，在新时代大学生心中树立爱国主义精神的不朽丰碑。

2. 弘扬和践行爱国共建精神时应将爱国情、强国志融入到报国行中

爱国共建，爱国是目标和原始动力，践行是具体方式和实现方法。新时代大学生坚持爱国共建，就要将爱国情、强国志与报国行有机融合，“强国一代有我在”，让新时代大学生成为报国行的生力军。爱国绝不是单纯的宣传口号和政治标语，更是一种目标明确、感情炽烈的外在表达。古往今来，无数青年大学生在具体的报国行中彰显出的精神熠熠生辉。无论

是五四运动的轰轰烈烈、还是为中华崛起而读书的豪言壮志，无论是重大志愿服务活动中的青春身影、还是抗击新冠肺炎中新一代的异军突起。在国家发展的关键时刻，青年人胸中有大我，肩上有大任，笔下有乾坤，脚下有力量，为新时代、新发展注入了青春的力量。无论碰到何种情况，新时代大学生要将强烈的爱国主义感情融入到自己的价值理念中，融入到自己的道德实践中，融入到自己的报国行动中。与此同时，无论在国家发展的任何阶段，祖国永远是自己最强大的后盾。新时代大学生不仅要树立为民族振兴、人民幸福、国家富强努力奋斗的崇高志向，更要做爱国主义精神的践行者、传播者、弘扬者。空谈误国，实干兴邦，新时代大学生只有将自己的满腔热情融入到具体的学习、生活和实践中，才能真正成为中华民族伟大复兴事业的建设者和接班人。

（二）弘扬和践行友善共筑精神

1. 弘扬和践行友善共筑精神时应融入集体主义思想

集体主义是从根本上处理人与社会关系问题的根本原则，其根本原因是由人的社会性决定的。正如马克思所说："人的本质，在其现实性上，它是一切社会关系的总和。"① 新时代大学生身处纷繁复杂的社会关系中，在不同的社会关系中扮演不同的角色，不同的社会关系和角色必然会产生利益不均或者局部冲突的问题，这就需要由集体主义原则处理解决个人与集体的关系、局部与整体的关系。只有这样，才能促进集体中的个人与个人之间关系的共生友善、朋辈融合。同时，新时代中国特色社会主义是发展依靠人民、一切为了人民、发展成果由人民享有的新社会，一旦在利益分割过程中出现冲突，集体主义是协调整体与局部、个人与集体、个人与他人关系的根本原则。集体主义与个人利益并不是相悖的，维护集体利

① 马克思恩格斯文集（第1卷）[M]. 北京：人民出版社，2009：501.

益，不意味着牺牲个人利益，而是为了每一个集体中的个人的长远利益和根本利益。诚然，当国家利益、集体利益和个人利益发生冲突时，要引导新时代大学生一切以集体利益为重、以整体利益为重、以国家利益为重、以长远利益为重，坚决杜绝小团体主义和精致利己主义等不良现象。要实现在社会公共生活与交往中人与人之间关系的友善共生，实际上是需要新时代大学生以集体主义思想为原则，把“小我”融入“大我”，不断调整自己在社会关系中的定位与方向，从而实现与人为善、与人为伴。

2. 弘扬和践行友善共筑精神时应融入团结互助、平等友爱的处事原则

友善共筑精神与大学生的学习、生活和实践密切相关，具体到人际关系上，就是要做到团结互助、平等友爱。团结互助是一方有难、八方支援的义无反顾，平等友爱是赠人玫瑰、手有余香的无私奉献。具体来说就是新时代大学生要心怀善念，克己利人。要想做到对他人的友善，就必须做到心怀善念。一个心怀善念的人会时刻想着关心别人，帮助别人，而不图任何回报。在帮助别人后，别人也会将友善的种子播撒传播，从而使更多的人心怀善念，帮助更多的人。同时，要做到对他人的友善，要乐于善待他人。不论别人身处何种境地，都要善于理解他人的处境、他人的情感和需要。要做到对他人的友善，还要学会善待他人。学会善待他人，不是简单的口号，而是需要真情实意，甚至需要付出物质利益或者精神支持。友善待人更要克己为人，所谓克己，就是指自我克制、自我约束能力的培养。只有多一点善念、多一些善举、多一写理解、多一写谦让，才能获得友爱的人际关系。其次，新时代大学生还要尊重理解，有容乃大。因为理解他人才能获得理解、勇于反省自己才能赢得尊重、有容乃大才能得到广泛认可。最后，新时代大学生更要协调合作，达人达己。友善是人们实现协调合作的基础，只有开展广泛的交流合作，才能实现优势互补，培优补差，化小为大。新时代大学生社会公德培育只有将团结互助、平等友爱的精神融入友善共筑的精神中，才能够使新时代大学生坚定团结友善则兴、

反之则衰；团结友善则存，反之则亡的信念。友善相处、团结统一，在公共生活与交往中共筑友善人际关系，共同构筑友善型社会。

3. 弘扬和践行友善共筑精神时应融入友善价值观的历史底蕴

友善价值观有着其深厚的历史底蕴，只有深入挖掘仁义至善的友善因子，将其融入友善共筑的精神中，才能实现友善共筑精神的延续性、创新性发展。一方面，友善有其深刻的历史渊源，其倡导仁爱的理念、宽容的思想、和谐的追求、礼让的品格、平和的态度等在中华民族的发展过程中源远流长。另一方面，友善在治国理政、协调社会关系和人际矛盾中发挥着重要的作用，成为了古代中国处理社会关系与人际关系的重要手段。总之，在中华优秀传统的友善文化中，一个人是否友善，关系着社会成员之间的融洽程度和整个社会的持续发展。培育和践行新时代大学生社会公德，必须深入理解和领会友善价值观的历史底蕴，将其与时代创新性结合，推陈出新，扬弃继承。必须明晰友善构筑的关键在人，友善主体充分理解并明晰友善的历史底蕴，努力构筑友善关系，才是将友善情感转换为友善行为，是践行友善文化和构筑友善和谐社会的重要环节。

（三）弘扬和践行文明共融精神

1. 弘扬和践行文明共融精神应融入“文化自信”的价值观念

党的十八大以来，习近平多次围绕“文化自信”做出重要论述，并将其与治国理政、价值观自信等有机结合，使其更具理论深度和实践向度。习近平指出：“中华优秀传统文化、中国革命文化和社会主义先进文化，代表着中华民族独特的精神标识。”① 这深刻指明了中华优秀传统文化是中华民族最深沉、最持久的精神因素，是中华民族屹立世界东方的精神标志。中国特色社会主义文化源于中华优秀传统文化，继于中国革命文化，

① 习近平 . 在庆祝中国共产党成立 95 周年大会上的讲话［EB/OL］. 人民网，http：//cpc.people.com.cn/n1/2016/0702/c64093-28517655.html，2016-07-01.

成于中国特色社会主义实践，鉴于人类文明发展成果，是中国特色社会主义建设的根与魂。将文化自信的理论内涵和实践外延与文明共融精神有机结合，为培育新时代大学生社会公德提供重要的伦理规范与道德根基，对于加强和促进新时代大学生道德建设，加强他们的社会责任感和社会公德意识具有重要的作用。新时代大学生要弘扬和践行文明共融理念，就要坚定文化自信，坚持不忘本来、吸收外来、面向未来的文化态度和立场，誓做新时代社会主义文化的传播者、推动者和践行者，让“文化自信”牢牢引领新时代大学生在中国特色社会主义伟大事业征程上阔步前进。

2. 弘扬和践行文明共融精神应融入“中华传统美德”的内容

中华传统美德是中华民族在长期的劳动实践中形成的独具民族精神和气质的行为规范。“今天，中华民族要继续前进，就必须立足时代、回应时代，弘扬我们的传统美德。”①其主要内容既包括忠于国家的大德，又包含奉献社会的公德，还包括追求精神境界的私德。它的内涵丰富，外延立体，是社会主义道德的源头活水。新时代大学生社会公德培育就需要进一步加强对中华传统美德的时代性阐释，摸清家底，努力推动中华传统美德的“双创”性发展。同时，还需要将中华传统美德与社会主义道德建设高度融合，以中华传统美德滋养社会主义道德建设。新时代大学生要弘扬和践行文明共融理念，既要反对“复古论”，又要反对“虚无论”，坚持弘扬和践行社会主义道德，传承中华民族传统美德，遵守道德规范，在崇德向上的道德实践中锤炼道德品质，引领道德风尚，以道德践履锤炼文明理念，做中华传统美德的崇尚者、建设者和融入者。

3. 弘扬和践行文明共融精神应融入“习近平生态文明思想”的相关内容

党的十八大提出：“大力推进生态文明建设，努力建设美丽中国，实

① 习近平．习近平谈治国理政（第 1 卷）[M]．北京：外文出版社，2014：181.

现中华民族永续发展。”①生态文明成为了新时代新发展中的凸显点。党的十九大将生态文明思想进一步具体化和落地化，将“美丽”纳入新时代中国发展建设的一体化范畴。生态文明建设是社会整体性发展的重要组成部分，也是中国共产党执政理念转变的重要体现，更是新时代中国共产党立足时代之问，回应时代之答的重要内容，其既具传统性，兼具时代性，既具整体性，兼具重点性。将生态文明教育融入新时代大学生社会公德建设，既是全面提升大学生生态文明意识和生态文明行为的重要举措，也是大力构建高校生态文明教育体系的重要内容，这有助于充分发挥高校在建设资源节约型和环境友好型社会中的积极作用，推动形成绿色发展方式、生活方式、消费方式，加快美丽中国建设步伐。新时代大学生践行和弘扬文明共融理念，就是要拓宽文明理念的内涵和外延，将行为、文化、生态、社会文明等综合内容贯穿文明共融精神践行的全过程，使文明共融理念集主体认同、介体多样、环体多元、载体创新于一体，新时代文明理念与大学生主体共融共存、共生共构。

（四）弘扬和践行法治共存精神

1. 弘扬和践行法治共存精神应融入“习近平法治思想”的相关内容

习近平法治思想对于实现国家治理体系和治理能力现代化具有纲举目张的意义，其传播、践行、认知、认同需要青年大学生的共同参与。新时代大学生应在学习“习近平法治思想”的基础上，深刻领悟其内在本质、时代特征、理论外延与实践意义，为法治中国的建设奠定坚实的法制保证，为构建中国特色社会主义法治体系提供整体性的思路和引导。融入相关内容，还必须明晰新时代全面依法治国新格局的具体内容和要求，推进全面依法治国深入化、系统化，统筹立法、执法、司法和守法工作协调

① 胡锦涛.在中国共产党第十八次全国代表大会上的报告［EB/OL］.新华网，http：//bt.xinhuanet.com/2012-11/19/c_113722546.htm，2012-10-26.

发展。新时代大学生弘扬和践行法治共存理念，必须努力提高法治素养，深刻理解和深入把握习近平法治思想的精髓，从而成为其理论的坚定拥护者、积极参与者和有力传播者。同时，新时代大学生在理解习近平法治思想的基础上，还必须弄清楚“党的领导与依法治国”的关系，这是其真正落地生根的关键环节。中国共产党的领导是中国特色社会主义最本质的特征，社会主义法治建设必须坚持党的领导。法是党的主张和人民意愿的统一体现，党和法、党的领导和依法治国是高度统一的。全面依法治国，不能把党的领导和依法治国两者对立起来。新时代的大学生要弘扬和践行法治共存精神，就必须成为社会主义法治的崇尚者、践行者和传播者。

2. 弘扬和践行法治共存精神应融入“依法治国与以德治国相结合”的理念

依法治国与以德治国是新时代中国特色社会主义治国理政的两种方式。深入理解和把握两者之间的区别与联系，是新时代大学生弘扬和践行法治共存精神的前提与基础。一方面，厘清“德治”的重要误区。一个重要的误区就是“德治必然走向人治”。这种观点认为德治只讲情，所以更容易陷入人治的误区；法治更讲理，所以会更有序。这种观点片面地理解德治的基本内涵与外延，没有将中国特色社会主义德治做全面深刻的理解；另外一个误区就是“中国传统社会只有道德没有法律”。这种观点没有用历史思维去看待德治的发展轨迹和脉络。厘清这两种误区，是全面科学认识中国特色社会主义德治的重要保障与前提。另一方面，依法治国与以德治国是治国理政的重要手段，在解决国家建设和社会发展等方面发挥着不同的作用，法治为其提供坚强的保障，德治为其提供重要的支撑，二者交相辉映，互为支撑，共同构筑新时代社会建设的基本根基。“治理国家和社会，必须一手抓法治、一手抓德治，既重视发挥法律的规范作用，又重视发挥道德的教化作用，实现两者相辅相成、相得益彰。”①因此，新时代大学生社会公德培育要在弘扬和践行法治共存精神时，融入“依法治国与以德治国相结合”的理念。

3. 弘扬和践行法治共存精神应明确“依法行使权利与履行义务”的辩证关系

新时代大学生弘扬和践行法治共存精神还应该明确“依法行使权利与履行义务”的辩证关系。只有这样，才能在社会公共生活领域中，依法行使权力，履行义务，妥善处理学习、生活中遇到的问题和矛盾，从而更好地提升自身的法律素养。法律权利是指“反映一定的社会物质条件所制约的行为自由，是法律允许的权利人为了满足自己的利益而采取的由其他人的法律义务所保证的法律手段”。义务与权利具有相对性，法律权利与法律义务相对应。法律义务是指“反映一定的社会物质条件所制约的社会责任，是保障法律所规定的义务人应该按照权利人要求从事一定行为或不行为以满足权利人权利利益的法律手段”。法律权利与法律义务不可分割，相互依存。没有权利，义务的设定就失去了目的和根据；没有义务，权利的实现也就成了一句空话。在中国特色社会主义法治国家，没有只享受权利的主体，也不存在只承担义务的主体。在法律权利和法律义务一致的情况下，一个人无论是行使权利还是履行义务，辩证的看均是有益于自身的。一方面，新时代大学生行使法律权利要注意法律权利的界限，以相关法律的规定为界限，否则就会侵犯到他人、国家或社会的利益。另一方面，新时代大学生一旦违反法定义务，就应当承担相应的法律责任。只有科学全面地理解行使权利与履行义务的辩证关系，才能真正理解法治共存的本质内涵，成为法治中国建设的中坚力量。

① 习近平．中共十八届四中全会在京举行习近平作重要讲话［N］．人民日报，2014-10-24（01）．

（五）弘扬和践行和谐共享精神

1. 弘扬和践行和谐共享精神应融入“人类命运共同体”理念

习近平提出：“坚持对话协商，建设一个共同繁荣的世界；坚持共建共享，建设一个普遍安全的世界；坚持合作共赢，建设一个共同繁荣的世界；坚持交流互鉴，建设一个开放包容的世界；坚持绿色低碳，建设一个清洁、美丽的世界。”①党的十九大报告指出：世界处于一个大发展大变革大调整时期，和平与发展已然成为当今时代的主题。同时，世界面临的不稳定性、不确定性突出，恐怖主义、网络安全、重大传染性疾病、气候变化等非传统安全威胁持续蔓延，人类面临许多共同挑战。②习近平他进一步指出：“没有哪个国家能够独自应对人类面临的各种挑战，也没有哪个国家能够退回到自我封闭的孤岛。”③面对如此形势，就必须坚持和平发展战略，就必须反对霸权主义与强权政治，就必须构建人类命运共同体。人类命运共同体理念要求世界各国一起同呼吸、共命运、齐参与，共享人类和谐发展的成果。它不仅仅指的是政治上的和谐共存，也指在自然中的和谐共生；不仅仅指的是文化上的互鉴共融，更指的是携手齐心，共享世界全方位发展的成果。要践行和谐共享精神，就要将人类命运共同体理念贯穿其中，树立“大和谐”理念，将“和而不同”作为处理国与国之间关系的基本原则，以“生生不息”精神倡导世界范围内的可持续发展，不断加强交流，增进共识，以国际担当和责任促进世界大团结、大繁荣、大发展。因此，新时代大学生应坚持正确的方向，树立人类命运共同体意识，不断提升自己的思想道德素质和科学文化水平，扩宽自己的国际视野，把

① 习近平．共同构建人类命运共同体——在联合国日内瓦总部的演讲［N］．人民日报，2017-1-20（02）．

② 习近平．决胜全面建成小康社会夺取新时代中国特色社会主义伟大胜利——在中国共产党第十九次全国代表大会上的报告［N］．人民日报，2017-10-28（01）．

③ 同上．

自身发展融入世界发展潮流中，真正成为新时代中国特色社会主义事业的建设者、倡导者和成果享有者。

2. 弘扬和践行和谐共享精神应融入“两山”理念

习近平指出：“坚持人与自然和谐共生，必须树立和践行绿水青山就是金山银山的理念，形成绿色发展方式和生活方式，坚定走生产发展、生活富裕、生态良好的文明发展道路。”① 他进一步指出：“我们既要绿水青山，也要金山银山。宁要绿水青山，不要金山银山，而且绿水青山就是金山银山。”②要按照绿色发展理念，把生态文明建设融入各方面建设的全过程，建设美丽中国，努力开创社会主义生态文明新时代。绿水青山就是金山银山理念，不仅从理论的高度阐释了环境保护与经济发展的关系，更从实践的维度揭示了经济发展与环境保护的辩证关系，是处理人与自然关系的基本指导理念，也是实现和谐社会的实践遵循。新时代大学生要明确经济发展与环境保护的辩证统一关系，经济发展要看长远，环境保护要看行动，每一个新时代大学生都应做环境保护的志愿者、参与者、传播者。在践行的过程中，不断深入体会绿水青山就是金山银山的思想，在实践中将“绿水青山就是金山银山”变为生动现实，成为新时代大学生的自觉行动，最终成为该理念的直接维护者与受益者。

3. 弘扬和践行和谐共享精神应辩证地看待“和谐观”的思想来源

新时代大学生要弘扬和践行和谐共享精神，首要前提就是要明确认识到和谐观与其他理论资源的不同，深刻把握中国特色和谐思想的时代内涵。一方面，和谐观的重要思想来源是中国传统文化中的和谐思想，其为弘扬和践行和谐价值观、构建社会主义和谐社会提供了丰富的精神养料和思想来源。同时，更应看到，中华优秀传统文化中的和谐思想，由于受到

① 习近平．决胜全面建成小康社会夺取新时代中国特色社会主义伟大胜利——在中国共产党第十九次全国代表大会上的报告［N］．人民日报，2017-10-28（01）．

② 习近平．习近平系列重要讲话读本：绿水青山就是金山银山——关于大力推进生态文明建设［N］．人民日报，2014-7-11（12）．

时代的局限性与思想实际的局限性，要么带有一定时代的阶级属性烙印，要么带有固化的传统思想痕迹，深刻把握和谐思想必须立足时代变化，剥掉其阶级属性，实现创新性发展和创造性转化，才能使其成为新时代大学生内心真正向往和追求的和谐精神。另一方面，更要明晰中国特色和谐思想与西方文化中的和谐思想具有本质区别。西方文化所强调的和谐思想，是为了维护资产阶级利益，巩固资产阶级统治的舆论工具，不是纯粹的和谐，更不是无差别的和谐。究其本质，“其是基于人性本恶为基础的契约论至上，极容易导致一种极端的个人主义，而建立在这种极端个人主义至上的和谐因其固有的同一性逻辑实际上是一种冷漠无情和排他的和谐假象”①。它与中国和谐思想在本质上是不同的，新时代大学生只有通过明晰中西方和谐思想的本质不同，才能够透过现象看本质，真正理解中国特色社会主义和谐思想的无差别性和阶级超越性，从而明确中国特色和谐思想的价值旨趣与时代内涵，成为和谐思想的坚定不移的践行者与传播者。

四、新时代大学生社会公德培育的方法

新时代大学生社会公德培育的方法是在坚持培育原则的基础上，在实践过程中的具体运用，在理论与实践融合过程中起桥梁和中介的作用。毛泽东指出：“提出、解决任务的重点在于方法问题，没有船或桥，我们就不能过河，过不了河，任务也就无从谈起。”②因此，方法在具体实践中的作用不可或缺。新时代大学生社会公德培育也要注意培育的方法，才能实现培育的目标，提升培育的实效性。

① 张岩磊，高苑．培育大学生社会主义核心价值观之和谐观的思考［J］．思想理论教育导刊，2016（06）：92.

② 毛泽东．毛泽东选集（第1卷）［M］．北京：人民出版社，1991：139.

（一）实践教育法

实践教育法具体是指以社会主义核心价值观为基础，通过有针对性的社会实践活动使践行主体融入内在认知与外化行动的综合性过程，其核心就是实践主体在实践中感悟、在感悟中认同、在认同中外化，知行合一，一以贯之。新时代大学生社会公德培育说到底还是一种道德意识的培育，其最终要落到具体的社会实践和道德实践中。因此，将不同形式、不同内容、不同主题的社会实践活动融入培育的过程，是强化新时代大学生社会公德培育的重要方法。同时，在进行社会实践教育法的过程中，要适时把握内容精准、主体鲜明、贴近实际、便于落实等原则，把新时代大学生社会公德的具体理论与详细要求与有针对性的社会实践活动有机融合，使新时代大学生在实践教育活动中加深对其秉持的社会公德理念和内容的认知、认同程度，不断将其转化为自身的行为习惯和道德准则。列宁指出："即便把共产主义的书本背的滚瓜烂熟，却不会融会贯通，付诸实践，就不会是真正的共产主义运动。"[①]这也充分说明了将理论与实践教育有机结合的重要性。因此，新时代大学生社会公德培育强化实践教育的方法，既有理论参考性，又有实践可行性。在具体的实践教育中，引导新时代大学生在具体的社会实践中感悟家国情怀，理解友善互助，培育法治理念，认同和谐共生，融汇文明共融，不断深化对大学生应该具有的道德规范的认同程度，从而使培育工作更加生动具体，提升培育工作的效果。

（二）榜样教育法

榜样教育法是指以先进模范的先进行为、先进事迹和崇高道德为引领，使受教育者学有榜样、行有示范，形成见贤思齐、争当先进的教育方法。"榜样具有强大的号召力和吸引力，是进行正面教育最生动、最形象

① 列宁 . 列宁选集（第 4 卷）[M] . 北京：人民出版社，1995：282.

的教科书。榜样教育法在新时代大学生社会公德培育中要注意发挥教师示范作用、榜样选取贴近时代、榜样选择贴近学生、榜样实际的真实性、榜样选择的代表性、榜样现身说法等方面的事项。”[①]在新的形势下，运用榜样教育法有利于增强大学生社会公德培育的实效性、科学性和实践性，同时有益于强化思想政治教育的功能性。新时代大学生社会公德培育要充分发挥榜样教育生活性、生动性、激励性的优势，将深刻的、抽象的价值理念通过具体的、真实的实际榜样体现出来，并将之完整地呈现在大学生群体面前，使之充分感受到榜样的引领作用，从而引发他们内心对具体事件及其背后理论支撑的共情与共鸣，进而激发他们学习榜样、崇尚模范的积极性与主动性，从而使新时代大学生社会公德培育更具说服力、感染力和感召力。

（三）隐性教育法

隐性教育法是指思想政治教育的主体、客体、介体、环体等构成要素进行隐性化，通过非明显、可持续、不确定的形式在具体的道德实践中发挥作用，从而影响受教育者道德意识和道德素质形成的方法。它主要有三个方面的特点，“教育目的上具有非鲜明性，教育效果的可持续性、教育对象的不确定性。”[②]新时代大学生社会公德培育秉持隐性教育法，需要将培育的目的、培育的方法隐性化，通过将其与社会大环境相融合、与周围小环境相融合、与教育者人格相融合的隐性教育方式，开展培育工作。使新时代大学生在潜移默化中主动参与具体的道德实践活动，在不自觉中接受新时代大学生社会公德的具体内容和要求，并不断地将所学运用到其与大环境、小环境的关系中，从而提升新时代大学生社会公德培育的维度，拓宽培育的幅度，明确培育的向度，实现培育工作的全方位、广覆盖。

---

① 骆郁廷，徐建军．大学生思想政治教育理论与实践［M］．北京：高等教育出版社，2009：134.

② 刘静静．论隐性教育法在高校思想政治教育实践中的运用［J］．百家论点，2018（09）：135.

（四）心理教育法

心理教育法是指思想政治教育者运用心理学的相关理论与内容，利用心理学的技术和方法，通过促使受教育者心理健康的发展来实现思想政治教育目的的方法。思想政治教育与心理健康教育存在密切的关系，其内在地包含了心理健康教育的成份，它也离不开心理健康教育的积极成果，心理健康教育所干预的领域越来越向传统思想政治教育领域靠拢。“心理健康教育对思想政治教育发展具有重要的参考借鉴价值，把心理健康教育作为思想政治教育领域具有客观的必然性和长足的优势。”①新时代大学生社会公德培育重点要关注新时代大学生的心理变化、心理态度和内心活动，心理活动的变化对其行为选择和价值判断有着重要影响。新时代大学生在时代大环境和家庭、学校小环境的多重压力下，内心呈现社会公德心缺失、社会责任感弱化等情况不一的变化，只有通过对其进行心理疏导、行为指引等方法，内心形成积极向上、向善的性格特征，才能实现培育工作主动性、长效性和持久性。

（五）激励教育法

激励教育法是指教育者运用综合的激励手段不断激发受教育者产生学习动力，主动参与道德实践，提升道德素质的教育方法。其主要通过“刺激—需要—动机—行为”的基本模式，使受教育者在不同的道德践行过程中，不断强化道德认知，激发动力，完成受教育过程。新时代大学生社会公德培育要坚持内容激励法、过程激励法和状态激励法。其中，内容激励法是聚焦激励的起始阶段、过程激励法着眼于激励的过程阶段、状态激励法侧重于激励的终止阶段，三种激励方法贯穿新时代大学生社会公德培育的始终，从引发行为的刺激物出发，到不断促使人的行为与外界刺激作

① 佘双好．心理健康教育何以成为思想政治教育的研究领域［J］．马克思主义研究，2007（03）：89.

用，最终到满足人的需求，共同贯穿培育工作的始终。激励教育法在使用过程中，要采用激励分层、正负强化相结合、引导激励与过程激励相结合的方式进行。“激励分层是指由于生活环境、社会背景不同，需要根据教育对象的层次和需求，设置激励模式的内容和目标，才能形成刺激、产生动机、转化行为；正负强化是指对符合大学生社会公德的目标行为进行奖励，对不符合的进行惩罚；引导激励是设置目标促进教育对象的养成行为，过程及历史对受教育对象的行为进行持续调控，并在过程中运用各种教育方式进行行为强化。”[①]新时代大学生社会公德培育，坚持过程中的激励教育法，不断刺激大学生的原生动力，不断运用综合矫正的方法保证培育方向并持续调控，从而为培育工作奠定坚实的方法论基础。

总之，新时代大学生社会公德培育需顺应时代的要求，不断更新培育的方式方法，并使其高度融合，从而使培育工作有方法、不机械、有针对性地开展。更要注意的是新时代大学生社会公德培育的方法并非是一概而论，也不是大水漫灌，而是根据大学生群体的不同情况，有选择、有重点地选取合适的方法，使培育工作更具实效性。

综上，强化新时代大学生社会公德培育的实践遵循，将培育工作的基础理论要求和内容方法加以明确和梳理，为新时代大学生社会公德培育的实践路径奠定坚实的理论基础。

① 骆郁廷. 思想政治教育原理与方法［M］. 北京：高等教育出版社，2010：161-165.

第五章　新时代大学生社会公德培育的实践路径

通过对新时代大学生社会公德相关理论的梳理与解读，基于新时代大学生社会公德培育现状的审视，明确新时代大学生社会公德培育的实践遵循，进而提出新时代大学生社会公德培育的实践路径，以确保培育工作的时代性、针对性与实效性。

一、高校教育是新时代大学生社会公德培育的重要阵地

高校是新时代大学生社会公德培育的重要阵地，是培育工作最主要的立足点和场域依托。通过新时代大学生社会公德培育现状问题的原因分析，发现了高校教育、管理、教学等一系列问题。因此，新时代大学生社会公德培育应首先紧紧围绕高校，以发挥其主阵地作用。

（一）全面提升高校教师的综合素质

高校教师在培育大学生立德树人的过程中，发挥着主导作用。习近平总书记指出："教师之所以重要，就在于教师的工作是塑造灵魂、塑造生命、塑造人的工作。"[①]新时代大学生社会公德培育的核心在于大学生自身，但是，教师在其过程中发挥着"学为人师、行为世范"的重要作用。新时代高校教师秉持"四有"理念，对新时代大学生社会公德的形成和践行有着重要的理论与实践指导作用。

---

① 习近平．做党和人民满意的好老师——同北京师范大学师生代表座谈会时的讲话［N］．人民日报，2014-9-10（02）．

1. 高校教师应全面提高社会公德践履的理论与实践水平

高校教师具备高度的社会公德意识和践行能力，从理论与实践上应是新时代大学生社会公德建设的标杆。一方面，高校教师应丰富并完善社会公德的基础理论。依据前文访谈，高校教师对社会公德的基础理论有较高认知，但对于新时代大学生应该秉持的社会公德的认知有待提高。因此，高校教师应该深入厘清新时代大学生社会公德的内涵与外延，进一步明晰新时代大学生社会公德与普遍意义上社会公德的区别与联系，从而使培育目标更具针对性与主体性，培育内容更具时代性、深入性和实效性，为培育的理论传授与践行奠定基础。另一方面，高校教师在日常教学中应重视新时代大学生社会公德教育。当问到“您认为高校教师对新时代大学生社会公德培育的影响如何？”时，32.74%同学认为非常大，48.91%同学认为影响较大（图 5.1）。因此，高校教师应在日常教学与生活实践中重视培育工作。其一是在日常的教书育人中有意识地加强对新时代大学生社会公德相关理论的讲解，让大学生在课堂上直接了解相关理论。其二是高校教师在日常生活中，坚持对社会主义中国的热爱、坚持对国家大政方针的认可和认同、坚持将家国情怀贯穿自己工作和生活始终，以坚定的政治立场和真正的家国情怀感染和引导学生；他们在日常交往中，与人为善、与人为伴，传递爱心、投身公益，主动关心人、照顾人，以自己的言行去潜移默化学生；他们遵守法律法规，心怀正义之心，坚定地同违法犯罪行为作斗争，同社会丑恶现象作斗争，用自己的实际行动诠释法治内涵；他们志趣高尚、举止文明、言谈儒雅、视野宽广、内外兼修，用自身的文明行为和科学的态度去教育引导学生；教师热爱自然、热爱生活、热爱家庭，人际关系和谐，积极参加环境保护、志愿服务活动，用实际行动感染学生。总之，高校教师应全面提升社会公德践履的理论与实践水平，使其成为培育工作的领路人。

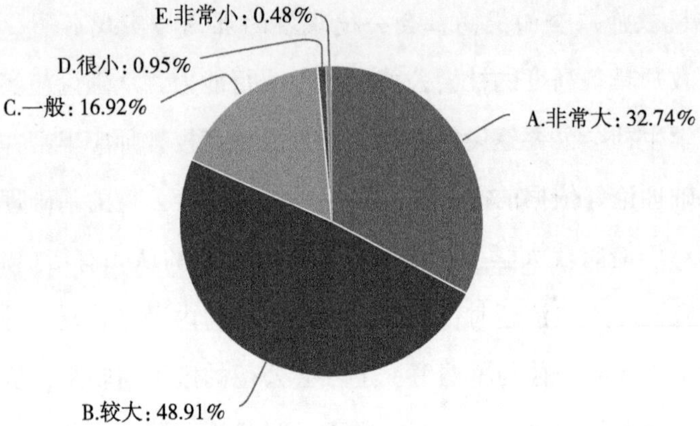

图 5.1　关于高校教师对新时代大学生社会公德培育影响程度的调查

Fig. 5.1 investigation on the influence of college teachers on the cultivation of social morality of college students in new era

2. 高校教师应充分发挥自身的榜样示范作用

乌申斯基说过："教师的个人范例，对于青年人的心灵，是任何东西都不可取代的最能用的阳光。"①这说明教师的一言一行对学生成长的影响不仅是不可或缺的，更是潜移默化的。规范高校教师的行为，形成高校教师日常行为规范，建设良好的师风、教风是保证培育工作的重要保障。首先，学校要形成新时代师德、师风建设行为条例并监督执行，加强对高校教师的言行引导。通过定期或者团体学习的形式保证高校教师内外兼修，引导教育自己的学生要以较高的社会公德要求和标准规范他们的日常行为。其次，高校教师要严以律己，高标准、严要求规范自己在校园生活中的一举一动。高校教师以自身的言行举止影响自己的学生，以自己具体的社会公德实践去感染学生。最后，高校教师要时刻具备榜样意识。高校教师要明确自己对于新时代大学生社会公德的培育和践行具有重要的榜样示范作用，时刻强化自己的榜样意识，秉持高度的社会责任感和高尚的社会公德心，用真情教育人、用行动指引人，充分发挥榜样的力量。

① 王思震．教师论［M］．南京：江苏教育出版社，2002：53.

3. 高校教师应全面提升自身的专业素养

高校教师全面提升自身的专业素养，为培育工作提供有效的实践基础。第一，高校教师要提升自身的教学能力。新时代大学生知识覆盖面广，受多元化思潮的影响深，并且具备一定的鉴别能力和理论基础。高校教师只有不断提升专业素养、更新教学理念、完善教育方法，才能够把新时代大学生社会公德相关理论讲清楚、说明白、弄透彻。第二，高校教师要提升自身的科研能力。立足新时代大学生社会公德培育，加强相关理论的科研攻关力度，将相关内容、相关理论和学术前沿融入到自己的科研工作中，探索培育规律、培育特征，立足新时代，为大学生社会公德培育奠定坚实的科研根底，实现培育工作的科学性与持久性。第三，高校教师要不断更新自己的教学方法和管理理念。进入新时代，传统的教学科研已经不能满足大学生进行社会公德培育的现实要求，高校教师应不断更新自己的教学方法和管理理念，立足新时代，以立德树人为根本任务，与时俱进地将“以学生为本”的教育理念贯穿自己教育、教学与管理全过程，才能使自己的学生心怀公德之心，做新时代社会公德践行的生力军。

4. 高校教师应全力推进培育合力的形成

“大学生思想政治教育工作队伍主体是学校的党政干部和共青团干部，思想政治理论课和哲学社会科学教师，督导员和班主任。”①因此，新时代大学生社会公德培育也需要高校教师明确分工，优化由思想政治理论课教师、专业课教师、党政管理者与辅导员组成的队伍结构，全方位、有针对性地开展培育工作，切实形成培育合力。具体来说，第一，着重发挥高校思想政治理论课教师的关键作用。习近平强调：“办好思想政治理论课关键在教师，关键在发挥教师的积极性、主动性、创造性。”②因此，培育和

① 中共中央国务院．关于进一步加强和改进大学生思想政治教育的意见［N］．人民日报，2004-10-15.

② 习近平．习近平主持召开学校思想政治理论课教师座谈会强调用新时代中国特色社会主义思想铸魂育人贯彻党的教育方针落实立德树人根本任务［N］．人民日报，2019-3-19（01）.

践行新时代大学生社会公德就要发挥好高校思想政治理论课教师的关键作用。新时代思想政治理论课教师坚持“六要方针”，不断提升其时代性、理论性、针对性和通俗性；要坚持“八个相统一”原则，通过多样化的思想政治理论课讲授，使新时代大学生明晰马克思主义视域下社会公德的本质内涵和实践外延，明确新时代大学生在社会公共生活领域应具有的社会公德意识和具体的行为实践，从而为培育工作奠定坚实基础。通过坚持“八个相统一”，潜移默化地引导和教育大学生认可、认同、践行新时代大学生社会公德的具体要求和内容，为培育工作构建坚实的主体基础。第二，充分发挥专业课教师与思政课教师互补优势，切实形成培育合力。专业课教师与大学生的学习和生活时间较长，对培育工作具有重要的作用。因此，要不断开发专业课的思想政治教育因子，强化专业课教师的思想政治教育意识，将工作贯穿课上课下，将新时代大学生社会公德的具体要求和内容与专业课进行有机融合，让高校的专业课成为新时代大学生社会公德培育的重要阵地，与思政课实现互助互补，为培育工作扩宽领域、增强实效性提供保障。第三，充分发挥高校管理的理论及实践指导优势，切实形成培育合力。一方面，发挥高校管理的理论指导优势。高校党政部门、辅导员等是大学生思想政治教育工作的发起者、组织者、服务者，承担着指引、教育、保障、服务等重要职责。一切政策和精神最终要落到相关的学生工作和管理部门。他们通过对相关文件和政策的解读，不断开拓形式多样并有针对性的学生活动，并为活动的顺利开展做好引导，提供保障，推进相关方针政策落地生根，从而促进培育工作有针对性地得到具体践行。充分发挥其管理与理论指引作用，为培育工作提供坚实的组织保障。另一方面，发挥高校管理的实践指导优势。其一是要重视高校辅导员的队伍建设，确保国家对辅导员队伍建设的相关政策方针落实到位，配齐配强高校辅导员队伍；其二要不断开拓高校辅导员学习、进修渠道，加强高校辅导员理论知识、实践能力的培育力度，为高校辅导员全面进步提供良好的政策保障和后勤保障；其三高校辅导员还要强化自己的社会公德意识，把对新时代大学生社会公德意识的培养和践行贯穿到日常的学生管理工作中，通过政策激励、实践调研等多样化的形式，使大学生深刻体会其应具备更高的社会公德标准和层次，为培育工作做好管理和服务工作，为培育工作奠定坚实的基础，切实形成培育合力。

（二）及时更新高校教育者的教育管理观念

高校教育者教育管理观念是否与时俱进直接关系着新时代大学生社会公德培育的深度和广度。根据调查问卷，当问到“您认为高校对大学生社会公德培育的方法如何？”时，33.15%的同学认为一般。因此，应及时更新教育者教育管理观念，不断强化其重视程度，为培育工作提供坚实的保障。

1. 坚定贯彻“立德树人”的教育理念

党的十九大指出：“高校要全面贯彻落实党的教育方针，落实立德树人根本任务。”[①] 新时代大学生个性突出、主体意识强，在社会公共生活领域自我意识与个性特征凸显。在此背景下，重视新时代大学生立德成人是培育新时代、新青年的题中之义，这就需要坚定并贯彻“立德树人”的教育理念。坚定并贯彻“立德树人”的教育理念，首先要明白立什么样的德，成为什么样的人。习近平总书记在2019年全国思想政治教师座谈会上做出了详细解答，立的是“明大德”“守公德”“严私德”的新时代大学生，培养的是新时代中国特色社会主义现代化建设的接班人，而不是“掘墓人”。将“立德树人”的教育理念贯穿高校教育教学的始终，贯穿于日常的教育管理、教学服务过程中，是培育工作的首要条件。其次，要树立“以人为本”的思想政治教育理念。在培育过程中，坚持“以人为本”的

① 习近平．决胜全面建成小康社会夺取新时代中国特色社会主义伟大胜利［N］．人民日报，2017-10-28（01）．

教育理念，就是不断根据新时代大学生的主体特征，突出其主体地位，充分发挥其主观能动性和创造力，为培育工作注入主体动力。高校教育者不断依据大学生的学习背景、情趣爱好、性格特点等广泛开展相应的社会公德培育活动，积极与大学生交流互动，时刻关注大学生的道德形成和养成，从而提升培育的内在动力。再次，必须注重大学生的个性发展。新时代大学生社会公德培育要充分发挥新时代大学生朝气蓬勃、奋发向上、个性鲜明的突出优势，并且利用这些优势，因材施教，因势利导，促进培育工作的多样化和时代化。最后，积极引导大学生全面认知自己。立德树人聚焦在大学生身上就是立德成人，要想成为一个真正的“大人”，就必须全面认识自己，认识到自己正处于价值观形成的关键时刻，正处于思维意识成熟的关键阶段，了解到自己视野不够开阔、鉴别能力和审时度势的能力不够强等实际情况。只有全面认知自己思想和行为上的优势和不足，才能够使他们清楚地认知新时代大学生应该具备什么样的社会公德，找准自己的准确定位，为培育工作提供适度的张力。

2. 优化完善教学和管理方法

通过对新时代大学生社会公德培育问题的原因分析，可以看出，培育工作在教学方法和管理方法上尚存在问题，教学与管理方法有待提升。因此，优化和完善教学管理方法，是从理论和实践维度为培育工作提供坚实保障的有效途径。首先，在传统教学基础上，探寻课堂教学新模式。其一，从教学内容上看，高校思想政治理论课教师和专业课教师要不断丰富教学内容，与时俱进地完善理论教学内容。在进行相关理论的传授过程中，适时增加社会舆论热点、最新时政新闻、文体艺术相关的最新消息等内容，不断提升课堂的内容性和趣味性，提升高校课堂的吸引力。其二，从教学方式上看，不断引入主题式、讨论式、互换角色式、讲座式、辩论式等教学方式，与时俱进地引入翻转课堂、慕课建设等不同形式的教学方法，提升课堂的开放性，从而保证课堂教学的实效性。其次，在课堂中融入新时代大学生社会公德实践意识。新时代大学生社会公德培育是一个理论到实践的统一过程，在理论的基础上加以实践，才能保证培育工作真正落到实处。在此过程中，要增强教育实践意识，积极开展与社会公德相关的实践活动，将大学生不同形式的实践活动与课上理论教学有机融合。通过课上课下的针对性结合、校内校外的目标性体验、理论与实践的双向互动，让新时代大学生在实践过程中感悟其应该具备什么样的社会公德，应该怎么去培育和践行新时代大学生社会公德，从而明确培育的必要性和重要意义，提升自己的践行能力。最后，构建高校教学、管理、服务三合一的新时代大学生社会公德培育联动机制。通过教学工作的理论引导，通过管理工作的实践锤炼，通过服务工作的支持保障，构建理论、实践、保障三位一体的大学生社会公德培育机制。

3. 建立健全多方培育沟通机制

通过调查分析可知，新时代大学生社会公德培育产生问题的关键原因在于培育的教育合力不足。因此，新时代大学生社会公德培育需要高校、家庭和社会共同参与才能完成，这就需要建立有效的、全方位沟通机制，保证培育工作协调顺畅。一方面，要建立学校和社会的沟通渠道。高校在这个过程中，要不断加强与相关政府部门、非营利组织、社会团体、宣传机构的沟通与协调，使得大学生在参与社会公德实践中有相关法律法规的保障、有相关社会团体的帮助、有相关宣传机构的介入，立体化保证培育工作有依据、有遵循、有效果。在此过程中，高校还要充分利用传统宣传和现代化媒体宣传的方式，为培育工作营造风清气正的舆论氛围。另一方面，要建立学校与家庭协同合作的长效机制。高校通过电话、短信、微信等现代化的信息沟通手段，不断与学生家长保持密切沟通，以保证家庭教育与学校教育目标一致、理念一致、行动一致，保证培育效果。

（三）充分发挥高校思想政治理论课的主渠道作用

“思想政治理论课是落实立德树人根本任务的关键课程，作用重大。”①“思政课建设只能加强，不能削弱，必须增强办好思政课的信心，全面提高思政课质量和水平。”②高校思想政治理论课是新时代大学生树立正确“三观”的关键阵地，是新时代大学生社会公德培育的主要途径。通过前文的分析，高校思想政治理论课建设在新时代大学生社会公德培育方面存在不足。只有充分发挥其作用，不断增强课程的深度、广度和向度，才能保证培育工作的实效性。

1. 发挥思想政治理论课的主渠道作用，须有高度的政治站位

办好思想政治理论课，发挥其在大学生社会公德培育中的主渠道作用，要有高度的理论政治站位。一方面，习近平指出：“我们党立志于中华民族千秋伟业，必须培养一代又一代拥护中国共产党和我国特色社会主义制度、立志为中国特色社会主义事业奋斗终生的有用人才，针对这个问题，我们必须旗帜鲜明、毫不含糊。”③将新时代大学生社会公德培育与培育社会主义接班人和建设者的根本立场结合起来，与培养人的高度、建设千秋伟业的高度结合起来，才能立场明确、目标一致、站位高远，实现培育工作的长效性和科学性。另一方面，要有高度的实践政治站位。知是行之始，行是知之果，以知促行，以行促知。“充分发挥思想政治理论课的主渠道作用，就要用‘习近平新时代中国特色社会主义思想’铸魂育人，引导大学生增强‘四个自信’，厚植爱国主义情怀，将情、志、行自觉融

① 中共中央办公厅，国务院办公厅 . 关于深化新时代学校思想政治理论课改革创新的若干意见［M］. 北京：人民出版社，2019：7.

② 同上 .

③ 习近平 . 用新时代中国特色社会主义思想铸魂育人，贯彻党的教育方针，落实立德树人根本任务［N］. 人民日报，2019-3-19（01）.

入实现中华民族伟大复兴的奋斗之中。”[①] 将新时代大学生社会公德培育融入中国特色社会主义伟大实践中，融入认同和增强“四个自信”具体实践中，融入大学生自身行为实践和道德实践中，从而提高培育工作的实效性，保证培育工作的时代性。

2. 发挥思想政治理论课的主渠道作用，要聚焦课程内容建设

多年来，思想政治理论课课程建设取得了显著成效，但是，面对新时代、新目标、新任务、新问题、新挑战，还需要加强课程内容建设，从而提升思想政治理论课的教学实效。第一，要聚焦课程内容建设，必须系统开展马克思主义理论学科教育。其是思想政治理论课教学的基础内容，是新时代大学生社会公德培育的基本支撑和理论基础。开展相关内容教育，就是引导大学生用马克思主义立场和方法去看世界、悟人生，在此基础上，与时俱进地开展“习近平新时代中国特色社会主义思想”教育，用其解决新时代大学生社会公德培育中的实际问题，是实现培育工作时代化、科学化的根本保证。同时，要加强课程内容建设，还必须系统开展社会主义核心价值观教育，这有利于引导新时代大学生科学认识其内涵与外延，从而使他们形成国家意识和社会意识，成为理论的时代践行者。

第二，要加强课程内容建设，必须突出重点课程教育。新时代大学生社会公德培育的重要阵地就是思想政治理论课，集中体现在大学阶段的6门思想政治理论课中。在思想政治理论课的具体课程中，进一步凸显大学生社会公德的相关内容，并一以贯之，从而使重点课程充分发挥作用。《马克思主义基本原理》课程中应将社会公德的理论来源、理论基础、内涵、特征、外延讲清楚，弄明白，进一步明确大学生践行社会公德的理论依据；《中国近现代史纲要》课程中要用宏观的历史思维，清晰的实践逻辑，向新时代大学生梳理社会公德的发展脉络，让新时代大学生用历史思

① 张雷声 . 办好思想政治理论课与建设马克思主义理论学科［J］. 吉首大学学报（社会科学版），2020（2）：43.

维体味到贯穿始终的家国情怀、感悟到与人为善的处事法则、感触到文明有礼的精神面貌、领悟到公平正义的法治理念、认知到天人合一的谐适境界，从而强化新时代大学生对社会公德的历史认知，强化践履意识；《毛泽东思想与中国特色社会主义理论体系概论》课程中与时俱进地讲清楚中国共产党在不同的历史时期的基本立场与指导思想，使新时代大学生理解到中国特色社会主义发展不同阶段的本质一致性与内容时代性，从而强化新时代大学生对社会公德的道德认知；《思想道德修养与法律基础》课程中，要深入阐述社会公德的时代内涵、具体内容、践行方法，全面结合现实大学生的道德状况，为新时代大学生社会公德培育提供具体的实践要求与价值参考。同时，在课程中，以提升大学生的思想道德修养与法治基础为立足点，进一步提出新时代大学生应该具有更高层次和标准社会公德的具体要求，为培育工作提供现实的理论可行性和切入点；《形势与政策》课程中，应将国家时政、社会热点中关于社会公德的内容贯穿课程讲授中，并在引领新时代大学生睁眼看世界的过程中，引导他们坚定鲜明的政治立场，提升自己的社会公德意识，促使新时代大学生立德成人；《习近平新时代中国特色社会主义思想》课程中，以习近平中国特色社会主义思想为依托，紧扣新时代中国特色社会主义在政治、经济、社会、文化、生态、道德建设方面的变化与发展，从而启发新时代大学生聚焦新时代，深入把握大学生社会公德在新时代蕴含的时代特色与内容特征。

第三，要加强课程内容建设，必须突出重点内容教育。新时代大学生社会公德培育是以社会主义核心价值观为引领，以大学生群体为主体，开展的社会公德培育。因此，开展培育工作，就必须突出重点内容教育。首先是开展理想信念教育。这样做，就是要让大学生认知自己是中华民族伟大复兴“中国梦”的见证者、建设者和圆梦者，从而坚定马克思主义崇高理想，巩固中国特色社会主义共同理想，做崇高理想和共同理想的忠实践行者。在此过程中，引导新时代大学生正确处理好自己与国家、社会和个人的关系，从而树立大学生社会公德意识并有效践行。其次，要积极开展爱国主义教育。新时代大学生社会公德的首要内容就是爱国共建，爱国是新时代大学生最鲜明的精神标志与时代特色，共建是新时代大学生将爱国情、强国志、报国行有机结合的具体要求。积极开展爱国主义教育，就需要让大学生明白，在不同的历史发展阶段，青年大学生应心怀祖国、不顾一切，以高尚的家国情怀投入民族解放和祖国建设的滚滚洪流中。思想政治理论课教育，突出爱国主义教育，突出爱国践行引导，为新时代大学生在公共生活领域正确处理自己与国家的关系提供了基本准则。最后，要适时开展形势与政策教育。“高校还应从国际政治格局的变化、世界经济全球化以及多媒体技术的发展与大学生的使命教育等方面来加强形势任务教育。”[①]开展形势与政策教育，要将国际格局、国内时政有关社会公德的内容贯穿课程教学中，并强化新时代大学生的道德引导，让他们面对舆论热点，用辩证的思维去看待问题、分析问题进而坚定自己的道德立场。在此过程中，要强化问题导向，不回避问题，把社会中热点现象的内在根源、现实困境和解决路径引导清楚，讲解透彻，使新时代大学生面对违反社会公德的行为，能够明晰自己的角色定位，做出正确的行为选择。突出重点内容，使新时代大学生社会公德的具体要求真正内化于心。

3. 发挥思想政治理论课的主渠道作用，要改革课程的方式思路

转变思想政治理论课的方式思路，是提升课程实效性、增强课程艺术性的必由之路，也是充分发挥其主渠道作用的题中之义。

第一，认真贯彻落实关于思想政治理论课的相关规定，真正重视思想政治理论课。在形式上，适当增加思想政治理论课的授课时长。“思想政治理论课是在高校德育工作经验总结基础上形成的关于大学生政治、思想、道德品质和心理行为训练的系统理论知识。”[②]它传递的关于世界观、

---

① 杨德广．加强形势任务教育增强大学生的使命感和责任感［J］．中国高教研究，2005（05）：9.

② 李朝京，高淑芳．思想道德修养［M］．南京：南京大学出版社，2005：3.

人生观、价值观的培育思路和立场、观点、方法，对于大学生思想道德的形成和发展具有重要意义。新时代，大学生价值观的形成受多元社会思潮的影响，加之大学生的个性特征，就需要系统的思想政治理论课内容对新时代大学生进行引导和教育。适当增加思想政治理论课的授课时长，可以让大学生对其内容进行全面深入的理解和掌握，而不是点到即止，也不是浅尝辄止。这样做有利于避免思政课教师根据自己的兴趣和专业背景去任意选择所谓的重点课程讲授，提升大学生思想道德素质教育的科学性和深入性，为新时代大学生社会公德培育提供关键支撑。同时，在时间安排上，真正将思想政治理论课放到一定的高度，科学安排思想政治理论课的授课时间，而不是将思想政治理论课全部排课到晚上或者下午的后两节，这样既参考了大学生的生理作息时间，又提升了思想政治理论课的授课效率。

第二，协同其他课程进行思想政治教育。培育工作不仅仅体现在思想政治理论课课堂上，还应充分挖掘其他课程的思政因子，使其与思想政治理论课形成全面培育合力，从不同角度、不同方位，积极开展大学生社会公德培育。“道德教育依靠多学科进行，不能单一的靠这一门学科进行。”①新时代大学生社会公德培育不仅仅需要思想政治理论课进行培育，更需要其他课程的配合与支撑，充分发掘专业课、选修课和实践课关于社会公德的相关内容，适时开展大学生社会公德培育。“各科专业课因其课程属性和覆盖范围，是学校进行社会公德教育的基本途径之一。”②充分挖掘其他课程的思想政治教育因子，将有关大学生社会公德内容、实践形式和评价指标有针对性、有选择性地融入新时代大学生社会公德培育全过程，实现培育工作的全覆盖。具体来说，有选择地将大学生社会公德的内容融入到其他课程的备课、授课、提问、考核等环节，切实发挥其他课程

① 鲁杰，王逢贤 . 德育新论［M］. 南京：江苏教育出版社，1994：494.

② 詹万生 . 整体构建德育体系总论［M］. 北京：教育科学出版社，2001：393.

的培育优势。

第三，转变传统思想政治理论课模式，将理论与实践有机结合。通过前文分析可以知道，传统的思想政治理论课就是教师讲台授课，学生课下听讲，下课搁置一旁，你讲我听的理论模式。加之思想政治理论课的授课内容对于大学生来说，基本都能满足考试需求，大大降低了思想政治理论课的内容魅力和课程吸引力。因此，要想充分发挥主渠道作用，就要改变传统的思想政治理论课模式，保持课程考核的适度张力，融入相关社会实践。一方面，要在思想政治理论课最终考核上做文章。不能延续传统的考核方式，开卷考试或者写一篇简单的小文章，也不能简单地考核常识性的问题。应该在考察基本核心问题的基础上，适当增加思考性、总结性、发挥性的题目，以提升课程考核的宽度、深度和向度，从而提高大学生上课的驱动力。另一方面，要将社会实践有机融合在思想政治理论课中。思想政治理论课，顾名思义，理论内容传递是其主要目标，但是理论最终是要通过实践来检验或者推动的。将理论课堂的脉络延伸到社会实践中，大学生通过社会实践体会到社会责任的意义、感悟到社会公德的内涵，锤炼品质，砥砺道德，服务人民，奉献社会，不断地提升自己的精神境界和道德实践，从而深刻理解和认同大学生在社会公共领域中应该具有什么样的道德规范和道德要求，不断加深对爱国共建、友善共筑、文明共融、法治共促和和谐共享内容的认可、践行程度，为新时代大学生社会公德培育提供有效的实践遵循。

（四）着力创建良好的校园文化环境

通过域外借鉴可以看出，域外大学生公共道德培育十分重视校园文化环境对大学生道德培育的作用。因此，通过创建良好的校园文化环境，实现培育工作的隐性化成为了培育工作的重要内容。

第一，全面加强校园物质文化建设。校园物质文化是一个学校精神气质的外在表达和物质依托，是一个学校“硬建设”的重要表现形式，为培育工作提供重要的环境支持。通过完善校园的硬件设施，打造环境优美、功能齐全、各具特色的校园物质文化环境，充分发挥校园文化中一草一木、一楼一馆、一山一水、一亭一阁、一桌一椅的育人功能，从而使新时代大学生无论何时、何地，都能保持轻松愉悦的心情、积极向上的态度，为形成学生高尚的道德情操提供环境保障。同时，优美的环境、完善的设施、完备的硬件、良好的秩序对大学生的不良行为起到抑制作用，无形中削弱和降低大学生违背社会公德的行为，从而为培育工作奠定坚实的基础。第二，全面加强校园精神文化建设。首先，要挖掘以学校精神为核心的，独具校园特色的校训、校歌等文化因素。通过对这些校训、校歌等因素的挖掘，将其与社会公德的内容有机融合，促进培育工作。在此过程中，利用学校传统宣传手段和现代化的宣传手段，将关于新时代大学生社会公德的要求全面化、立体化、无死角地传递给大学生，增加培育工作的渗透力。其次，要打造良好的校园学术风气。良好的校园学术风气，对于大学生形成爱国共建、和谐共享、文明共融、法治共存、友善共筑的社会公德意识具有重要的引导作用。最后，要构建良好的校园文化氛围。通过校内宣传橱窗、校园广播、校内论坛、贴吧等形式，立体化开展新时代大学生社会公德内容、形式、意义等方面的宣传工作，广泛宣传践行模范，使校园形成一个立体宣传的循环体、榜样教育综合体、全面活动综合体，为培育工作创造良好的校园文化环境。第三，全面加强校园制度文化建设。全面加强校园制度文化建设，是落实“管理育人”要求的重中之重。一方面，高校制定完善的大学生日常行为规范和规章制度。从大学生的生活、学习、实践各个环节入手，制定详细、有针对性的规章制度。在这些规章制度的制定和完善过程中，将关于新时代大学生社会公德的内容贯穿其中，明确作为新时代大学生在社会公共领域应该做什么，不应该做什么；倡导做什么，禁止做什么，让培育中有层次、有红线，保证培育工作的实效性。另一方面，高校要健全大学生社会公德评价体系。在大学生学习、生活和实践过程中，自己践行社会公德的意识、行为道德如何，自己有没有积极主动践行社会公德的意愿，要通过相关的评价机制进行评价和激励。在此过程中，利用班级评优、个人评优、宿舍评优等奖励手段，提升大学生参与社会公德实践的动力和积极性。第四，统筹校园文化建设中的关键部分。首先要紧抓班级建设。大学生积极融入班级建设、主动参与班级集体活动，正确处理与集体、与他人的关系，潜移默化中形成新时代大学生社会公德意识。同时，一个有力的班委核心、民主的班级氛围、凝聚力高的班级精神、积极向上的班级风貌，能够为新时代大学生社会公德意识的形成和践行提供必要的支撑。其次，更要抓好网络建设。通过前文研究可以看出，新时代是信息化、网络化时代，大学生是网络时代的“弄潮儿”与领头羊。因此，更应加强网络建设，积极构建与新时代协同发展的网络社会公德。在此过程中，引导新时代大学生正确使用网络工具、健康进行网络浏览、加强网络道德自律、积极引导网络舆论。大学生积极遵守网络生活中的道德规范，为新时代大学生社会公德的形成和践行提供良好指引。最后，要抓好宿舍建设。要充分发挥宿舍建设的熏陶作用，就必须在细节上下功夫。一方面要加强宿舍管理。将相关的规章制度制定和具体执行融入到具体的大学生的生活、学习、交往等环节。对不文明、不友善、不和谐、违反法律法规、不爱国的日常行为进行矫正和监督，以保证新时代大学生室内室外一个样、校内校外一个样。另一方面，积极加强宿舍文化建设，发挥宿舍文化育人功能。通过“共产党员宿舍”“优秀文明宿舍”等活动的开展，极力营造人人友善、团结互助、积极向上、文明有礼的宿舍文化面貌，力争实现培育工作融入生活、寓教于乐。

（五）充分激发社会实践的关键作用

新时代大学生社会公德培育是一个由知到行的过程，而实现这一过程的基础和关键就是实践。正如习近平总书记所说："青年要成长为国家的栋梁之才，既要读万卷书，又要行万里路。"[①]新时代大学生通过具体的实践活动，走出校园、走向社会、走进各行各业，在融入实践的过程中不断体会到"有大家才有小家"的家国情怀、体会到"送人玫瑰，手有余香"的友善精神、体会到"文明为我，我融文明"的文明理念、体会到"遵纪守法，捍卫法律"的法治思维、体会到"同呼吸、共命运"的和谐理念。在过程中感悟、在感悟中认同、在认同中深化、在深化中践行，促使新时代大学生社会公德真正内化于心、外化于行。

第一，要积极拓展大学生社会实践的广度。积极拓展社会实践的广度，首先是要把相关的社会实践形式融入到大学生的专业技能、知识背景、兴趣爱好等个人特征中，以保证社会实践的实效性。在此过程中，要将相关的社会实践活动真正落到实处。以教学实践和专业实习为例，在大学生参与教学实践和专业实习的过程中，需要制定科学的、长效的配套保障体系，从大学生的专业背景、实践目的出发，以立德树人、专业育人为原则，为大学生参与专业实习和专业实践提供完善的理论指导、政策解读、机制保障、校外对接等服务体系。在此过程中，要把握好实践的长期性和阶段性、理论性与实践性、目标性与过程性的关系，力争使大学生在具体的社会实践、专业实习中感悟到团结协作、与人为善、人际和谐的公共生活处事原则。其次，拓展社会实践的广度，要积极开展相关的主题实践活动。新时代大学生走出校园、走进基层、广泛开展不同主题的社会实践活动，对于大学生社会公德的培育具有重要作用，他们在这个过程中既开阔了视野，又增强了实践动手能力，更通过具体形式的实践活动增加了他们对社会公德相关内容的认知情况。例如，通过假期"三下乡"活动，将大学生的专业知识和最基层的社会实际相结合，积极开展基层支教、基

---

① 学习小组．习近平首次点评"95后"大学生［EB/OL］.https：//mp.weixin.qq.com/s/NqMuyfRZsp2_HXZbyzSHOA，2021-03-10.

层志愿、精准扶贫等实践形式，从而正确认知自己的社会地位与社会公德践行要求。最后，新时代大学生不断开辟志愿服务活动新形式，根据域外借鉴与时代发展的需要，在环境保护、维护宪法权威、学雷锋志愿日等相关志愿服务活动做好的基础上，不断积极开辟扶贫助农、爱护公物、关注残障儿童、社区服务等内容的志愿服务形式，以实现新时代大学生社会实践活动形式多样化与主题多元化，保证培育效果。

第二，要主动把握大学生社会实践的向度。一方面，大学生实践的向度具体是指大学生社会实践的原则。大学生社会实践活动要秉持与专业特色相结合的原则、与新时代社会热点相结合的原则、与国家需要相结合的原则。具体来说，首先，大学生社会实践要与大学生的专业实际相结合。大学生是具有专业知识背景和能力的特殊群体，这也是他们的最大优势。大学生将其在学校内学习的理论知识、专业技能有针对性地运用到具体的社会实践中，才能够人尽其才、能尽其用。反过来，社会实践内容、性质与大学生专业背景高度结合，就更容易发挥大学生的智力、理论优势，提升社会实践的成效。其次，大学生社会实践要秉持与新时代社会热点相结合的原则。新时代社会热点在一定程度上反映了近期国家、社会、人民的新需求、新情况、新问题。大学生社会实践紧紧抓住社会的热点话题，不仅可以提升社会实践的即时性、有效性，更能够及时满足国家、社会、人民的需要。2020 年，新冠疫情席卷华夏，中华儿女不顾个人安危，纷纷投身抗疫一线。新时代大学生心中有大爱、肩上有责任、脚下有担当，积极投身疫情防控第一线，他们在基层管理、物资配送、心理辅导等环节发挥了重要作用。大学生社会实践紧紧抓住社会热点不意味着盲目、不代表跟风，而是从自己本身的优势出发，从国家、社会、人民的需要出发，真正将理论与实践相结合，这才是紧扣社会，参与实践的题中之义。最后，大学生社会实践要秉持与国家需要相结合的原则。国家建设是涉及政治、经济、文化、生态、社会五位一体的全方位建设，新时代大学生的社会实践要牢牢结合国家需要开展社会实践活动，以保证实践活动彰显鲜明的爱国性。

另一方面，大学生社会实践的向度是指大学生社会实践的规律。科学地把握大学生社会实践的规律有利于保证其科学性与方向性。首先，要科学把握大学生实践发展主体鲜明性、客体多样性、介体时代性的规律。大学生社会实践是新时代大学生参与社会服务、社会建设的实践活动，而新时代大学生个性鲜明，特征明显，朝气蓬勃，对新生事物接受度高，但持久度相对较低。因此，要在大学生社会实践过程中，合理的安排长期性、短期性相结合的社会实践形式，有利于保证参与度。同时，大学生参与社会实践活动，实践的内容多种多样、实践的方法各式各样，有的社会实践活动偏重于体力，有的偏重于智力，有的偏重于耐力，有的社会实践对时间、地点要求低，有的对时间、地点要求高。每项社会实践活动的具体要求不一、客体多样、介体多变，这就需要科学安排、合理统筹，以保证大学生社会实践长效化、常态化运行。另一方面，要科学把握大学生社会实践的发展趋势。大学生社会实践活动，要依据实践的要求、性质、目标的变化而不断调整，要在社会实践过程的前、中、后期，做好时间规划、做好信息沟通、做好人员保障等工作，适时而动，既不浪费人才资源，又能够保证实践的最高效率，不是凭人数的大水漫灌，而是精准化的人才调配。不断根据社会实践的发展趋势，调整相应的参与人数、形式、方法，保证社会实践活动顺利、有效进行。

第三，要科学制定大学生社会实践的制度。大学生社会实践是新时代大学生社会公德培育的关键环节，保证其顺利、有效进行的前提条件就是要科学制定大学生社会实践制度。只有这样，才能将管理部门、高等院校、学工部门、社会组织与大学生等要素有机结合起来，形成统一、联动的整体，保证社会实践活动顺利进行。大学生社会实践制度主要包括实践保障机制和评价反馈机制。

一方面，统筹大学生社会实践保障机制。大学生社会实践活动牵扯方方面面的工作，覆盖面的广泛性和综合性决定了保障内容的多样性。首先，完善大学生社会实践的机构设置，保证大学生社会实践活动的方向性和实效性。相关管理部门成立专门的社会实践统筹安排机构，高校成为专门的社会实践部门，配备专门的社会实践指导老师，并根据具体社会实践活动形式和内容的变化成立相应的临时指导机构。各个机构之间权责明确、目标统一、上下协调，为大学生社会实践的开展、运行做好科学规划，并不断地根据实践经验将其规章化、制度化，保证大学生社会实践活动长效化开展。其次，及时为大学生社会实践提供充足的财力支持。大学生社会实践活动需要充足的经费做支撑。及时为大学生社会实践活动提供专门经费，专款专用，将这些经费花在大学生社会实践活动中的交通补贴上、日常必需的生活支出上、教师的指导经费上，这样才能保证大学生社会实践活动的顺利开展。再次，要为大学生社会实践活动提供充足的人力支持。这里说的人力支持是指在大学生社会实践活动中的师资力量和校外指导人员。这些人力支持在大学生实践活动的科学规划、正常运行、及时指导、结果评价等环节发挥重要作用。最后，还要及时建立专门的大学生社会实践教育基地，为其提供保障工作。各个大学单位要根据自己的实际情况，建立完善的大学生校内校外社会实践教育基地，为大学生顺利开展社会实践活动提供前期支持。比如，各高校可以在校内构建专门的实践活动中心、创新创业基地、体能训练中心等项目，在校外建设校企对接的专业化实践基地，为大学生积极参与社会实践奠定前期基础。

另一方面，形成科学的大学生社会实践评价反馈机制。大学生社会实践活动参与人员多、持续时间久、客观要求标准高，形成一套科学的评价反馈机制，有利于提升活动的实践效率。首先是建立科学的奖励机制。科学的道德实践需要不断在知与行的过程中形成，需要在不断的强化教育与引导中确立。新时代大学生社会公德培育也需要融入科学的奖励机制，发挥正面强化的作用。对大学生社会公德践行的科学行为进行奖励为主的正强化，对不符合大学生社会公德要求和预期的行为进行惩罚为主的负强化，循序渐进、逐步深入，不断强化大学生社会公德践行的引领力，不断弱化不符合大学生社会公德行为的影响力，从而在不断轮转过程中，将新时代大学生社会公德要求和内容内化于心、外化于行。同时，大学生有良好的社会公德践履和高尚的社会公德行为表现要及时采用物质奖励、精神奖励相结合的方法进行表彰，比如颁发证书、提升绩点等方式。对于相反的行为要予以惩戒，促使其及时改正。另一方面，要形成科学的优化考评机制。这个优化考评机制，不仅是对参与社会实践的大学生而言，也包括参与社会实践的校外指导人员和校内教师。学校制定相应的社会实践协同考评方案，将大学生的考评方案和指导人员的考评方案分而置之，区别对待。对于大学生而言，针对大学生参与社会实践的动机、目的、表现以及最终成果进行综合考评，并将考评结果纳入奖惩体系中，以提升大学生参与社会实践的积极性与主动性。对于其他人员而言，要将前期指导、中期调整、后期总结的指导内容纳入考评机制中，以线性综合评价方法进行宏观把握，将其全程表现与他们的日常工作、评优评先直接挂钩，既有利于保证指导教师的合法权益，又保证了大学生社会实践活动的顺利开展。

第四，要形成完善的监督反馈机制。大学生社会实践环节众多、内容广泛，在保证过程科学性、完整性的同时，更应注重形成完善的监督反馈机制，及时发现问题、解决问题、总结经验。在大学生社会实践活动前期，不仅注重科学的规划，更应该注意规划执行过程中出现的问题，及时反馈并调整，以保证后续实践活动的顺利进行。在大学生社会实践活动的中期，既要保证统筹协调的连贯性，又要保证信息传达的即时性；既要保证人员调配的合理性，又要保证反馈问题的实效性。在动态中调整、在调整中完善、在完善中推进。在大学生社会实践活动的后期，着重实际目标与预期目标的纵向对比，注重过程性与结果性的纵向对比，注重经验性与实践性的效度对比，及时反馈、总结过程中的问题，以分析经验，总结教训，明晰启发，为长效化、持续性的社会实践做准备。以实践促培育，保证了培育工作的循环持续推进。

二、家庭教育是新时代大学生社会公德培育的基础环节

“家庭者，人生最初之学校也。一生之品性，所谓百变不离其宗者，大抵胚胎于家庭之中。”①这说明家庭对于成长成人以及道德养成具有十分重要的作用。家庭是最基本的社会关系之一，父母是孩子的第一任老师，家庭环境是孩子接触的第一环境，家庭教育是学校教育的基础和有效补充。因此，新时代大学生社会公德培育需要家庭教育的介入。牢牢把握家庭教育的基础地位，有针对性地解决家庭教育中的突出问题，为新时代大学生社会公德培育奠定坚实基础。

（一）积极营造新时代大学生社会公德培育的家庭环境

环境对人的道德理念和践履有着重要的影响。“人创造环境，同样，环境也创造人。”②因此，良好的家庭环境、科学的家庭教育、正确的家庭引导对新时代大学生社会公德培育具有重要作用。

1. 转变家庭教育观念

通过原因分析可以知道，新时代大学生社会公德培育的原因中，家庭原因是其中一个重要的因素。要想实现培育工作有目的性、有针对性，首先就要转变家庭教育观念。

一方面，通过前文调查可以发现，家庭教育目的对新时代大学生社会公德培育的影响非常大。因此，转变家庭教育观念，先要转变教育目的，

① 张崇琛.中华家教宝库［M］.长春：吉林人民出版社，1993：41.

② 马克思恩格斯选集（第1卷）［M］.北京：人民出版社，2012：72-173.

树立正确的人才观。古往今来，大部分的学生家长片面地认为，自古华山一条路，孩子们的唯一目标就是上大学，上大学的主要任务就是为了获得学历，日后谋取一个好的前程。随着时代进步，人们生活方式与生活节奏较快，对大学生的教育更多是注重物质条件满足而忽视对大学生的道德培养。重物质、轻精神；重学习、轻实践；重成绩、轻道德的现象尤为显著。而这样片面的家庭教育观念从根源上不利于新时代大学生社会公德培育。著名的教育家陶行知认为："道德是做人的根本，如果根本一坏，纵然你有学问和本领，也无甚用处。"①因此，家长需要转变教育目的，树立正确的人才观。真正面向新时代的人才是德才兼备的全面人才，是以德为先、以德为本的时代性人才。学习成绩仅仅是衡量大学生智力和耐力的一项内容，并不代表自己的学生已经德才兼备。只有注重大学生的道德培养，将其放到家庭教育的首要位置，才能真正培养新时代全方位的合格人才。

另一方面，转变家庭教育观念，要注重家庭、家教和家风。通过调查可以发现，家庭教育环境对新时代大学生社会公德培育影响较大。家庭和睦则社会安定，家庭幸福则社会祥和。历史和现实表明，家庭的前途命运同国家和民族的前途命运紧密相连。国家复兴、人民幸福、民族复兴不是抽象的，而是要落脚到亿万人民生活不断改善上，体现在亿万家庭和谐友好中。注重家庭，为大学生创造良好的家庭教育环境，从而使得大学生养成不孤傲、不自闭、善沟通的个性品格，为大学生积极参与社会公德实践，正确认知在社会公共生活领域的道德行为奠定良好的性格基础。其次，要注重家教。新时代大学生的家长应该对自己的孩子进行道德教育，把良好的道德观念传递给孩子，引导他们明确爱国的意义、友善的责任、法治的义务、文明的观念与和谐的思想，为其形成新时代社会公德提供坚

① 张崇琛．中华家教宝库［M］．长春：吉林人民出版社，1993：71.

实的道德根基。最后，注重家风。弘扬和发扬与人为善、团结互助、仁者爱人的家风，将家风的育人功能充分发挥，为培育工作奠定基础。

2. 凸显家庭培育关键

第一，凸显家庭培育关键，要注重社会公德养成。新时代的大学生已经具备一定的社会认知和道德认知能力，在社会公共生活领域中的道德要求和规范已经初步形成。但是，部分大学生对于自身定位的不确定性，对应具较高层次的社会公德意识认识不清。家庭教育中，应积极地培育大学生的社会责任感和社会公德认同感，让他们在家庭环境中加深对社会公德的内容认知和层次认知。在此过程中，应注重大学生社会公德意识的养成，在处理人与人的关系时，要教育大学生与人为善、与人为伴。在处理人与社会关系时，应教育大学生和谐第一、互助友爱。在处理大学生与国家关系时，不断强调大学生对于国家发展的使命感和责任感。让大学生在家庭教育中感受到爱国、友善、文明、法治与和谐的思想，使他们形成深厚的理论认知。

第二，凸显家庭培育关键，要注重社会公德引导。新时代大学生在明确社会公共生活领域中需要秉持的道德要求和规范时，更应进一步加强道德引导。在家庭中，不断强调大学生不仅要做到理论上的爱国，更要引导大学生做爱国主义的践行者和传播者；不断引导大学生不仅要自己互助团结，更要做团结友善的推动者、践履者；不断引导大学生不仅要与不法现象作斗争，对社会不公平现象说不，还要引导大学生做法律权威的捍卫者；不断教育大学生不仅做到文明自我、行为文明，更要教育大学生传播文明理念，推动社会、国家文明发展；不断教育大学生秉持和谐理念，更要引导大学生做和谐社会的创造者和共融者。总之，将大学生共建、共筑、共存、共融和共享意识贯穿于新时代大学生社会公德培育中，使其明确自身社会公德的层次性和标准性，为新时代大学生社会公德的形成注入新的活力。

第三，凸显家庭培育关键，要注重社会公德践行。家庭教育中，应创设各种家庭环境，以实现新时代大学生社会公德在环境中实践，在实践中养成，在养成中固化。家庭教育中，注重社会公德践行，要不断地将培育内容融入家庭生活的场景、事件、状况等实际情况中，以使大学生在日常的家庭生活中感知具体要求，潜移默化中践行并感悟新时代社会公德的规范，从而使培育落到实处。

3. 营造家庭培育环境

营造家庭培育环境就是要努力构建和谐、温暖、文化丰富的家庭环境与氛围，也是充分发挥家庭培育作用的重要手段。和谐的家庭关系、温暖的家庭生活、丰富的教育内容增强了大学生对家庭的归属感、眷恋感，为培育工作创造良好的环境条件。

首先，要营造温暖的家庭环境。针对前文分析知道，一个温暖有序的家庭环境对于大学生社会公德的形成影响颇深。一方面，家长要明确自己的定位，自己不仅仅是为大学生提供物质保证的重要支柱，更是对大学生的道德形成和践行具有重要的意义。基于此，新时代的家长要合理分配自己工作与家庭的关系。不能为了所谓的挣钱，天天“早出晚归”，甚至很久都不与孩子谈心。家长面临新时代社会压力倍增的现实情况，要保证给予孩子物质支持和精神保证的双重关怀，二者不可偏颇。在基本物质保证的前提下，多与自己的孩子沟通、交流，及时了解他们的生理变化和思想变化，对其社会公德意识的形成和教育做到心中有数。另一方面，家长要深刻领悟自己对于孩子的重要作用，构建和谐的父母关系。新时代的家长，很多都为了孩子而形式上的保持夫妻间相敬如宾。孩子上了大学后，他们就觉得无可顾虑了。岂不知，他们的关系如何直接影响了大学生社会责任感、社会公德心的形成和态度。只有在和谐、温暖家庭中的孩子，才能始终保持对家庭的归属，对亲情的敬畏，对他人的宽容。即便是到了离婚的地步，也要尽可能地减少对孩子的影响，鼓励他们正常的面对生活、热爱生活、享受生活、积极向上。因而，经营温暖的家庭环境，构建和谐的父母关系、亲子关系，是发挥家庭环境作用的重要前提。

其次，要构建和谐的朋辈关系。新时代大学生社会公德的养成不是一个单一的、封闭的循环，而是在家庭社会关系中形成的。亲戚、朋友的思想道德素质和科学文化素质以及道德行为实践都对大学生的社会公德意识的形成产生重要影响。正所谓，“近朱者赤，近墨者黑”。因此，要全面协调家庭关系中的朋辈关系，将良好温暖的家庭环境氛围扩大到朋辈关系中。多与思想道德素质较高的亲朋好友交流，多与道德实践经验丰富的长辈沟通，多向家教、家风优良的朋辈好友学习。通过对他们的立场、看法、态度、行为、经验进行全面学习，为自身社会公德意识的形成提供参考。同时，要与朋辈关系中不良的道德行为保持距离，对于自私自利的实践行为保持清晰的立场，与违反社会公德的实践保持一定的距离，为自身社会公德行为的践行创造良好的外部条件。

最后，要丰富家庭的文化生活。家庭的文化生活对于大学生思想道德素质的形成具有重要的影响。新时代大学生兴趣广泛、思维超前、爱好前卫，这就给家庭文化生活的丰富带来一定的挑战。因此，要丰富家庭文化生活，就要找准立足点，强调参与性，既不能一味地用家长的观点和兴趣去选择所谓的精神食粮，也不能一味地迎合新时代大学生所谓的新生事物。丰富家庭的文化生活，要最大限度的找到两代人甚至三代人之间的兴趣结合点，尽量满足家庭成员的最大公约数的精神文化诉求，才能使精神文化生活最大限度地发挥其陶冶情操、熏陶环境的作用。同时，丰富家庭文化生活，也不能仅仅局限在家庭内部，更要走出去。积极组织较多形式的社会型活动，引导大学生走出家庭，面对社会，开展多元化的旅行、参观、实践、公益社会活动，使新时代大学生学会与人交往、与社会亲密接触，使他们熟悉社会、开阔眼界、锻炼实践能力。丰富家庭的文化生活，拓宽家庭文化生活的场域，使家庭环境全方面、多角度、无死角地对大学生产生潜移默化的影响，为培育工作提供保障。

（二）不断完善新时代大学生社会公德培育的家庭教育方法

通过前文分析可知，新时代大学生社会公德培育产生问题的原因中，家庭教育方法不当是家庭教育缺失的重要因素。因此，有针对性的、完善的家庭教育方法，有助于提升培育工作的长效性和实效性。

1. *改变家庭教育的传统方式方法*

改变家庭教育方式的首要前提是改变以往的教育方法，建立和谐友好的亲子沟通方式。过去父母教育孩子就是“说教式”教育，更甚者是“打骂式”教育。新时代，要有新气象，社会治理体系与治理能力都在与时俱进，家庭教育方式方法更要改变传统简单粗暴的教育方法。家庭教育要尝试形成和谐、友善的沟通方式，了解大学生生活中的精神需求与问题，和孩子成为朋友，解决孩子在成长道路中的问题。其次，改变传统教育方法需要家长改变保护过度现象，给予大学生适当的爱与保护。传统家庭教育方式是长辈不吃不喝也要满足孩子的需求，造成大学生被保护的太好而丧失基本的生活、学习、沟通能力。相应的心理承受能力与应对挫折的能力就变得十分脆弱。因此，改变传统教育方式中对孩子过分溺爱的现象，给大学生足够的生活及心理独自承担的空间，锻炼其基本独立思考、独立判断、独立处理问题的能力，使大学生从中感知对家庭、对社会、对国家的使命感和责任感。再次，改变对大学生教育倾向放任化与过度化的错误认知。一方面，改变部分家长对大学生的家庭教育放任自流，任其自由发展的教育方式。对大学生的教育不能过分保护，也不能放任自流，大学生还未踏入社会，对社会的未知与个人判断力的限制，还不能独当一面，面对问题，还需要家长加以教育与引导。另一方面，还要改变传统教育方式中学生教育问题完全归学校的错误思想，建立学校与家庭良好的沟通途径。通过家访、电话联络、线上家长会等方式较大程度上弥合了学校教育、家庭教育环节的割裂程度，将学习与家庭教育有机融合，实现信息、内容、方法的互通，从而形成二者的教育联盟，有利于实现教育资源的优化配置和互通协作，形成稳固有力的育人环境，从而提升新时代大学生社会公德培育的效果。在这一过程中塑造其德性，锻炼其意志，丰富其情感体验与道德能力，为新时代大学生社会公德的养成提供良好的道德品质。最后，家长还需要主动走进学校，实现家庭教育与学校教育的良性互动。家长通过新生座谈会、家长见面会、家长开放日等活动，积极走进学校，对学校教育的内容、方式、效果做全面了解和认识，以增进家长对孩子成长情况的全面了解，并且在此过程中，不断加强交流互通，不断吸收和借鉴学校、其他家长在家庭教育中的有效做法和经验，为自我家庭教育方法的更新积累经验。

2. 把握家庭教育的“互联网 +”新特点

新时代，科学技术和互联网的发展使“互联网 +”的家庭教育成为大学生家庭教育的现代化模式。牢牢把握“互联网 +”时代家庭教育的新趋势，才能增强家庭培育的针对性和实效性。

“互联网 +”时代的到来，给家庭教育带来了机遇和挑战。一方面，“互联网 +”时代使信息共通，交流手段更加多元，交流方式更加多样，交流内容更加深入，这使得家庭教育在内容、方式上的实效性大大增强。但是，另一方面，“互联网 +”背景下，家庭教育信息内容的科学性与伪科学性并存，道德引导的正确性与错误性并存，社会实践的娱乐性与浮躁化并存的趋势客观存在。面对这样的机遇和挑战，家庭教育要牢牢把握互联网渗透的新趋势，才能使得家庭教育的效果真正落到实处。

“互联网 +”背景下，家庭教育呈现出新特点。一是家长与孩子的角色发生了变化。传统教育中，家长在家庭教育中占据主体地位，起主导作用。在“互联网 +”背景下，家庭教育呈现出新特点，孩子成为了家庭教育的主角。家长由原来的教育者、监督者、主导者瞬间变成了孩子成长过程中的陪伴者、倾听者和学习者。及时把握角色变化对有效开展家庭教育起着重要的先导作用。二是家庭教育的教育目标和教育方法呈现出新特点。“互联网+”背景下，家长的教育目标不再是传统意义上的死读书、读死书，而是根据孩子的优势和特点不断调整教育目标，使得教育目标与时代相适应，与学生实际相适应。同时，随着互联网技术的发展，家长在进行家庭教育的过程中的教育方法更趋多元化、时代化、科学化。家长通过互联网信息手段，不断汲取多样化的教育手段和方法，并从中找到与孩子相匹配的有效方法，从而不断增强家庭教育的针对性和目标性，为培育工作注入动力。

（三）充分发挥新时代大学生社会公德培育的家长作用

父母是孩子的第一任老师，家长的言谈举止对孩子道德养成和践行具有重要的作用。托尔斯泰说：“全部的教育，至少百分之九十的教育都能够归结到榜样的力量上，归结到自己父母的严重的端正和言行上。”①因此，充分发挥家长的榜样模范作用，是新时代大学生社会公德培育实效性提升的重要方式。

1. 发挥家长的表率示范作用

父母的日常行为、一言一行，对孩子世界观、人生观、价值观的形成具有重要的榜样示范作用。新时代大学生社会公德意识的培养也需要发挥家长的表率作用，通过正面强化、隐性教育、生活引导等方法，促使新时代大学生社会公德意识的形成和践履。

第一，发挥家长的表率示范作用，需要家长提高自身修养。新时代大学生的家长曾经经历了动乱的年代，由于客观的社会原因和家庭传统的影响，知识文化素质和思想道德素质参差不一。因此，要发挥家长的表率

① 周先进 . 高校德育环境论［M］. 长沙：湖南人民出版社，2005：139.

作用，首先就需要提升家长的思想道德修养和教育能力。一方面，家长通过提升自己的思想道德修养，加强自己对道德行为的内容、本质和意义的理解，从而使家长对于道德育人的重要性加以正确认知，以身作则，以正确的道德行为和实践为自己的孩子做表率。家长一方面提升自己的道德素质，同时还为自己的孩子思想道德素养的形成和提升做出了重要参考和借鉴。另一方面，家长提升道德修养的过程就是对道德形成规律认知和总结的过程，通过这个过程，提升其道德教育能力。他们懂得了对大学生进行社会公德培育要根据大学生的生理、心理和性格特征，把握社会公德形成的规律，完善社会公德教育的方法，从而在教育引导过程中有的放矢。同时，这样一个自我提升的过程，不断注重自身道德能力和行为的锤炼，为大学生模仿提供参考，能最大限度地发挥其在家庭生活、亲子关系中的榜样示范作用。

第二，发挥家长的表率示范作用，需要家长以身示教。新时代大学生社会公德不是一般意义上的社会公德，其带有鲜明的主体性、参与性与实践性。这就不仅仅需要家长将爱国精神、友善观念、法治思维、文明理念与和谐思想融入到日常的家庭生活中，更要以身作则、以身示教，积极主动的参与一系列共融共建行为。在面对国家灾情时，踊跃捐款；积极参与社会基层的志愿服务活动；在与人交往时，与人为善、与人为伴，团结互助；在家庭生活遭遇不公平的境遇时，用法律武器维护自己的合法权益；行为文明，勿以善小而不为，勿以恶小而为之；与他人融洽、与社会和谐、与自然亲近。家庭生活教育中，家长积极做一名爱国精神的弘扬者、友善关系的筑造者、法治思维的推动者、文明理念的传播者与和谐思想的践行者。将新时代大学生社会公德的要求化为家长日常行动中的点点滴滴，为大学生践行社会公德提供必要的实践参考和道德规范。家长以身示教，对上述道德规范和要求进行不断认同、调整、强化，为大学生最终形成较高层次的道德行为提供实践经验。

第三，发挥家长表率示范作用，还要实事求是，表里如一。新时代大学生的家长面对社会竞争压力的增加和社会环境的深刻变化，其道德实践意识和能力稍有欠缺是现实存在的。现阶段，学生家长发挥表率作用，不用刻意树立自己高、大、全的完美形象，将最真实的一面呈现在自己孩子面前。因为大学生已经具备一定的鉴别能力和认知水平，家长通过强化引导，实践教育的方式来影响大学生社会公德意识的形成，而这些方式起作用的重要前提就是他们相信自己的家长。真实客观的家长形象、表里如一的家长行为才是大学生践行社会公德要求的基础前提。否则，虚伪、表里不一的具体行为、教育和实际相脱节的日常生活，会割裂大学生形成社会公德意识的思路，甚至会影响他们形成叛逆的心理，不利于培育工作的顺利开展。

2. 保证家长的教育方式正确

充分发挥家长在新时代大学生社会公德培育中的基础性作用，最关键的就是家长的教育方式正确、方法科学。首先，要保证家庭教育的平等性。新时代大学生大多处于花季雨季的年龄，青春期的生理和心理特征表现明显，此时的大学生，个性突出、自我意识强烈、自我表达思想超前，对待社会公共生活中的处事原则或者行为要求具有自己的独特看法。如果一味使用家长的身份强制教育，单向灌输，简单引导，不仅不能收到预期效果，还可能引起他们的反叛心理，不仅不配合，可能还会反其道而行之。平等性在这样的前提下显得尤为重要。地位平等、放下架子、互相尊重、换位思考，家长采取平等交流的方式，利用循序渐进的方法，采用此年龄段大学生感兴趣的事物，以点带面，循序善诱，通过不断启发、讨论、引导、思辨的不同过程，强化新时代大学生对社会公德的理论认同。

其次，要将鼓励教育贯穿始终。新时代大学生大都生于新千年后，独生子女居多，因而他们出生和成长环境可谓是“众星拱月”。因此，新时代大学生缺乏一定的社会责任感和推己及人的思维方式。他们抗压能力和逆境忍耐度有限。针对新时代大学生成长环境的实际，对他们进行社会公德意识的培育要以鼓励的方式为主，注意教育的尺度，不能一概而论，更不可盲目急躁，粗暴打压。教育过程中既要反对一切听之任之，更要切忌包办一切。对他们良好的社会公德行为加以适时表彰鼓励，科学引导他们的不良行为，讲清楚道理，弄明白过程，理透彻错误，让他们心悦诚服，从心底里为自己的正确行为而感到自豪，主动调整自己不正确的行为，增强他们面对质疑的抗压力和调整能力，从而保证培育的效果。

最后，要将生活教育融入培育过程。生活是最好的老师，生活化的隐性教育是增强大学生社会公德意识的重要方式。家庭生活是大学生进行社会关系的重要内容，在家庭生活中，运用多种多样的隐性教育方法是保证培育实效性的最好方法。在茶余饭后，有意识的引导大学生积极参与家务，培养独立精神。在休闲时光，选择性的发掘邻里关系、亲戚关系或者生活中的典型事例，引导他们无形中加深对社会公德内容的理解。在观看娱乐节目的同时，要有意识地引导他们通过现象看本质，看到家国大爱的爱国精神，看到互助团结的众志成城，看到一方有难、八方支援的上下一心。同时，在家庭生活中，积极与外界交往、与社会接触，引导大学生在与外界交往过程中，形成爱国爱家、热心助人、志愿奉献、保护环境、宽容待人的社会行为。以生活教育促新时代大学生社会公德培育，实现培育工作的隐性化、持续化。

三、自我教育是新时代大学生社会公德培育的关键因素

自我教育是指“在教育者的思想和启发下，受教育者发挥自主因素进行自我调节、自我控制和自我修养的思想行为。”① 它是提升大学生思想

① 陈万柏，张耀灿．思想政治教育学原理［M］．北京：高等教育出版社，2001：183.

道德素质和法治素养的重要途径，也是新时代大学生社会公德培育的关键因素。

（一）全面提升自我教育能力的宏观途径

“促进自我的教育才是真正的教育。”① 全面提升自我教育能力，从宏观上把握自我认知、自我激励、自我体验和自我调控能力，使新时代大学生从角色认定、内生动力、情景预设和慎独慎行等方面全方位、多角度地提升自我教育能力，为新时代大学生社会公德培育提供内生动力。

1. 全面提升自我认知能力

自我认知能力的提升有利于新时代大学生客观、全面、正确地认识自己的角色定位与现实状况，从而发现自己实际道德行为与道德目标之间的差距，进而提升其践行社会公德意识的动力，为培育工作提供基本立足点。

第一，全面提升自我认知能力，首先要夯实理论基础。在回答“您认为大学生的理论基础对新时代大学生社会公德培育的影响如何？”时，55.32%的同学认为较大；20.94%的同学认为非常大。要实现新时代大学生社会公德培育的科学性、持久性，就必须提升新时代大学生的理论认知能力。首先，要坚定树立马克思主义科学理论的指导地位，不断深化对中国化马克思主义理论，特别是习近平新时代中国特色社会主义思想的内在认同，并将其适时运用到自己的道德实践中。其次，要深化对社会主义核心价值观的内在认知，对其本质属性、理论外延、具体践行有全面深刻地认识，从而将社会主义核心价值观培育贯穿新时代大学生社会公德培育的全过程，使二者协同发展、双向发力，为培育工作奠定坚实的理论基础。最后，更要对中华传统美德科学、辩证地认识，充分彰显其时代价值与理

① ［苏］B·A 苏霍姆林斯基著．少年的教育与自我教育［M］．姜励群，译．北京：北京出版社，1984：100.

论魅力。夯实新时代大学生的理论基础，为培育工作提供前提要件。

第二，全面提升自我认知能力，需要新时代大学生明确自己的角色定位，提高自身的道德素养。一方面，“人的本质，在其现实性上，它是一切社会关系的总和”。①新时代大学生身处各种各样的社会关系中，必然会在不同的社会关系中扮演不同的角色。科学认识自己的角色定位，是培育新时代大学生社会公德的重要立足点。具体来说，新时代大学生与中华民族伟大复兴的中国梦同频共振、共建共享，既是中国梦的见证者，又是中国梦的建设者，也是中国梦发展成果的享有者。因此，更需新时代大学生立足时代、面向未来，坚定强国一代有我在的角色定位。另一方面，当回答“您认为大学生道德素养对新时代大学生社会公德培育的影响如何？”时，有 53.44% 的同学认为较大；23.61% 的同学认为非常大（图 5.2）。因此，新时代大学生明确自身角色定位的同时，也不断在追梦、逐梦、圆梦的过程中提升自己思想道德素质，为培育工作提供道德支撑。作为大学生，他们应该明确自己是中国特色社会主义的建设者和接班人，应努力学习科学文化知识，全面提升自己的思想道德素质和法律基础；作为子女，他们是一个家庭的未来和希望，更应该让自己文明有礼、友爱互助，为提升自身道德素养注入新元素。全面认知自己在社会关系中的角色定位，才能提升自身的“软能力”与“硬实力”。

第三，全面提升自我认知能力，要运用科学的方式实现目标。要想科学认知自己，新时代大学生要借助自身的角色优势，充分运用教育学、心理学、思想政治教育学相关理论，充分利用高校资源、社会资源，对自己的理论与实践水平做科学评估，发现自己的优势和不足，为新时代大学生社会公德的践行指明方向。同时，大学生还要运用历史思维和辩证思维的基本逻辑，不断总结自己的过往经历，不断发现曾经的问题和经验，从而

① 马克思恩格斯文集（第 1 卷）[M]. 北京：人民出版社，2019：208.

不断地调整和矫正自己的道德实践行为，实现自我认知能力的全面提升，从而为培育目标注入强劲动力。

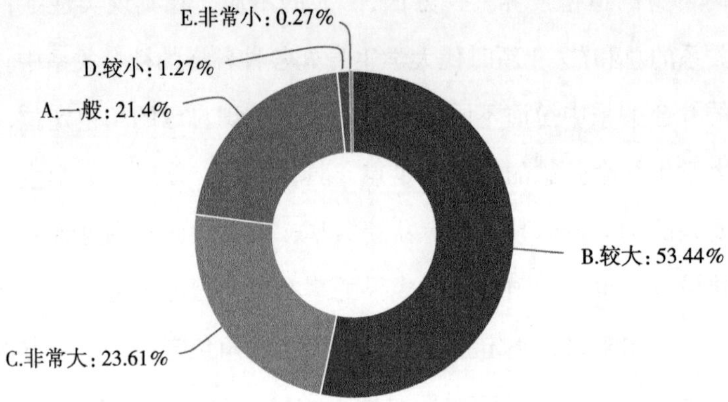

图 5.2　关于大学生道德素养对新时代大学生社会公德培育的影响的调查

Fig. 5.2 Survey on the influence of college students' moral quality on the cultivation of social morality college student in new era

2. 全面提升自我激励能力

通过调查发现，新时代大学生具有目标不明确、动力不长久的显性特征，需要不断提升自我激励能力，为推动新时代大学生社会公德培育提供原始动力。

第一，全面提升自我激励能力首先要树立远大理想。理想信念是精神之钙，其昭示奋斗目标、提供前进动力、提升文明境界。只有树立远大的理想和坚定的信念，才可以在大学生自我能力提升的过程中明确方向、坚定目标、百折不挠，从而提升自我教育的内在动力。反之，一旦大学生理想消极、信念崩塌，他们就会丧失方向，随波逐流，停滞不前。新时代大学生面对形形色色的社会诱惑和不良社会思潮的影响，容易放弃自我奋斗、自我教育的原生信念，进而消解新时代大学生引领和践行社会公德的内生动力，影响培育的目标。

第二，全面提升自我激励能力要充分发挥模范典型的榜样教育作用。将部分大学生践行社会公德的具体行为通过不同方式宣传，生动展现，特别是要展现出榜样典型在具体道德实践过程中的心路历程、道德选择过程中的价值判断，使新时代大学生感同身受，增强对典型榜样的共情感和认同感，激发内生的模仿效应，并且在内化后的外化过程中，无形中增加了角色代入感，从而保证其在践行社会公德过程中的共情效应。

第三，全面提升自我激励能力还要积极开展丰富多彩的社会公德实践活动。新时代大学生社会公德培育归根到底还是一种道德实践活动。通过具体的大学生社会公德践行活动，使他们在具体的道德实践过程中明确活动本身的本质和意义，不断获得成就感、尊严感、满足感，从而深化对社会公德要求的外在认知和内在认同。同时，不断拓宽道德实践的深度和广度，逐步增加道德实践的难度和向度，循序渐进，逐步深入，在目标性与过程性之间不断调整实践活动的形式与范围，从而实现自身能力的提升，进而实现培育目标。

3. 全面提升自我体验能力

自我体验是个人对自己的一种情绪和情感反馈行为，即“主观我对客观我的一种态度，这种情感体现与自我评价和对社会道德的规范认知有关”。自我体验能力一般分为两种情形。一种是当客观我满足主观我的目标和要求时，主观我产生的积极、正面、肯定的情感体现，具体为自我满足感和自我成就感；一种是当客观我没有满足主观我的目标和要求时，主观我产生消极、负面、否定的情感体验，具体表现为自我消沉和自我否定。新时代大学生通过全面提升自我体验能力，不断调整自我行为的方向和进程，提升具体社会公德实践的获得感。具体来说，国家通过深化政治、经济、文化、社会、生态体制改革，不断创造有利于新时代大学生全面发展的社会环境，让新时代大学生深刻感到是国家强大、社会发展才有了今天大学生的良好机遇，让大学生明白国家进步为大学生成长成才提供了重要的客观条件。明大势、看环境、理自身，成为大学生发展过程中的重要法则。在此基础上，民族尊严感、自信心在大学生心底油然而生，家国情怀深驻于心；家长为大学生构建了和谐的家庭关系和良好的家教家风，大学生心底就会产生对家庭的归属感和依赖感，增强仁者爱人、友善助人的社会公德体验；学校和班级互帮互让，文明有序，使大学生体验到集体的力量和温暖，从而将集体主义精神内化于心，产生维护集体的社会责任感和社会公德意识；高校教师以身作则，发挥表率作用，遵纪守法，爱岗敬业，学生就会增强内生的模仿动力，从而产生关心他人、树立法治精神的情感体验。新时代大学生情感体验、情绪反馈是全面提升自我体验能力的重要动力，良好且持久的情感体验能够有效地促使大学生形成内在动力，调节行为节奏，弥补理论认知和道德践行中的“盲区”，促使自身能力的全面提升。

4.全面提升自我调控能力

新时代，随着社会变革的进一步发展，市场经济带来的竞争压力给大学生的身体和心理带来了巨大挑战，加之新时代大学生大部分是“00”后，他们处于从校园进入社会的最后阶段，更是压力倍增。面对外界压力，只有全面提升自我调控能力，才能提高面对社会的适应度，从容迎接社会挑战，也为其践行社会公德提供了空间。首先，要全面提升自我调控能力，就要做好自我调节。自我调节是人主动地、定向地调控自己心理特征、品质及行为的心理过程。社会高速发展，生活节奏快捷的新时代对大学生道德品质与心理素质提出更高要求，面对生活中出现的压力与问题，大学生可能会陷入到迷茫、无助、无所适从的尴尬境地。只有做好自我情绪调节，不断缓解外在压力，及时疏导心理情绪，辩证看待机遇与挑战，才能够从根本上解决心理承受力的问题，为自身全面发展提供情感保障。其次，要全面提升自我调控能力，更要强化自我控制、自我批评、自我否定的能力，加强自我品格和素质的锤炼。通过具体的社会实践和道德践履，不断用理智来控制自身情感、约束自身行为。反过来，不断通过自我批评的方式，调节和矫正道德实践行为的方式和方法，通过自我否定的手段，思辨性地看待具体道德实践过程中的问题，优化自身的行为与方式，从而实现真正的全面发展。最后，要全面提升自我调控能力，还要保持自信的状态、发展的眼光。在社会公德践履过程中，个人能力的提升不是一蹴而就，更不是一帆风顺的，而是在曲折中发展，在发展中前进的过程。面对提升过程中的有利因素，不骄不躁、不疾不徐，有目标、有层次地不断优化方案，更好地实现个人能力的提升，从而实现培育目标。

（二）全面提升自我教育能力的微观途径

实现自我教育，除了从宏观上把握自我教育能力的途径，还要从具体的微观层面出发，真正实现新时代大学生个人能力的全面提升。

1. 全面提升新时代大学生的自省自律能力

新时代大学生社会公德培育是基于大学生主体开展的社会公德意识培养和践行活动。提升大学生主体的自省自律能力，实现新时代大学生自克和自查能力的提升，是提升培育效率的必然要求。

一方面，全面提升新时代大学生的自省能力。自省是中华民族道德修养的优良传统，是中华民族长期以来道德实践历程中的经验总结，也是实现自我道德修养提升的重要途径。“一方面，自省的主体是自己而非他人。因此，自省的对象也是自己而非他人。另一方面，自省即自觉，具有应激性的反省是自省的低级阶段，无条件的省察自己才是真正意义的自省。”①新时代，经济发展和社会转型为新时代大学生社会公德意识的形成和践行带来了负面影响，大学生道德冷漠、公德淡化的现象屡见不鲜，诚信缺失、自私自利甚至违法违纪现象不同程度地出现在大学生群体中。大学生只有提升自我省察能力，理性、全面认知自己，才能在社会公共生活领域做出正确的道德判断和选择。在此过程中，要不断反思自己的行为和思

① 黄楚安，李要鹏．论自省与大学生道德修养［J］．长沙大学学报，2007（4）：130.

想，检视社会公德认知与践行的层次和水平，实现自我能力的切实提升。

另一方面，全面提升新时代大学生的自律能力。“自律是即在没有习惯和法律的条件下也可以做出独立判断和行动。就是将行为准则当做自身的法则加以内化而获得的自由。”① 自律是新时代大学生社会公德培育的重要途径之一。新时代大学生面对各种思想冲击和社会诱惑、纷繁复杂的思想内容、形式多样的传播手段、异常宽松的社会环境，这都给他们增强自律能力带来了不小挑战。因此，新时代大学生从自身出发，不断自我调控，形成一种道德自励和自警，用自身的坚强意志和行为习惯不断约束自己的道德选择和判断，养成慎终如始的心理态度和道德准则，从而使自己内外一致、前后一致，真正成长为担当大任的社会主义事业接班人。

2. 全面提升新时代大学生的社会实践能力

大学生的社会实践能力是衡量和检验社会公德践行的唯一标准，既可以促进大学生自我教育能力的提升，又可以在过程中不断检验自己的道德行为。一方面，全面提升新时代大学生的社会实践能力，需要不断开辟社会实践新载体。不同类型的社会实践活动，承载和反映不同性质、不同内容、不同方向的社会公德指向，不断开辟新的社会实践活动，对于实现新时代大学生社会公德培育的全面化、时代化具有重要意义。在新的历史条件下，将大学生社会实践活动与扶贫助农有机结合，使新时代大学生体会到爱国有我、团结互助、友爱互帮的精神；将大学生社会实践活动与社会重大历史事件有机结合，使他们在实践活动过程中体会家国情怀、和谐共享的精神。面对国家大灾大难，青年大学生不计报酬，无私奉献，唱响了一曲曲家国情怀的悲壮赞歌。将大学生社会实践活动与日常行为活动有机结合，使他们体会到文明中国有我在、法治中国有我参的主体意识，从而提升他们对新时代大学生社会公德的认知。

---

① 钟启泉，黄志成．西方德育原理［M］．西安：陕西人民大学出版社，1998：21.

另一方面，全面提升新时代大学生的社会实践能力，就需要将大学生志愿服务常态化、制度化。大学生志愿服务是培育和践行社会主义核心价值观的有效载体和示范平台，大学生在参与志愿服务过程中，不断提高精神文明，树立社会主义核心价值观。新时代大学生根据时代变化，化整为零，紧跟时代，将中国特色的志愿精神贯穿大学生社会实践活动全过程，从而不断增强道德实践的情感归属和情感体验。大学生在具体的志愿服务活动中，不断加深对志愿服务精神的理解，进一步明确中国志愿服务精神与西方公益价值观的本质区别，在志愿服务过程中坚定社会主义核心价值观的指导地位和引领作用，不断完善和优化运行机制，从而实现大学生志愿服务活动的制度化、机制化，充分发挥其实践育人、过程熏陶的作用，提升新时代大学生社会公德的践行能力。

3. 全面提升新时代大学生的网络修养

新时代是科技发展日新月异的时代，也是网络技术快速发展的全新时代。大学生成为了掌握技术、玩转网络的主力军，网络领域成为大学生自我教育的重要平台和场域。全面提升新时代大学生的网络修养，加强网络道德自律，是实现自身能力全面提升的重要途径。

一方面，全面提升新时代大学生的网络素养，要正确使用网络工具。互联网技术的深入发展，为新时代大学生获取信息、扩宽视野、发表言论提供了无比便利的条件。同时，还要辩证地看到网上充斥着越来越多的虚假信息、低俗甚至反动、淫秽甚至暴力等信息内容，特别是一些有组织的网络恶意攻击和思想渗透行为，不利于大学生网络素养的提升。因此，新时代大学生应正确认识网络工具，正确使用网络工具，不断在使用的过程中提升自我的道德定力和鉴别能力，使自己在缺少外在监督的网络空间中，做到自律而不逾矩，实现大学生自身能力的全面提升。

另一方面，全面提升新时代大学生的网络素养，还要积极引导网络舆论。纷繁复杂的网络言论一旦没有正确的引导，就会导致新时代大学生在求知途径、思维方式、价值观念上出现严重偏差。新时代大学生只有积极引导网络舆论，用社会正能量的舆论感染人、鼓舞人，自身行为正能量去影响人、教育人，对模糊认识要及时廓清，对怨气怨言要及时化解，对不良信息要坚定排斥，对消极思想要积极引导，对错误看法要及时引导和纠正，从而营造清朗的网络空间。通过网络舆论的积极引导，有效地提升新时代大学生激浊扬清、坚定立场、透过现象看本质的实践能力，从而使得大学生在网络空间的道德素养得到质的提升，实现自身全面发展。

此外，要微观途径上提升新时代大学生的自我教育能力，还应该加强新时代大学生的榜样学习能力、学思并重能力、知行合一能力和积善成德能力。从大学生自身出发，结合主体特征，使得大学生在理论认知、思想矫正、行为调整到具体践行的全过程中不断提升自我教育能力，从而为新时代大学生社会公德培育奠定坚实基础。

四、社会环境是新时代大学生社会公德培育的重要保障

马克思认为："人的思想、观念的形成是外部客观环境影响的结果。"① 因此，新时代大学生社会公德的形成和变化受外部客观环境的影响而呈现出不同程度的变化。社会环境是影响新时代大学生社会公德培育的重要原因。当回答"您认为市场经济转轨对大学生社会公德培育的影响如何？"时，有52.98%的同学认为影响较大，16.25%的同学认为非常大（图5.3）。通过前文分析可以看出，社会、政治、经济、社会主义核心价值观等作为思想政治教育的环体因素对于受教育者思想品德的形成和发展具有重要的影响，因此，新时代大学生社会公德培育离不开环体育人作用的发挥。

① 马克思恩格斯选集［M］. 北京：人民出版社，1995：112.

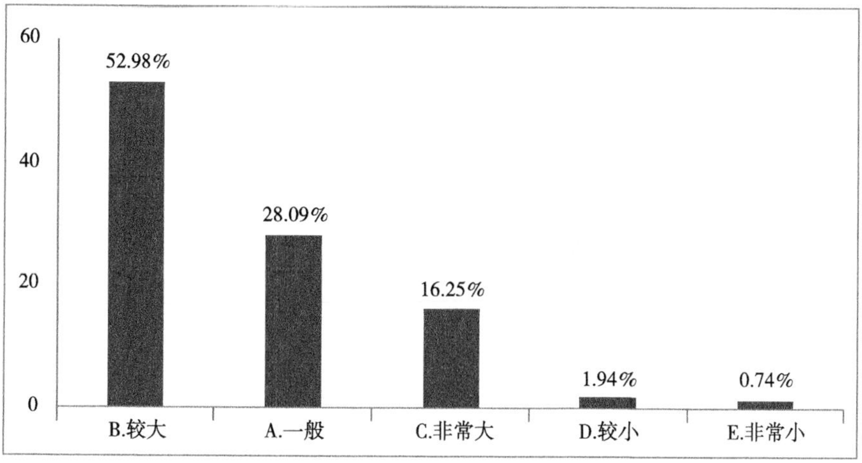

图 5.3 关于市场经济转轨对新时代大学生社会公德培育影响的调查

Fig. 5.3 Survey on the impact of market economy transition on the cultivation of college students' social morality in new era

（一）优化制度政策，净化社会精神环境

邓小平指出："制度好可以使坏人无法任意横行，制度不好则会走向反面。"①充分发挥制度政策的保障作用，是提升新时代大学生社会公德培育的重要手段。

1. 调整和优化政治、经济、法律政策

第一，在政治方面，要深入贯彻马克思主义理论、马克思主义中国化理论特别是习近平新时代中国特色社会主义思想，并将其形成一系列的文件、纲要和指导性意见，使新时代大学生社会公德培育形成政治站位与实践落实高度一致的良性局面。新时代大学生社会公德培育就是在贯彻党中央的教育方针，落实大学生立德成人的要求下呼之欲出的。在党中央、国务院的相关方针、政策的指导下，明确新时代大学生社会公德培育的根本内容、方向、目标、途径，是践行"立德树人"的关键一步，也为培育工

① 邓小平 . 邓小平文选（第 2 卷）［ M ］. 北京：人民出版社，1994：333.

作提供了政策依据和制度依托。

第二，在经济方面，在不断推进深化市场经济体制改革的背景下，不断融入道德文明教育、社会责任教育等内容，深入协调市场经济进步带来的诸如拜金主义、享乐主义等一系列道德缺陷和道德滑坡的问题，反过来促进社会主义市场经济的全面发展，克服经济发展必然带来道德堕落的“伪命题”。通过经济监管、分配制度的调整、经济杠杆的科学使用，使新时代大学生真正从心里明确社会主义市场经济的发展靠人民推动，发展的成果由人民享有，发展过程中存在的问题靠人民解决，解决的目标终归到底是为了人民。通过一系列实实在在的经济政策，让新时代大学生认同爱国情怀的合理性和科学性，让他们认识到和谐共享的真实性、友善共筑的人民性、法治共存的合理性与文明共融的现实性。

第三，在法律方面，充分发挥政府在制定法规、完善制度方面的职能，以实现法规制度的时代性、先进性。根据时代的变化，政府要及时更新和完善相关的法规制度，强化制度、法治保障，使新时代大学生参与社会公德建设过程中做到有章可循。用规制标准明确自己的权利与义务，明确自己的责任与自由，克服社会公德践行过程中的法规制度盲区，弥补制度的漏洞，保证新时代大学生社会公德养成和践行的合法性和顺利性。同时，政府根据新时代政治、经济、文化、社会和环境方面的新形势、新变化、新特点，制定相应的新要求，将其上升到国家制度层面，为新时代大学生社会公德意识的形成和确立提供清晰的指向和明确的底线，为培育工作提供制度保障。

2. 培育和践行社会主义核心价值观

社会主义核心价值观是凝聚全体人民价值规范的“最大公约数”，具有强大的价值整合、价值引领和文化传承作用，这为新时代大学生社会公德提供了坚实的价值基础。培育和践行社会主义核心价值观，有利于新时代大学生抵御西方多元化社会思潮的影响，为培育工作奠定坚实的思想基础。

第一，建立社会主义核心价值观国民教育体系。社会主义核心价值观不是一蹴而就，更不是针对某个群体，而是全社会成员都应该普遍认可、认同的价值目标。因此，社会主义核心价值观培育就是从娃娃抓起，贯穿幼儿园、小学、中学、大学全过程，使其融入教学管理各个环节，体现在社会生活方方面面，彰显在形色多样的各式载体中。将社会主义核心价值观融入国民教育全过程，要注意国民教育序列课程体系的衔接，从各个阶段的实际情况出发，有选择、分层次、分重点地开展培育工作。在注重“纵向培育”的层次性同时，更要注重横向培育。不同地区、不同民族也要逐步推进社会主义核心价值观培育工作，具体问题具体分析，不可一概而论，务必注意区分度，实现培育工作的一贯性、协调性和统一性。

第二，切实形成培育社会主义核心价值观的合力。培育之，需要政府、学校、家庭、社会和自我“五位一体”协调联动，形成培育的合力。政府要从政策层面提供保证；学校要从具体的理论和践行角度提供具体的思路和路径；家庭要着重发挥其基础性作用，为社会主义核心价值观落到实处营造良好的家庭氛围；社会要积极引导舆论，打造良好的社会氛围，为培育工作提供环境保证；践行主体要从提升自己思想道德素质出发，努力做社会主义核心价值观的忠实践行者。各个环节、各个主体、各个阵地协同发力，为社会主义核心价值观培育保驾护航。

第三，重点明确新时代大学生践行社会主义核心价值观的具体路径。习近平总书记将社会主义核心价值观培育形象地比作“系扣子”，要系好扣子，走好青春路，为青春添彩。具体来说，新时代大学生要培育和践行社会主义核心价值观，就要在勤学上下功夫、要在修德上下功夫、要在明辨上下功夫、要在笃行上下功夫。新时代大学生在知与行的过程中，不断加深对社会主义核心价值观的内在认知、外在认同，才能真正使其内化于心、外化于行，使其成为新时代大学生社会公德形成的价值基础。明确新时代大学生践行社会主义核心价值观的路径，为培育工作提供直接的经验借鉴。

3. 坚持和贯彻“纲要”文件精神

党中央、国务院先后颁布《新时代公民道德建设实施纲要》与《新时代爱国主义教育实施纲要》，它们分别从理论与实践、内容与形式、方法与路径等方面为新时代大学生社会公德培育指明了方向、提出了要求、明确了重点。坚持和贯彻文件精神，是提升培育工作实效性的重要遵循。

一方面，以爱国主义教育营造良好的社会精神氛围。《新时代爱国主义教育实施纲要》指出：“新时代加强爱国主义教育，对于振奋民族精神、凝聚全民族力量、实现中华民族伟大复兴的中国梦，具有重大而深远的意义。”①在具体的教育对象中，明确指出，要面向全国人民，聚焦青少年，有针对性地培养学生的爱国主义情怀，广泛利用学校、家庭、社会不同阵地，促使青年大学生将爱国情、强国志与报国行结合起来，并进一步促使全社会形成浓厚的爱国主义氛围。以爱国主义教育为中心，将爱国主义精神贯穿政治建设、经济建设、文化建设、社会和生态建设的全过程，进一步拓展爱国主义精神的实践范围和视野，营造良好的社会精神环境，为新时代大学生社会公德培育提供有力的内容支撑。

另一方面，以公民道德建设净化社会精神环境。“在我国经济社会发展深刻变革的大背景下，受不良思想文化侵蚀和网络有害信息影响，道德领域存在不少问题。”②加强公民道德建设作为一项长期、复杂而系统的过程，需要进一步强化，把握规律，积极创新，持之以恒。通过坚持和贯彻《新时代公民道德建设实施纲要》，以构建全方位的公民道德体系为目标，以提升全社会的道德水平为任务，着力营造爱国主义、集体主义、社会主义思想，使社会精神环境净化，思想道德建设逐步深入，为新时代大学生

① 中共中央国务院 . 新时代爱国主义教育实施纲要［M］. 北京：人民出版社，2019：1–2.
② 中共中央国务院 . 新时代公民道德建设教育实施纲要［M］. 北京：人民出版社，2019：2.

社会公德培育提供良好的环境保证。

4. 挖掘和发挥中华优秀传统文化塑德养志的作用

新时代大学生社会公德培育不能忽视传统文化塑德养志的作用。中华优秀传统文化蕴含着中华民族最深沉、最持久的精神追求，是中华民族屹立于世界最显著的精神标志。挖掘中华优秀传统文化中有关社会公德的精神元素和内容，使其成为塑造大学生思想道德、夯实新时代大学生社会公德的重要理论基础。新时代大学生社会公德培育要精准挖掘中华民族传统文化的优秀基因，将其中与大学生社会公德相一致、相符合的有效因子加以梳理，充分发挥其塑德养志的润化作用。

第一，要对中华优秀传统文化进行充分的挖掘和阐发。通过初步地挖掘和阐发，从而摸清家底，萃取精华，将其中蕴含的家国情怀、团结互助、自强不息、天人合一、仁者爱人、均平法治等内容融化到新时代大学生社会公德培育的内容中，剔除其阶级和时代局限性，进行新的诠释和激活，对现代生活赋予新的时代内涵。同时，通过对中华优秀传统文化的挖掘和阐发，进一步扬弃继承，转化创新，实现日常化、社会化、世俗化、创意化、科技化，使其真正在新时代活起来、动起来、立起来，使整个社会精神环境充盈着浓厚的社会主义新文化氛围，从而增强培育工作的实效性。

第二，要严防西方文化思想的负面影响。随着改革开放深度和广度的进一步提高，西方的不良文化思想蜂拥而至。拜金主义、享乐主义、极端个人主义和自由主义思想冲击着新时代大学生的思想高地，使个别大学生在社会公共领域出现自私、极端自由、责任感缺乏等失德行为。面对中西方文化不断交流、交融、交锋的过程，要旗帜鲜明地坚持和弘扬中华优秀传统文化，坚定社会主义先进文化的鲜明立场，自觉抵制西方不良思想文化，防止西方不良思想文化对新时代大学生的舆论控制和精神腐蚀。用社会主义先进文化感染人、教育人、塑造人，从而增强培育工作的张力。

第三，要大力推进“五个一”精神文明工程建设。通过推进“五个一”精神文明工程，使文艺工作者心中有祖国、肩上有重任、头上有天地、笔下有乾坤。用鲜活的文艺作品讴歌时代、讴歌英雄、讴歌伟大的祖国和伟大的党。通过形式各样的优秀文艺作品和文学作品，营造积极向上、崇尚英雄、赞扬人民的良好社会风尚，为培育工作持续推进添砖加瓦。

第四，政府要构建中华优秀传统文化传承体系。中华优秀传统文化之所以一脉相承、绵延不绝，就在于依托连贯的文化传承体系。新时代，面对市场经济的冲击，文化传承遭遇危机。面对如此形势，政府要注重顶层设计，加大投入，注重物质文化遗产和非物质文化遗产的保护与传承。通过对其制度化、常态化、特色化的记录和保护，使其与现代生活有机融合，让传统走进现代，让文化走进生活，重新焕发青春与活力。同时，通过传统文化进校园、高雅文化进基层、地方民俗走出去等一系列方法，有层次、有步骤地使得中华优秀传统文化焕发时代色彩，为新时代大学生社会公德培育创造良好的文化氛围。

第五，要借助新媒体手段扩大传统文化的影响力。新时代在一定意义上就是新媒体时代。新媒体因其即时性、广泛性、便捷性深受大学生的喜爱，甚至一定程度上成为大学生接触社会、了解社会的重要窗口。要发挥中华优秀传统文化的作用，就要借助新媒体，在内容宣传、营销策划、传播路径各个阶段进行创新，让中华优秀传统文化插上新媒体的翅膀，飞入新时代大学生的校园里、宿舍里、课堂上，进而深深扎根于他们心中。在此过程中，将有关新时代大学生社会公德内容、形式、方法等贯穿新媒体传播中，进一步加深大学生对社会公德内容的理解和认同，为培育工作提供条件。

（二）构建新型平台，营造社会舆论环境

当回答“您认为社会风气对大学生社会公德培育的影响如何？”时，有52.91%的同学认为较大，27.69%的同学认为非常大（图5.4）。社会舆论环境是影响社会风气的重要因素。因此，积极营造良好的社会舆论环境，发挥正面示范作用和导引作用，为新时代大学生社会公德培育提供保障。

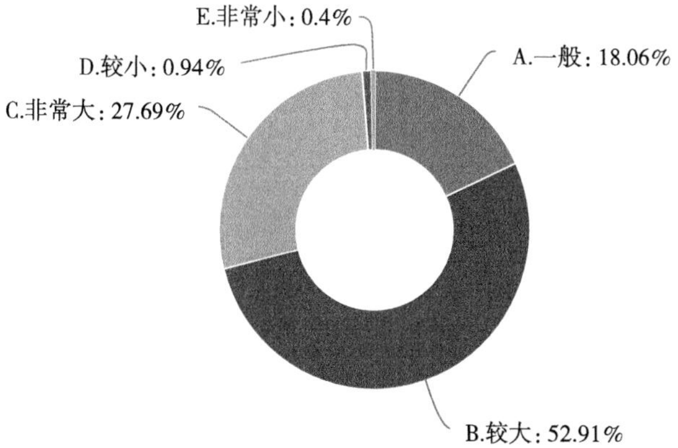

图5.4　关于社会风气对新时代大学生社会公德培育影响的调查

Fig. 5.4 A survey on the influence of social ethos on the cultivation of college students' social morality in new era

1. 积极发挥媒体的引导作用

“积极发挥媒体的引导作用，使其给行为主体形成强大的舆论压力，从而迫使行为主体做出正确道德选择的行为。”[①]媒体是一把双刃剑，它既可以对社会舆论起着正面的引导作用，扩大社会舆论的影响力，从而对新时代大学生社会公德培育产生重要的正面影响。同时，它又可以单方面传播负面舆论和不良信息，隐性传播一些不符合大学生社会公德行为和要求的思想观念。因此，要趋利避害，有效利用新媒体媒介，积极发挥有利作

① 田秀云，白臣．当代社会责任伦理［M］．北京：人民出版社，2008：321.

用，传播科学舆论，弘扬时代主旋律，在积极向上、绿色健康的媒体舆论中实现培育工作的顺利开展。

第一，充分发挥媒体正确的社会舆论导向。大众传媒以一种无形的方式，影响着人们对事物的看法。随着市场经济的深入发展，媒体趋利化、物质化、低俗化现象屡禁不绝，过度娱乐化、商业化倾向络绎不绝，冲淡了国家时政、社会热点、模范宣传的主旋律，这无形中影响着新时代大学生对于社会公德行为的价值判断和价值选择。面对严峻复杂的形势，大众媒体要发挥其正确的舆论导向，就要坚持党的领导、坚持科学的理论武装头脑、坚定鲜明的政治立场、秉持以社会主义核心价值观引领发展全局、坚持以人民为中心的价值导向、坚持以弘扬正能量为主线全面系统传播正确的价值导向和道德意识，为新时代大学生社会公德培育营造良好的舆论氛围。

第二，着力提升媒体成果的教育意义。随着科技的发展，媒体技术日新月异，其表现形式突破传统的时空限制，基本上与新时代大学生同步成长，在一定程度上成为大学生生活中必不可少的一部分。科技发展的结果是媒体成果纷繁多样，形式五花八门，涉及内容涵盖明星娱乐、生活相亲、游戏直播、素人选秀等多种内容。大致浏览这些内容不难发现，这些内容虚假繁荣的背后，缺乏具有一定社会深度、具有深刻教育意义、具有科学道德导向的媒体成果，而且这些所谓的新媒体内容重复率高、原创性低、抄袭率高、长效性低，这无疑削弱了媒体对于新时代大学生社会公德培育的重要媒介作用。要提升媒体成果的教育意义，就必须立足新时代，反映民生，讴歌英雄，宣传正能量，将国家大政方针、社会热点内容、人民关注时政等成果充分展现，适当减少浮躁性、娱乐性的板块内容，切实发挥其对新时代大学生社会公德培育的熏陶作用，给受众群体以正确的价值导向和指引，为培育工作营造良好的舆论氛围。

第三，着重构建网络社会公德建设。网络社会公德作为网络舆论氛围的重要组成部分，肩负着肃清网络舆论氛围的重要使命。由于网络参与主体的多样性、复杂性；网络传播方式的快捷性、广泛性、趣味性；网络信息的冗杂性、模糊性；加之网络管理的滞后性，使部分大学生在网络上成为了无视规则、漠视道德，甚至践踏法律的“自由人”。面对如此境遇，要着重构建网络社会公德建设。在加强网络社会公德的过程中，树立“以人为本”的建设理念、继承和发扬“天下为公”的传统美德、树立和践行“中国梦”的共同理想、抓好网络平台建设，形成自由的网络环境与和谐的网络道德规范；加强法制建设，保障网络社会公共道德健康发展；加强网络监控，实现网络世界健康发展。多管齐下，协同发力，积极促进网络社会公德建设，为新时代大学生社会公德培育提供丰富的经验借鉴。

2. 全力发挥榜样示范作用

榜样示范是解决新时代大学生社会公德培育过于强调理论、缺乏实践借鉴问题的重要方法。通过榜样示范，可以使新时代大学生从榜样的实际事例中感悟到爱国的力量、友善的意义、法治的功能、文明的范畴与和谐的本质，从内心认同，并愿意付诸实践，是一种由外向内的自觉、自愿、自发的行为。全力发挥榜样示范的作用，为培育工作提供了全新的视角。

第一，要扩大榜样学习的范围。新时代大学生社会公德培育是一个全方位、整体性的立体工程，这就需要培育工作从不同层次、不同领域、不同背景的人群中汲取力量。因此，扩大榜样示范的对象范围是发挥其作用的前提条件。首先，新时代先进人物是首要的学习对象。他们为了国家的发展、社会的进步、人民的利益或者行业的领先殚精竭虑，奉献一生，他们身上体现的爱国主义、共建共存、共融共享精神都是鲜明社会公德意识的体现。新时代大学生通过对他们先进事迹的发展过程、筚路蓝缕的创业轨迹认识、了解和感悟，激发自己的道德潜能，不断进取，从内心深处体会到自己对于国家、社会、自然的责任和义务，并不断提升自己的道德认知和道德水平，为新时代大学生社会公德培育提供动力。

同时，扩大榜样学习的范围，还需要从身边的人物出发，积极发现周围的榜样和典型。在此过程中，教师、家长都应该成为他们的榜样。教师是大学生接触次数多、接触时间长的重要人群，家长是大学生的第一任教师。一方面，大学教师通过自己的言传身教，尽职尽责，将“立德树人”的根本任务贯穿教学和管理的全过程，他们身上闪现出的仁爱合和理念、勇于担当精神无不影响着大学生的点点滴滴，这些基本的公德理念，是通过言传身教传递给了大学生。因此，高校教师身体力行的道德示范和道德践行，对新时代大学生的社会公德意识形成起着重要的榜样教育作用。另一方面，家长通过自小教育孩子与人为善、与人为伴、善待自然就是善待自己等道德理念，为新时代大学生社会公德的形成奠定了基础，对培育工作起着潜移默化的作用。另外，新时代大学生还要善于从身边的朋辈关系中寻找榜样的典型。生活中有许多榜样值得学习，如“优秀党务工作者”“优秀大学生志愿者”等荣誉称号的获得者，他们身上传递的价值追求和道德规范，有利于激发大学生的社会公德意识潜力，有效地促进培育工作持续开展。

第二，要广泛利用宣传媒介。榜样的力量得到最大限度的宣传，才能真正发挥其激励、渲染的作用，要想实现最广泛的宣传，就离不开多样化的宣传媒介。在此过程中，要建立全方位的宣传渠道，力图实现宣传范围的全覆盖。一方面，借助传统媒介进行平面宣传。广泛利用校园宣传橱窗、宣传海报、宣传单、宣传标语等传统媒介进行宣传，使先进榜样的典型事迹跃然纸上。另一方面，借助新媒体宣传媒介，立体化、形象化地进行深入宣传。借助微信、抖音、快手、微博、论坛等大学生喜闻乐见的形式进行深度内容挖掘，开展传播形式创新，增加宣传中的趣味性、感化性，使榜样的典型性更加突出、更加鲜明。综合使用传统宣传与现代化的宣传媒介，使关于社会公德的内容、要求与形式立体化呈现，最大限度激发大学生的内在认同感，提升培育工作的效率。

第三，要统筹顶层设计。全力发挥榜样的示范作用，并不意味着“大水漫灌”，也不意味着“乐此不疲”。在选取榜样示范的典型代表时，要注重榜样的数量和质量，针对大学生社会公德的具体要求，做到不重不漏，更要考虑新时代大学生的特性特征，不能一味地选取相似度极高的典型代表进行宣传。同时，新时代大学生具备一定的道德评价和道德选择能力，在进行榜样示范教育过程中，适当选取一些反面教材进行“欲扬先抑”的方法进行引导，鼓励大学生用辩证思维和导向思维去看待榜样的具体事迹。即便是正能量的典型，也要真正认识到他们也是普通人，肯定有着自己固有的不足。对于典型的榜样，既不能盲从，也不能全盘否定，看主流、看本质、看发展。通过正反典型的选取，为新时代大学生社会公德的真正形成和内化提供科学的方法。

（三）建立责任机制，健全社会监督环境

社会环境是新时代大学生社会公德培育的重要保障，要发挥其保障作用，就要建立完善的责任保障机制，健全社会监督环境。

1. 建立社会公德行为的社会责任机制

要发挥社会的保障作用，就需要建立权责明确、奖惩分明的社会责任机制，以保证社会保障作用有理、有度。一方面，制定完善的规章制度，明确发挥社会保障作用的组织、机构和个人，将要求明确到每一步、每一人，使负责人有章可循、有理有节。另一方面，借鉴正面强化和负面引导的教育方法，建立奖惩分明的社会责任机制。对于符合大学生社会公德培育的行为和实践活动给予表彰和奖励，对于不符合大学生社会公德要求的行为给予批评和处罚，奖惩分明，罚之有度，奖之有理，以达到培育的目的。在此过程中，要确保权责制度、奖惩制度真正落实到位，严格执行，不能形式化、表面化，只有将社会责任机制不断更新和优化，适时调整机制的运行方法，才能保证机制符合实际情况的变化。

2. 强化社会公德行为的评价监督机制

形成科学的社会公德评价监督机制，既是为了保证培育工作的顺利进行，更是为了在具体的社会公德实践结束后，及时总结经验，吸取教训，为进一步开展培育工作奠定基础。一方面，建立一系列科学、合理、可操作性强的社会评价机制。将大学生在大学阶段的相关表现和道德践履情况如实记录，并形成精准追踪，适时将其践行社会公德的行为做动态分析，从而形成线性评价机制，动态地调整，及时制止大学生不符合社会公德的行为和习惯。另一方面，不断完善相应的监督机制，将过程评价与目标评价相结合、将短期评价和长期评价相结合，在此过程中，监督机制贯穿其中，保证评价机制的科学性、方向性，使大学生符合社会公德的行为加以继续，对于不符合社会公德的行为加以引导，真正使监督发挥实际效力，保证培育工作的长效化进行。

3. 完善社会公德行为的保障机制

新时代大学生积极践行社会公德要求和规范，需要有相应的社会公德行为保障机制。一方面，政府要健全相关法规制度的构建。政府通过适时调整和完善相应的法规制度建设，营造公平公正、和谐友善、法治良好的社会环境，从而使大学生在践行社会公德要求时个人的合法权益不受侵害，个人的道德动机不受削弱，个人参与的积极性不被淡化，保障大学生参与社会公德建设的积极性与主动性。另一方面，应该强化大学生参与社会公德行为的物质保障和硬件提供。大学生参与社会公德建设，特别是参与校外实践，都需要一定的物质保障，而充足的物质保障，也有利于大学生在具体的道德实践中，不被恶意的行为或者别有用心的人中伤。例如，大学生在参与志愿服务过程中，面对“扶不扶”的社会现象，如果没有摄像头或者记录仪，就很有可能打消他们参与道德实践的积极性。只有完善社会公德行为的保障机制，真正从需求上解决问题，才能真正使培育工作落到实处。

总之，新时代大学生社会公德培育无论在高校场域、家庭阵地、社会环境，还是在自我提升过程中都要立足新时代、把握新变化、明确新要求、突出关键点、着眼整体性，从而实现培育工作的时代化、科学化、系统化，真正培育一大批国家靠得住、用得上、担当民族复兴大任的时代新人。

结　语

处于新的历史方位下，新时代所蕴含的理论内涵和实践外延对整体社会公德建设提出了更高要求。同时，随着社会公共生活的外延、范围和方式日益多元化，这对大学生社会公德及其培育提出了新的要求。因此，研究新时代大学生社会公德培育不仅关系着社会公德整体建设，而且还关系着新时代大学生对社会主义核心价值观培育和践行的深度和广度。聚焦新时代大学生社会公德建设，具有鲜明的时代意义和实践意义。本书在现有国内外理论与实践研究的基础上，以社会主义核心价值观为理论基础和价值引领，以《新时代公民道德建设实施纲要》为总体要求，创新性地提出契合新时代大学生群体特点的社会公德的具体内容，即爱国共建、友善共筑、文明共融、法治共存与和谐共享。在此基础上，有针对性地提出新时代大学生社会公德培育的要求、原则、内容、方法及实践路径，有利于新时代大学生更好地培育和践行社会主义核心价值观，实现新时代大学生立德成人的最终目标。

任何一种理论的研究都是为了更好地指导人们实践，新时代大学生社会公德培育研究也不例外。新时代大学生社会公德培育正是基于实践维度的现实考量，立足新时代，通过对大学生社会公德及其培育理论与实践的考察与分析，在此基础上提出新时代大学生社会公德在高校、社会、个人、家庭方面的具体培育路径，力求初步构建新时代大学生社会公德培育体系。

由于本人理论基础、研究水平等的局限性，本书在研究思路、研究内容等问题上可能还不尽完善，难免有不妥帖、不恰当之处，希望通过日后的学习研究，不断深化新时代大学生社会公德培育的理论认知与实践维度，以期实现新时代大学生社会公德培育体系的系统性、科学性和连贯性，为新时代大学生立德成人提供一定的借鉴和参考。

参考资料

一、经典著作与党的文献

[1] 马克思恩格斯全集（第1卷）[M]. 北京：人民出版社，1956.

[2] 马克思恩格斯全集（第2卷）[M]. 北京：人民出版社，1995.

[3] 马克思恩格斯全集（第3卷）[M]. 北京：人民出版社，2002.

[4] 马克思恩格斯全集（第4卷）[M]. 北京：人民出版社，1995.

[5] 马克思恩格斯全集（第16卷）[M]. 北京：人民出版社，1972

[6] 马克思恩格斯全集（第42卷）[M]. 北京：人民出版社，1979.

[7] 马克思恩格斯选集（第1—4卷）[M]. 北京：人民出版社，2012.

[8] 马克思恩格斯文集（第1卷）[M]. 北京：人民出版社，2009.

[9] 马克思恩格斯文集（第2卷）[M]. 北京：人民出版社，1957.

[10] 马克思恩格斯文集（第3卷）[M]. 北京：人民出版社，1995.

[11] 马克思.1844年经济学哲学手稿 [M]. 北京：人民出版社，2002.

[12] 列宁. 列宁选集（第3卷）[M]. 北京：人民出版社，1995.

[13] 列宁. 列宁选集（第4卷）[M]. 北京：人民出版社，1972.

[14] 毛泽东. 毛泽东选集（第1-3卷）[M]. 北京：人民出版社，1991.

[15] 毛泽东. 毛泽东选集（第5卷）[M]. 北京：人民出版社，1977.

[16] 邓小平. 邓小平文选（第1-3卷）[M]. 北京：人民出版社，1994.

[17] 江泽民. 江泽民文选（第1-3卷）[M]. 北京：人民出版社，2006.

[18] 胡锦涛. 胡锦涛文选（第1-3卷）[M]. 北京：人民出版社，2016.

[19] 习近平. 习近平谈治国理政（第1卷）[M]. 北京：外文出版社，

2014.

［20］习近平．习近平谈治国理政（第2卷）［M］．北京：外文出版社，2017.

［21］习近平．习近平谈治国理政（第3卷）［M］．北京：外文出版社，2020.

［22］习近平．青年要自觉践行社会主义核心价值观——在北京大学师生座谈会上的讲话［M］．北京：人民出版社，2014.

［23］习近平．在庆祝中国共产党成立95周年大会上的讲话［M］．北京：人民出版社，2016.

［24］党的十九大报告辅导读本编写组．党的十九大报告辅导读本［M］．北京：人民出版社，2017.

［25］中共中央宣传部．习近平总书记系列重要讲话读本［M］．北京：学习出版社，人民出版社，2016.

［26］中共中央文献研究室．邓小平论教育［M］．北京：人民教育出版社，2004.

［27］中共中央文献研究室．毛泽东邓小平江泽民论青少年和青少年工作［M］．北京：中央文献出版社，2000.

［28］共青团中央宣传部．五讲四美手册［M］．北京：中国青年出版社，1983.

［29］中共中央　国务院．公民道德建设实施纲要［M］．北京：北京学习出版社，2001.

［30］中共中央　国务院．新时代公民道德建设实施纲要［M］．北京：人民出版社，2019.

［31］中共中央办公厅国务院办公厅．关于深化新时代学校思想政治理论课改革创新的若干意见［M］．北京：人民出版社，2019.

［32］中共中央　国务院．新时代爱国主义教育实施纲要［M］．北京：

人民出版社，2019.

二、一般著作

［1］骆郁廷.思想政治教育原理与方法［M］.北京：高等教育出版社，2009.

［2］骆郁廷，徐建军.大学生思想政治教育理论与实践［M］.北京：高等教育出版社，2009.

［3］李华兴，吴嘉勋.梁启超文集［M］.上海：上海人民出版社，1984.

［4］本书编写组.思想道德修养与法律基础［M］.北京：高等教育出版社，2018.

［5］张耀灿，陈万柏.思想政治教育学原理［M］.北京：高等教育出版社，2016.

［6］季明.培育和践行社会主义核心价值观学习读本［M］.北京：人民日报出版社，2014.

［7］梅荣政.用马克思主义引领社会思潮［M］.武汉：武汉大学出版社，2008.

［8］韩震.社会主义核心价值观五讲［M］.北京：人民出版社，2012.

［9］廖小平.价值观变迁与核心价值体系的解构和建构［M］.北京：中国社会科学出版社，2013.

［10］袁贵仁.价值观的理论与实践：价值观若干问题的思考［M］.北京：北京师范大学出版社，2013.

［11］张耀灿，郑永廷，吴潜涛等.现代思想政治教育学［M］.北京：人民出版社，2006.

［12］晏辉.现代性语境下的价值与价值观［M］.北京：北京师范大学出版社，2009.

［13］何一成.中国共产党思想政治教育史［M］.湖南：湖南大学出版社，2011.

［14］罗国杰，马博宣.伦理学教程［M］.北京：中国人民大学出版社，1985.

［15］伦理学编写组.伦理学［M］.北京：高等教育出版社，2015.

［16］魏英敏.当代中国伦理与道德［M］.北京：昆仑出版社，2001.

［17］朱金瑞，韩震.道德哲学读本［M］.北京：金城出版社，2016.

［18］［古希腊］亚里士多德.政治学［M］.吴寿彭，译.北京：商务印书馆，2009.

［19］罗国杰.伦理学［M］.北京：人民出版社，1989.

［20］范英.社会公德概论［M］.广东：海天出版社，1991.

［21］朱贻庭.伦理学小词典［M］.上海：上海辞书出版社，2004.

［22］席彩云.当代社会公德教育研究［M］.湖北：湖北人民出版社，2008.

［23］程立涛，曾繁敏.新时期社会公德建设研究［M］.北京：中国社会科学出版社，2013.

［24］徐仲伟.网络社会公德建设研究［M］.北京：中国人民大学出版社，2018.

［25］陈弱水.公共意识与中国文化［M］.北京：新星出版社，2006.

［26］［日］福泽谕吉.文明论概略［M］.北京编译社，译.北京：商务印书馆，2007.

［27］蔡志良，蔡应妹.道德能力论［M］.北京：中国社会科学出版社，2008.

［28］孟子.孟子·公孙丑（下）［M］.贵州：贵州人民出版社，1990.

［29］郑洸.中国青年运动六十年［M］.北京：中国青年出版社，1990.

［30］胡绳.中国共产党的七十年［M］.北京：中共党史出版社，1991.

[31] 刘昭东，宋振峰. 信息与信息化社会 [M]. 北京：科学技术文献出版社，1994.

[32] 韦伯. 经济与社会（上卷）[M]. 林荣远，译. 北京：商务印书馆，1997.

[33] 莫少群.20 世纪西方消费社会理论研究 [M]. 北京：社会科学文献出版社，2006.

[34] 白志刚，刘波. 国际视野下的公民道德建设研究 [M]. 北京：知识产权出版社，2015.

[35] 周洲.20 世纪英国学校道德发展 [M]. 济南：山东人民出版社，2010.

[36] 唐汉伟. 现代美国道德教育研究 [M]. 山东：山东人民出版社，2010.

[37] 王思震. 教师论 [M]. 南京：江苏教育出版社，2002.

[38] 程昌明. 论语 [M]. 太原：山西古籍出版社，1999.

[39] 李朝京，高淑芳. 思想道德修养 [M]. 南京：南京大学出版社，2005.

[40] 鲁杰，王逢贤. 德育新论 [M]. 南京：江苏教育出版社，1994.

[41] 詹万生. 整体构建德育体系总论 [M]. 北京：教育科学出版社，2001.

[42] 张崇琛. 中华家教宝库 [M]. 长春：吉林人民出版社，1993.

[43] 周先进. 高校德育环境论 [M]. 长沙：湖南人民出版社，2005.

[44] 李志红. 公民思想道德素质研究 [M]. 郑州：郑州大学出版社，2005.

[45] 田秀云，白臣. 当代社会责任伦理 [M]. 北京：人民出版社，2008.

[46] 郭庆光. 传播学教程 [M]. 北京：中国人民大学出版社，1999.

［47］［美］R·T诺兰. 伦理学与现实生活［M］. 姚新中，译. 北京：华夏人民出版社，1988.

［48］［英］约翰·密尔. 论自由［M］. 许宝骙，译. 北京：商务印书馆，2009.

［49］［德］埃利希·诺伊曼. 深度心理学和新道德［M］. 高宪田，译. 北京：东方出版社，1998.

［50］李征. 马克思恩格斯思想政治教育理论与实践研究［M］. 北京：北京大学出版社，2011.

［51］张民平. 当代大学生道德教育新探［M］. 北京：中国书籍出版社，2014.

［52］沈壮海. 思想政治教育有效性研究（第二版）［M］. 武汉：武汉大学出版社，2008.

［53］徐建军. 大学生网络思想政治教育理论与方法［M］. 北京：人民出版社，2009.

［54］王树荫. 中国共产党思想政治教育简史［M］. 北京：中国人民大学出版社，2016.

［55］叶南客. 社会主义核心价值观研究丛书·文明篇［M］. 南京：江苏人民出版社，2015.

［56］王亚杰，郑瑞君. 多元文化背景下当代大学生信息接受习惯与认知方式研究［M］. 北京：北京邮电大学出版社，2013.

［57］王淑芹. 大学生诚信伦理研究［M］. 北京：人民出版社，2012.

［58］魏海苓. 责任与担当：大学生社会责任感养成机制研究［M］. 北京：知识产权出版社，2016.

［59］冯文全. 现代德育原理［M］. 北京：科学出版社，2016.

［60］艾四林. 社会主义主流意识形态与当今中国社会思潮［M］. 北京：人民出版社，2011.

[61] 陆玉林. 当代中国青年文化研究 [M]. 北京：人民出版社，2009.

[62] 高清海. 哲学与主体自我意识 [M]. 北京：中国人民大学出版社，2010.

[63] 李建华. 趋善避恶论——道德价值的逆向研究 [M]. 北京：北京大学出版社，2013.

三、期刊论文

[1] 席彩云. 当代社会公德教育的使命 [J]. 道德与文明，2009（02）.

[2] 辛向阳. 如何理解中国特色社会主义新时代的深刻内涵 [J]. 中国党政干部论坛，2018（01）.

[3] 佘双好. 当代社会思潮对高校学生影响的特点及对策研究 [J]. 思想理论教育导刊，2010（10）.

[4] 佘双好. 心理健康教育何以成为思想政治教育的研究领域 [J]. 马克思主义研究，2007（03）.

[5] 肖群忠. 关于社会公德的几个基本理论问题 [J]. 河北学刊，2007（06）.

[6] 吴灿新. 简论社会公德的基本规定性和类型 [J]. 道德与文明，1991（05）.

[7] 刘建军. 论“时代新人”的科学内涵 [J]. 思想理论教育，2019（02）.

[8] 栾淳钰. “新人”的概念演变、时代意涵及其启示 [J]. 思想教育研究，2019（10）.

[9] 张岩磊，高苑. 培育大学生社会主义核心价值观之和谐观的思考 [J]. 思想理论教育导刊，2016（06）.

[10] 姚郁卉. 加强新时代社会公德教育的新思考 [J]. 社会主义核心价值观研究，2020（02）.

［11］王晓丽，巫茜子.中国语境中的社会公德建构［J］.道德与文明，2020（03）.

［12］双传学.社会转型时期的公共道德建设［J］.中国特色社会主义研究，2016（03）.

［13］李建华.社会主义核心价值观与道德规范体系之关系［J］.道德与文明，2017（02）.

［14］郭敏.道德引领：社会主义核心价值观的实践指向［J］.道德与文明，2019（01）.

［15］金可溪.马克思的马克思主义道德观的形成［J］.道德与文明，2001（02）.

［16］王维国.新时代加强公民道德建设的战略思考［J］.思想教育研究，2019（12）.

［17］李华林.对构建社会公德新体系的思考［J］.新视野，2003（02）.

［18］刘静静.论隐性教育法在高校思想政治教育实践中的运用［J］.百家论点，2018（09）.

［19］张雷声.办好思想政治理论课与建设马克思主义理论学科［J］.吉首大学学报（社会科学版），2020（02）.

［20］杨德广.加强形势任务教育增强大学生的使命感和责任感［J］.中国高教研究，2005（05）.

［21］黄楚安，李要鹏.论自省与大学生道德修养［J］.长沙大学学报，2007（04）.

［22］陈晋.新时代·新矛盾·新目标［J］.毛泽东研究，2018（01）.

［23］石国亮.新时代青年的使命与担当［J］.中国青年社会科学，2018（01）.

［24］于玲玲.准确把握新时代青年道德教育关键点［J］.中国德育，2020（03）.

[25] 刘霞. 对新形势下大学生道德教育的思考 [J]. 学校党建与思想教育，2019 (01).

[26] 丁欢欢. 习近平新时代中国特色社会主义思想的实践基础与现实路径 [J]. 新疆社会科学，2018 (02).

[27] 许永华. 论当前大学生的道德能力及其培养 [J]. 德育研究，2016 (04).

[28] 朱丽娟. 大学生社会公德教育浅析 [J]. 四川省社会主义学院学报，2011 (01).

[29] 徐瑰丽. 当代大学生社会公德现状、原因及对策 [J]. 中国成人教育，2011 (22).

[30] 闫晓荣. 基于高等教育视角的大学生社会公德失范的原因分析 [J]. 中国成人教育，2003 (20).

[31] 葛晨光. 做好大学生社会公德教育的思考 [J]. 前沿，2005 (07).

[32] 梁鹏. 大学生社会公德建设路径探析 [J]. 理论导刊，2008 (01).

[33] 王颖. 公德建设的困境及出路探析 [J]. 学术交流，2017 (05).

[34] 谭德礼. 论社会公德与人的全面发展 [J]. 重庆师院学报（哲学社会社会版），2003 (01).

[35] 魏朝娟. 论新时代加强社会公德建设的重要性 [J]. 发展，2019 (10).

[36] 常海龙. 李曙光. 用社会主义核心价值体系指导大学生社会公德教育 [J]. 唐山师范学院学报，2009 (31).

[37] 韩震，王临霞. 以社会主义核心价值观培育时代新人的历史演进与现实路径 [J]. 东北师大学报（哲学社会科学版），2019 (03).

[38] 谢登斌. 德育新观念：将单向灌输转变为参与式道德实践 [J]. 广西师范大学学报（哲学社会科学版），1999 (04).

[39] 徐蕾，颜炳乾. 美国高校环境伦理教育探析 [J]. 外国教育研究，

2005（12）.

［40］廖小平. 公德和私德的厘定与公民道德建设的任务［J］. 社会科学，2002（02）.

［41］王小锡，陈继红.《1844 年经济学哲学手稿》的经济道德解读［J］. 伦理学研究，2006（05）.

［42］郑洁. 恩格斯的道德观：批判与建构的统一［J］. 长沙大学学报，2007（06）.

［43］匡艳丽. 新媒体时代大学生主流价值观培育认同的技术路径［J］. 中国广播电视学刊，2018（09）.

［44］王久高. 社会主义核心价值观的生成与内涵［J］. 中国特色社会主义研究，2014（08）.

［45］吴宁，余华. 社会主义文明价值观的根本性质及践行思考［J］. 湖北社会科学，2017（12）.

［46］叶承芳. 社会主义核心价值观内容解读之“法治”［J］. 思想政治教育研究，2015（02）.

［47］王艳，周国栋. 论中国特色社会主义核心价值观的内涵［J］. 山东社会科学，2007（12）.

［48］王洁. 当代大学生核心价值观与价值取向辨析［J］. 思想理论教育，2014（1）.

［49］熊承滌. 介绍两本共产主义道德教育的书［J］. 人民教育，1954（10）.

［50］严实. 试论共产主义道德的形成途径［J］. 江淮学刊，1964（03）.

［51］王学俭，冯东东. 大学生网络思想政治教育：价值 · 挑战 · 保障［J］. 思想教育研究，2017（05）.

［52］朱大卫，马强强. 新时代大学生应坚守什么样的理想信念［J］. 人民论坛，2019（09）.

［53］王刚. 论新时代中国特色社会主义的逻辑理路［J］. 南京社会科学，2018（04）.

［54］王华敏，周双双. 主体性发挥与社会主义核心价值观教育的内在逻辑——基于大学生群体的教育研究［J］. 重庆大学学报（社会科学版），2018（01）.

［55］王子刚. 大学生政治价值观的形成发展规律与教育策略［J］. 思想理论教育导刊，2016（12）.

［56］王淑芹，刘畅. 我国核心价值培育成效的反思与超越［J］. 马克思主义研究，2017,（02）.

［57］王金鲁. 努力培养共产主义的道德观［J］. 前线，1964（01）.

［58］王立胜. 如何理解中国特色社会主义进入了新时代［J］. 北京交通大学学报（社会科学版），2018（01）.

［59］王丽君，岳红军. 青年消费价值观影响因素探究［J］. 中国青年研究，2013（4）.

［60］汪立夏，李根寿，李忠. 大学生社会主义核心价值体系内化分析［J］. 思想理论教育导刊，2012（10）.

［61］王帅，肖文旭. 在校园文化活动中深化社会主义核心价值观教育［J］. 思想教育研究，2015（06）.

［62］卢书欣. 论道德情感的培养［J］. 现代教育论丛，2009（07）.

［63］马向真. 当代大学生价值观特征及其成因分析［J］. 毛泽东邓小平理论研究，2007（08）.

［64］杨宗元. 论道德理性的基本内涵［J］. 中国人民大学学报，2007（01）.

［65］武艳萍. 网络对大学生道德的影响及对策［J］. 人大复印资料思想政治教育，2004（01）.

［66］袁桂林. 本届美国政府教育改革计划述评［J］. 外国教育研究，

2016（06）.

［67］唐克，军唐锋. 美国高校道德与公民教育的成功之道［J］. 思想理论教育，2006（09）.

［68］王凡. 当代主要发达国家学校道德教育的历史轨迹与发展趋向［J］. 学术交流，2004（04）.

［69］孟鑫. 中国特色社会主义进入新时代的历史底蕴和现实要求［J］. 科学社会主义，2008（01）.

［70］王殿卿. 对80年代大学生价值观变化的分析［J］. 高等教育研究，1992（03）.

［71］胡虹霞. 新加坡学校的公民道德教育［J］. 思想政治课教学，2001（11）.

［72］莫春菊. 思政课中的大学生社会主义核心价值观教育初探［J］. 江苏高教，2015（04）.

［73］李君如. 社会主要矛盾新变化和中国特色社会主义新时代［J］. 学习论坛，2017（11）.

［74］王丹. 当代大学生价值观与价值选择状况的调查分析［J］. 思想理论教育，2018（02）.

［75］李光耀. 伦理道德水准若低落，我国就会日渐走下坡［J］. 联合早报，1994（08）.

［76］赵常兴，段瑞琴. 以入学文化之“矢”服务现代思想政治教育之“的”［J］. 思想政治教育研究，2017（3）.

［77］张明，尚庆飞. 理解中国特色社会主义新时代的三重维度［J］. 南京社会科学，2018（03）.

［78］郑永廷，朱白薇. 改革开放30年思想政治教育理论的丰富与发展［J］. 思想理论教育导刊，2008（10）.

［79］吴默闻. 中华优良传统家风与新时代立德树人［J］. 思想理论教

育导刊，2020（11）.

[80] 王洁松. 关于进一步加强课程思政育人功能的思考 [J]. 思想理论教育导刊，2020（11）.

[81] 沈壮海，刘灿. 论新时代思想政治教育的高质量发展 [J]. 思想理论教育，2021（03）.

[82] 倪炜. 新时代高校思想政治工作体系的内在逻辑与构建 [J]. 思想理论教育，2021（03）.

[83] 羌毅. 高校辅导员以深度接触开展思想政治教育的策略探究 [J]. 学校党建与思想教育，2021（04）.

[84] 邹秀春，杨良子. 新时代大学生社会公德状况调查与分析 [J]. 学校党建与思想教育，2021（03）.

[85] 汪盛玉. 大学生期待视野的社会主义核心价值观教育 [J]. 思想政治教育研究，2017（06）.

[86] 石亚玲. 论习近平的青年理想信念观 [J]. 思想政治教育研究，2016（05）.

[87] 胡伯项，李江波. 马克思主义中国化与中国梦的内在逻辑 [J]. 思想政治教育研究，2015（09）.

[88] 佘双好，宋增伟，梅萍. 建构具有中国特色的本土化心理疏导模式 [J]. 学校党建与思想教育，2017（05）.

[89] 陆海燕，黄诚. 从当代青年特点看思想政治教育发展 [J]. 思想教育研究，2012（02）.

[90] 毛俊，双传学. 论习近平的青年观及启示 [J]. 江苏师范大学学报（哲学社会科学版），2015（01）.

[91] 任丽，徐艳. 让中华优秀传统文化走进大学生心田 [J]. 人民论坛，2018（12）.

[92] 张驰，王燕. 习近平关于新时代青年成长成才教育观要论 [J].

湖北社会科学，2018（10）.

［93］刘丽莉，张永红.中华优秀传统文化在大学生健康社会心态培育中的作用及路径［J］.学校党建与思想教育，2018（04）.

［94］陈勇.立德树人：当代大学生思想政治教育的根本任务［J］.思想理论教育导刊，2013（04）.

［95］张桢.新媒体环境下大学生思想政治教育载体探析［J］.高教探索，2016（02）.

［96］韩震.思想政治课程发展趋势展望［J］.思想政治课教学，2018（03）.

［97］赵宏.自媒体时代大学生思想政治教育面临的挑战与对策［J］.学术论坛，2013（05）.

［98］郑士鹏，陈树文.青年社会责任感培养维度探析［J］.中州学刊，2013（05）.

［99］沈壮海，肖洋.2016年度大学生思想政治状况调查分析［J］.思想理论教育导刊，2017（01）.

［100］王昊.新形势下大学生的网络文明素养提升研究［J］.思想理论教育导刊，2018（01）.

［101］杨淑萍.消费文化影响下青少年道德观的特点分析［J］.教育科学，2012（03）.

［102］邱琳.英国学校价值教育的隐性课程［J］.外国教育研究，2012（05）.

［103］陈洁.美国品格教育运动及其对学生思想政治教育的启示［J］.思想政治教育研究，2010（06）.

四、学位论文

［1］张建英.公德与私德关系的历史演进与当代建构［D］.江苏：中国

矿业大学，2015.

［2］杨英英．社会主义核心价值观下我国社会公德建设研究［D］．北京：北京化工大学，2019.

［3］姚翼源．新时代青少年道德价值观培育研究［D］．北京：中国地质大学，2019.

［4］李科．当代大学生社会公德认同及其提升研究［D］．四川：西南交通大学，2017.

［5］康镇麟．当前我国社会舆论与社会公德协同发展研究［D］．湖南：湖南师范大学，2015.

［6］陈华文．立德树人维度下的大学生社会主义核心价值观教育研究［D］．武汉：中国地质大学（武汉），2016.

［7］李纪岩．当代大学生社会主义核心价值观培育研究［D］．山东：山东师范大学，2010.

［8］赵谦．大学生社会公德失范原因分析及对策研究［D］．呼和浩特：内蒙古师范大学，2011.

［9］贾波波．当代大学生社会公德缺失问题与教育对策［D］．太原：山西大学，2014.

［10］张坤．社会公德若干问题研究［D］．长春：东北师范大学，2009.

［11］季宝刚．大学生社会公德缺失及对策研究［D］．长春：吉林农业大学，2017.

［12］王小青．大学生社会公德意识及其培育研究［D］．武汉：华中师范大学，2018.

［13］王静．当代西方社会思潮对大学生价值观的影响及对策研究［D］．河北：河北师范大学，2015.

［14］庞娟．新媒体时代大学生思想政治教育创新研究［D］．山西：山西大学，2019.

［15］张文卿．当代青年社会主义核心价值观培育研究［D］．北京：北京交通大学，2017.

［16］王璐璐．文化生态视域下我国当代大学生价值观研究［D］．山东：山东大学，2016.

［17］吴宁．新时代大学生价值取向及其引导研究［D］．武汉：中国地质大学（武汉），2019.

［18］崔晓丹．大学生思想政治教育主渠道与主阵地协同研究［D］．北京：北京科技大学，2020.

［19］仇志伟．自媒体视域下大学生意识形态教育研究［D］．河北：河北师范大学，2016.

［20］郑士鹏．当代中国青年社会责任感及其培养研究［D］．北京：北京交通大学，2014.

［21］裴艳丽．大学生生态文明观教育研究［D］．武汉：武汉大学，2018.

五、报纸文章

［1］习近平．把培育和弘扬社会主义核心价值观作为凝魂聚气强基固本的基础工程［N］．人民日报，2014-02-26.

［2］习近平．决胜全面建成小康社会夺取新时代中国特色社会主义伟大胜利——在中国共产党第十九次全国代表大会上的报告［N］．人民日报，2017-10-28.

［3］习近平．用新时代中国特色社会主义思想铸魂育人，贯彻党的教育方针，落实立德树人根本任务［N］．人民日报，2019-03-19.

［4］习近平．青年要自觉践行社会主义核心价值观——在北京大学师生座谈会上的讲话［N］．人民日报，2014-05-05.

［5］佘双好．科学认识“新时代中国特色社会主义”的历史方位［N］．

社会科学报，2017-11-09.

［6］江畅. 弘扬社会公德，促进美好生活［N］. 解放军报，2020-01-07.

［7］中共中央国务院印发. 新时代公民道德建设实施纲要［N］. 光明日报，2019-10-28.

［8］新华社. 解放军总政治部和团中央分别发出通知广泛开展“学习雷锋”的教育活动［N］. 人民日报，1963-02-16.

［9］习近平. 同北京师范大学师生代表座谈时的讲话［N］. 人民日报，2014-09-10.

［10］评论员. 不忘初心跟党走青春建功新时代［N］. 中国青年报，2017-10-19.

［11］习近平. 实现中国梦，青春勇担当［N］. 人民日报，2013-07-18.

［12］习近平. 中共十八届四中全会在京举行习近平作重要讲话［N］. 人民日报，2014-10-24.

［13］习近平. 习近平系列重要讲话读本：绿水青山就是金山银山——关于大力推进生态文明建设［N］. 人民日报，2014-07-11.

［14］中共中央国务院发出关于进一步加强和改进大学生思想政治教育的意见［N］. 人民日报，2004-10-15.

［15］胡锦涛. 坚定不移沿着中国特色社会主义道路前进为全面建成小康社会而奋斗——在中国共产党第十八次全国代表大会上的报告［N］. 光明日报，2012-11-18.

［16］习近平. 在北京大学师生座谈会上的讲话［N］. 人民日报，2018-05-02.

［17］习近平. 习近平首次点评“95后”大学生［N］. 人民日报，2017-01-03.

［18］习近平. 共同构建人类命运共同体——在联合国日内瓦总部的演

讲［N］. 人民日报，2017-1-20.

［19］习近平. 在纪念五四运动 100 周年大会上的讲话［N］. 人民日报，2019-05-01.

［20］习近平. 思政课是落实立德树人根本任务的关键课程［N］. 求是，2020-08-31.

六、外文文献

［1］Aristotle.The Nicomachean Ethics［M］.Oxford：Oxford University Press，2009.

［2］Archer，R.Reflecting Identity：The Inevitable Role of Culture［R］.2006.

［3］Calabasas，CA . The Role of Civic Education：A Report of the Task Force on Civic Education［J］. 1995.

［4］James Arthur，Ian Davies and Carole Hahn.Education for Citizenship and Democracy［M］.London：Sage，2008.

［5］Adam Smith. The Theory of Moral Sentiments［M］. Cam bridge：Cambridge University Press，2002.

［6］Reed A I，Aquino K F . Moral identity and the expanding circle of moral regard toward out-groups［J］. Journal of Personality & Social Psychology，2003.

［7］Aquino K，Reed A.The self-importance of moral identity［J］. Journal of Personality and Social Psychology，2002.

［8］Hart，Daniel. Adding Identity to the Moral Domain［J］. Human Development，2005.

［9］Cohen，Jonathan.Social，emotional，ethical and academic education：Creating a climate for learning，participation in democracy，and well-being［J］. Harvard Educational Review.SUM 2006.

[10] Beck C.The Moral Education Project [M].Toronto: The Ontario Institue for Studies in education, 1975.

[11] Lickona T . Educating for Character: How Our Schools Can Teach Respect and Responsibility [J].association for childhood education international, 1993.

[12] Thomas Lichona.The Return of Character Education [J].Education Leadership, 1993.

[13] Fred W.Newman.Education for Citizen Action: Challenge for Secondary [M].Calif: McCutchan, 1957.

[14] Checkoway, B. Public Service: Our New Mission [J].Academe, 2000.

[15] Anders Breidlid.Education in Cuba-an alternative educational discourse: Lessons to be learned [J]. Taylor&Francis Journal, 2007.

七、电子文献

[1] 中共中央、国务院印发《新时代公民道德建设实施纲要》[EB/OL]. 人民网，http: //www.gov.cn/zhengce/2019-10/27/content_5445556.htm.

[2] 中共中央、国务院印发《中长期青年发展规划（2016-2025 年）》[EB/OL]. 新华网，http: //www.xinhuanet.com//ttgg/2017-04/14/c_1120806695_3.htm.

[3] 习近平. 国家好，民族好，大家才会好 [EB/OL]. 中国社会科学网，http: //ex.cssn.cn/mkszy/rd/201611/t20161111_3273755.shtml.

[4] 习近平. 在庆祝改革开放 40 周年大会上的讲话 [EB/OL]. 凤凰网，http: //finance.ifeng.com/a/20181218/16627248_0.shtml.

[5] 中国互联网络信息中心. 第 42 次中国互联网络统计报告 [EB/OL]. 国家互联网信息办公室，http: //www.cac.gov.cn/2018-08/20/

c_1123296882.htm.

［6］中共中央、国务院印发《公民道德建设实施纲要》[EB/OL]. 人民网，http：//www.People.Com.cn/GB/shizheng/16/20011024/589496.html.

［7］中共中央、国务院印发《新时代爱国主义教育实施纲要》[EB/OL]. 中华人民共和国中央人民政府，http：//www.gov.cn/zhengce/2019-11/12/content_5451352.htm.

附　录

附录1:《新时代大学生社会公德培育现状调查问卷》

亲爱的同学:

您好!为了深入了解新时代大学生社会公德培育的相关情况,特制作了《新时代大学生社会公德培育现状调查问卷》,本次问卷只是作为研究依据,不会向社会公布,请您放心如实回答。感谢您的支持与参与。

第一部分　个人的基本情况

1. 您的性别是(　　):

A. 男　　B. 女

2. 您的年级是(　　):

A. 大一　　B. 大二　　C. 大三　　D. 大四　　E. 其他

3. 您的专业是(　　):

A. 文科　　B. 理工　　C. 工科　　D. 其他

4. 您的政治面貌是(　　):

A. 中共党员　　B. 中共预备党员　　C. 共青团员　　D. 普通群众　　E. 其他

5. 您就读的高校属于(　　):

A. 重点院校　　B. 普通本科　　C. 独立学院　　D. 高职高专　　E. 其他

6. 您父亲受教育程度是(　　):

A. 小学及以下　　B. 初中　　C. 高中　　D. 本科　　E. 研究生及以上

7. 您母亲受教育程度是(　　):

A. 小学及以下　B. 初中　C. 高中　D. 本科　E. 研究生及以上

第二部分　请根据实际情况选择您认为恰当的选项

1. 当国家举行重大活动时，您是否愿意参加相关的志愿者活动（　　）？

A. 十分愿意　B. 愿意　C. 视情况而定　D. 不愿意

E. 十分不愿意

2. 疫情期间，当您看到有人在网络上传谣或发表对国家不理解的言论时，您会怎么办（　　）？

A. 都认同，并跟帖　B. 基本认同，不跟帖　C. 让真相飞一阵

D. 假装无视　E. 坚定鲜明立场，反击不实言论

3. 您愿意参加网络平台上诸如“抗击疫情”此类的声援活动吗（　　）？

A. 十分愿意　B. 愿意　C. 视情况而定　D. 不愿意

E. 十分不愿意

4. 疫情期间，当您看到有人破坏封锁道路的设施，不戴口罩等行为，您感觉怎么样（　　）？

A. 十分气愤　B. 比较气愤　C. 不予置评　D. 能理解

E. 很认同

5. 当您的同学突发疾病住院，您愿意去医院陪护吗（　　）？

A. 十分愿意　B. 愿意　C. 视情况而定　D. 不愿意

E. 十分不愿意

6. 当同学因一件小事，误会了您，您愿意原谅他吗（　　）？

A. 十分愿意　B. 愿意　C. 视情况而定　D. 不愿意

E. 十分不愿意

7. 您愿意参加学校的校园组织的募捐活动吗（　　）？

A. 十分愿意　B. 愿意　C. 视情况而定　D. 不愿意

E. 十分不愿意

8. 当乘坐地铁等公共交通时看到大学生未给老弱病残孕让座，您感到（　　）？

A. 十分看不惯　B. 比较看不惯　C. 与我无关　D. 视情况而定

9. 看到有同学在课堂上聊天、玩手机、吃东西，您的看法是（　　）？

A. 完全可以　B. 不可以　C. 有情可原　D. 与我无关

10. 您是否能接受恋爱中同学在公共场所有亲密行为（　　）？

A. 完全不接受　B. 不太接受　C. 中立　D. 比较接受

E. 完全接受

11. 个别大学生因违反校规校纪，被学校开除，您怎么看（　　）？

A. 十分认同　B. 基本认同　C. 认为没必要　D. 十分不认同

E. 中立

12. 部分大学生因论文抄袭或学术不端而被撤销学位，您怎么看（　　）？

A. 十分认同　B. 基本认同　C. 认为没必要　D. 十分不认同

E. 中立

13. 您愿意参加诸如宪法日等普法宣传教育活动吗（　　）？

A. 十分愿意　B. 愿意　C. 视情况而定　D. 坚决不愿意

E. 看心情

14. 您会参加环境保护类的社团活动吗（　　）？

A. 十分愿意　B. 愿意　C. 视情况而定　D. 十分不愿意

E. 看心情

15. 您看到有人把生活垃圾扔进湖水，您的心情怎么样（　　）？

A. 十分沮丧　B. 比较沮丧　C. 中立　D. 接受　E. 十分接受

16. 您认为践行爱国主义精神需要每一个大学生都团结起来吗（　　）？

A. 十分认同　B. 比较认同　C. 中立　D. 不太认同

E. 完全不认同

17. 您认为“友善”是大学生必备的社会公共道德吗（　　）？

A. 十分认同　B. 比较认同　C. 中立　D. 不太认同
E. 完全不认同

18. 您在生活中对他人的友善程度如何（　　）？
A. 十分好　B. 比较好　C. 一般　D. 比较糟糕　E. 说不清

19. 您认同“文明”是大学生必备的社会公共道德吗（　　）？
A. 十分认同　B. 比较认同　C. 中立　D. 不太认同
E. 完全不认同

20. 日常生活中自己的合法权益遭到侵害，您会选择（　　）？
A. 忍受　B. 找同学帮忙　C. 找老师帮忙　D. 向家长哭诉
E. 诉诸法律武器

21. 您觉得您所在的寝室和谐程度如何（　　）？
A. 十分好　B. 比较好　C. 一般　D. 比较糟糕　E. 说不清

22. 您愿意参与偏远地区支教、扶贫类的活动吗（　　）？
A. 十分愿意　B. 愿意　C. 不愿意，除非强制　D. 十分不愿意
E. 视情况而定

23. 您认为当代中国大学生最缺乏什么（　　）？
A. 金钱　B. 能力　C. 知识　D. 权利　E. 不确定

24. 您的信仰是什么（　　）？
A. 自己　B. 父母　C. 金钱　D. 共产主义　E. 不确定

25. 疫情当前，您愿意投身一线，参与战疫斗争吗（　　）？
A. 十分愿意　B. 愿意　C. 不愿意，除非强制　D. 十分不愿意
E. 视情况而定

26. 您是否赞同寝室人为了方便，在宿舍用违规电器（　　）？
A. 完全赞同　B. 赞同　C. 中立　D. 不赞同　E. 完全不赞同

27. 当看到有的大学生见义勇为，甚至献出自己宝贵的生命时，您认为（　　）？

A. 十分值得　　B. 比较值得　　C. 中立　　D. 不值得

28. 您认为大学生社会公德与广泛意义上的社会公德要求一样吗（　　）？

A. 完全一致　　B. 完全不一致　　C. 基本一致但有不同　　D. 不清楚

29. 您认为提升大学生社会公德水平对国家的时代性发展、社会发展和个人素质的提升是否有意义（　　）？

A. 十分利于　　B. 比较利于　　C. 中立　　D. 不太利于

E. 十分不利于

30. 您是否喜欢思想政治理论课（　　）？

A. 十分满意　　B. 还行　　C. 如同鸡肋　　D. 不满意

E. 十分不满意

31. 当您看到同学打饭时随意插队，您感到（　　）？

A. 十分沮丧　　B. 沮丧　　C. 中立　　D. 不沮丧　　E. 完全不沮丧

32. 当您看到有同学下课后将垃圾留在课桌上的行为，您感到（　　）？

A. 十分沮丧　　B. 沮丧　　C. 中立　　D. 比较正常　　E. 十分正常

33. 您愿意参加一些诸如献血、三支一扶等公益的志愿服务活动吗（　　）？

A. 十分愿意　　B. 愿意　　C. 不愿意，除非强制　　D. 十分不愿意

E. 视情况而定

34. 您所在学校是否重视大学生社会公德培育（　　）？

A. 重视　　B. 一般重视　　C. 十分重视　　D. 不重视　　E. 不确定

35. 您认为大学生社会公德培育还有如下内容：

____

____

____

____

第三部分　请根据实际在您认为恰当的选项打钩

一、家庭影响因素

1. 您认为家庭教育目的对大学生社会公德培育的影响如何（　　）？

A. 非常大　B. 较大　C. 一般　D. 较小　E. 非常小

2. 您所在家庭的社会公德培育意识如何（　　）？

A. 非常好　B. 较好　C. 一般　D. 较差　E. 非常差

3. 您所在的家庭教育环境如何（　　）？

A. 非常好　B. 较好　C. 一般　D. 较差　E. 非常差

4. 您所在的家庭教育方法如何（　　）？

A. 非常好　B. 较好　C. 一般　D. 较差　E. 非常差

二、高校影响因素

1. 您认为高校对大学生社会公德教育的针对性如何（　　）？

A. 非常好　B. 较好　C. 一般　D. 较差　E. 非常差

2. 您认为高校重视程度对大学生社会公德培育的影响如何（　　）？

A. 非常大　B. 较大　C. 一般　D. 很小　E. 非常小

3. 您认为高校对大学生社会公德培育的方法如何（　　）？

A. 一般　B. 很好　C. 非常好　D. 很差　E. 非常差

4. 您认为高校实践活动开展效果如何（　　）？

A. 一般　B. 很好　C. 非常好　D. 很差　E. 非常差

三、社会影响因素

1. 您认为社会转型对大学生社会公德培育的影响如何（　　）？

A. 一般　B. 较大　C. 非常大　D. 很小　E. 非常小

2. 您认为市场经济转轨对大学生社会公德培育的影响如何（　　）？

A. 一般　B. 较大　C. 非常大　D. 较小　E. 非常小

3. 您认为社会风气对大学生社会公德培育的影响如何（　　）？

A. 一般　　B. 较大　　C. 非常大　　D. 较小　　E. 非常小

4. 您认为大学生社会公德培育的网络舆论氛围如何（　　）？

A. 一般　　B. 很好　　C. 非常好　　D. 较差　　E. 非常差

四、大学生自身影响因素

1. 您认为大学生道德素养对社会公德培育的影响如何（　　）？

A. 一般　　B. 较大　　C. 非常大　　D. 较小　　E. 非常小

2. 您认为大学生知识水平对社会公德培育的影响如何（　　）？

A. 一般　　B. 较大　　C. 非常大　　D. 较小　　E. 非常小

3. 您认为大学生身心特征对社会公德培育的影响如何（　　）？

A. 一般　　B. 较大　　C. 非常大　　D. 较小　　E. 非常小

4. 您认为大学生社会实践能力如何（　　）？

A. 一般　　B. 很好　　C. 非常好　　D. 较差　　E. 非常差

5. 您认为影响大学生社会公德培育的原因还有哪些：

____

____

____

附录 2:《新时代大学生社会公德培育研究》访谈提纲——学生干部 / 普通学生

一、访谈目的

本案例访谈之目的在于深入了解大学生对社会公德及影响因素的认知情况，以及自身所在高校对大学生社会公德培育及引导的现实状况。

二、访谈方式

面对面访谈、电话访谈、远程视频访谈

三、访谈对象

985/211 高校、普通本科院校、专科院校、普通学生及学生干部（19 名），其中：全国学联学生干部 2 名；省级学联学生干部 2 名；校级学生干部 2 名；院级或班级学生干部 3 名；普通学生 10 名（年级、性别、专业均衡覆盖）。

四、问题提纲

1. 您认为社会公德是什么（要求是什么），能否背诵？如何理解？

2. 您认为大学生社会公德与广泛意义上的社会公德要求一样吗？如果不同有哪些？主要影响因素有哪些？

3. 您认为生活中文明行为、友善行为、和谐行为等的主要表现及要求有哪些？原因是什么？

4. 您会参加校园活动、偏远地区支教、扶贫活动吗？择业时更倾向于哪种性质的单位？时间及决定因素是什么？

5. 您认为现在您最缺什么？为什么？

6. 您认为当今中国，特权现象存在吗？如果自己合法权利遭受侵害是否拿起法律武器维权，不诉诸法律武器的原因是什么？

7. 您是否赞同政府强制实施网络信息实名制？您每天上网的时间大概多久，主要浏览哪些信息？最消耗时间的内容是什么？

8. 您认为你们学校马克思主义理论课的教学效果如何？您所在高校对大学生社会公德培育的针对性强吗？具体表现在哪里，有何建议？

9. 您认为当今时代还需要大学生见义勇为吗？为什么？

10. 您会把自己的行为准则与国家、社会、民族的发展需要联系在一起吗，为什么？

11. 您是否会受社会上不良思潮的影响？您会如何对待消极影响？

12. 您的道德观念和群众有偏差时，您会选择依群众的道德观念行事吗，为什么？

13. 若非必要与强制，您会主动学习马克思主义与中国特色社会主义理论吗，为什么？

附录 3：《新时代大学生社会公德培育研究》访谈提纲——高校在职辅导员、教师

一、访谈目的

本案例访谈之目的在于深入了解高校教师及在职辅导员对大学生社会公德培育及影响因素的认知情况，以及高校对大学生社会公德培育及引导的现实状况。

二、访谈方式

面对面访谈、电话访谈、远程视频访谈

三、访谈对象

985/211 高校、普通本科院校、高职高专院校在职教师、辅导员（10 名）

四、问题提纲

1. 您了解社会公德的内容及其作用吗？在日常生活中是否注意践行社会公德、学校有没有专门针对大学生社会公德的活动或课程？有何额外的建议？

2. 您认为引导大学生树立大学生社会公德有无必要？平时上课采用的方式是什么？为什么？

3. 您认为影响大学生社会公德形成的主要因素有哪些？其中最关键的因素是什么？

4. 您认为影响大学生确立社会主义核心价值观的因素有哪些？哪个因素的影响最深？

5. 您认为大学生在择业中面临的主要问题是什么？影响大学生择业的

因素有哪些？

6. 您认为影响大学生道德观念的因素包括哪些？可以从哪些方面进行有效引导呢？

7. 您平时除了关注学生学习情况以外，会经常主动和学生沟通情感与生活问题吗？

8. 您平时会采取一些办法或措施来引导学生进行正确的网络价值判断吗？

9. 您认为在高校开展大学生校内外实践活动有无必要？为什么？

10. 您认为大学生对“马列主义”等指导思想态度冷漠的原因是什么？有何看法与建议？

附录 4:《新时代大学生社会公德培育研究》访谈提纲——学生家长

一、访谈目的

本案例访谈之目的在于深入了解学生家长对大学生社会公德培育及影响因素的认知情况，以及家庭对大学生社会公德培育及引导的现实状况。

二、访谈方式

面对面访谈、电话访谈、远程视频访谈

三、访谈对象

普通学生家长（10 名）

四、问题提纲

1. 您平时和孩子谈心吗？多久谈一次？

2. 您对孩子的教育方法主要有哪些？起主要作用的方法是？

3. 您认为对孩子的培育主要靠学校还是家长的指引？为什么？

4. 您认为培养孩子读书的目的是什么？为什么？

5. 您平时关心孩子学业之余，有对孩子进行精神教育吗？

6. 您知道社会公德是什么吗？有什么作用？

7. 您认为大学生有必要培育社会公德吗？为什么？

8. 您认为影响大学生社会公德培育的主要因素有哪些？其中最关键的因素是什么？

9. 您认为对大学生的社会公德培育主要在哪里进行？为什么？

10. 您认为大学生社会公德培育，家长能做什么？